지도자가 되려면

　　　창조주를 만나라

지도자가 되려면
창조주를 만나라(上)

초판1쇄발행 2014년 12월 31일

지 은 이   오희숙
펴 낸 이   박태일
펴 낸 곳   도서출판 엔크

출판등록 제301-2008-137호
주   소 서울시 중구 을지로 14길 8 800호
전   화 02) 2268-5152
팩   스 02) 2268-5154

I S B N 979-11-86254-02-8 04230
정   가 12,000원

*인지는 저자와 합의하에 생략하며 잘못된 책(파본)은 교환해 드립니다.

이 도서의 국립중앙도서관 출판예정도서목록(CIP)은 서지정보유통지원시스템 홈페이지
(http://seoji.nl.go.kr)와 국가자료공동목록시스템(http://www.nl.go.kr/kolisnet)에서
이용하실 수 있습니다. (CIP제어번호 : CIP2014038128)

지도자가 되려면
창조주를 만나라

오 희 숙 著

도서
출판 엔크

추천사

포랜드리 어느 노인 신사가 길거리를 거닐다가 감동에 매여 부른 노래 "You Raise Me Up"이 전 세계에 전달 되어 신앙인의 마음은 물론 비 신앙인에게까지 감동을 주는 노래가 되어 불리고 있다.

나는 이 노래를 좋아한다. 별로 라고 생각했던 노신사의 길거리에서의 노래가 지구촌에 살고 있는 모든 사람에게 용기와 힘을 주는 소망의 노래가 되듯이 이번 "지도자가 되려면 창조주를 만나라"는 이 책이 모든 지도자에게 감동과 함께 온 세상에 복음증거 일선에 참된 지도자들에게 더없는 재충전의 계기가 되었으면 한다.

내가 알고 있는 이 책의 저자 오희숙 목사는 복잡한 세상 속에서 사회적 경험과 사업의 운영능력을 갖추신 자로 살아가다가 주님의 부름을 받고 온전히 주님께만 헌신한 사역자 중의 한사람이다.

오 목사님의 마음속에 역사하시는 하나님의 말씀이 성령님에 의해 행함으로 옮기는 실천적 목회자이다.

영혼을 사랑하는 뜨거운 열정이 선교사로서의 사역도 감당하셨으며 현장에서 기도와 삶으로 얻어진 살아있는 신앙의 체험을 통하여 정말 지도자가 되려면 "창조의 하나님을 만나라" 이것이 영적 지도자의 첫발이며 진행이며 결과라고 외치는 것이다.

피조물인 우리가 창조하신 하나님을 만나지 못한다면 영적존재로서 그분의 뜻을 알 수도 없을 뿐만 아니라 우리 인생의 존재목적을 알 수 없으니 그 의도 가치도 무의미할 수밖에 없다. 도대체 인간이 존재하는 목적이 무엇일까? 우리를 창조하신 목적은 분명하다 "하나님을 영화롭게 하고 그분을 기쁘게 하는 데 있다." 이것이 짐승과 인간의 차이다. 이것을 모를 때 우리는 죽은 영혼이라고 말한다.

그러기에 이 책에서는 세상 지도자들과 영적 지도자들과의 차이를 창조주 하나님을 만난 자들과 못 만난 자들의 차이라고 말한다.

영적 지도자는 반드시 창조주를 만나야만 한다는 것이다. 그러지 아니하면 많은 사람의 영혼을 이끌 수 있는 능력이 없다는 것이다.

그 창조주 하나님을 만날 때 성부 하나님, 성자 하나님, 성령 하나님 즉 삼위일체 하나님을 만나는 것으로서 그 안에서 우리가 감당하는 세상에 정치, 경제, 사회, 문화 모든 분야에 이르기까지 감당할 수 있는 능력이 있다는 것이다.

영적 인도자인 지도자들은 두말할 것 없이 창조주 하나님을 만나야만 그 안에 영적 경영과 적용의 능력이 있다고 말한다.

지도자들이라면 반드시 창조주 하나님을 만나야 제대로 된 정도를 갈 수 있다고 하면서 이런 지도자들이 성경 속 경제관, 성경 속 정치관, 성경 속 문화 문명을 찾고 볼 때 거기에 이 땅에서 우리가 땅을 정복하고 다스리고 번성하며 누리는 권세를 받게 되는데 이것이 하나님이 주신 약속 곧 언약이라고 말한다.

바라기는 이 책을 통하여 지도자가 되려면 반드시 창조주 하나님을 만나 어둠의 권세를 깨고 밝은 빛 가운데 승리하고 후회 없는 지도자들이 될 수 있기를 기대한다.

그동안 이 책을 쓰기 위하여 기도하며 심혈을 기울여 수고하신 오희숙 목사께 축하를 드리며, 이 책을 읽은 여러분들에게 창조주 하나님을 만나 재충전의 계기가 될 수 있기를 축원한다.

캘리포니아센트럴대학교
심태섭 총장

추천사

홍수가 많으나 마실 생수가 없음같이 많은 지도자에 대한 책과 글들이 나왔지만 참으로 지도자가 갖추어야 할 가이드라인이 되는 책은 많지 않았다. 이번에 하나님을 사랑하고 영혼을 사랑하는 오희숙 목사님의 "지도자가 되려면 창조주를 만나라"라는 책을 써 참된 목회적 리더십은 로더쉽(Lordship)이라고 하여 창조를 말하지 않고는 참된 지도자가 될 수 없음을 명백히 밝혀 주었다. 만남도 그냥 외형적 만남으로는 참된 변화가 없기 때문에 자기 변화 없는 사람이 남을 변화시킬 수 없으며, 자기 개혁과 변화가 된 사람만이 남을 변화시킬 수 있다는 좋은 지도자상을 보여주었다. 또한, 잘못된 사람을 만나면 잘못된 지도자가 되고, 평범한 사람을 만나면 평범한 사람이 되지만 창조주를 만나면 그의 본질이 변화돼, 남을 리더 해가는 리더십이 생기므로 창의적인 지도자가 갖추어야할 원리를 제시하였다. 참된 멘토와 코치가 없는 이 때 좋은 지도자가 나와야 좋은 공동체와 교회와 국가가 건설되어 갈 것이다. 참된 지도자는 창의성이 있어야 하며, 목표가 분명하며, 좌우로 치우치지 않는 인격을 가져야 하며,

카리스마 리더십을 가져야 한다. 자신의 이익보다 공익을 먼저 생각하고 공동체를 위하여 자신의 삶을 공생애로 살아가는 그 지도자야 말로 이 시대가 요구하고 주님이 원하는 참된 지도자상임을 잘 보여주었다. 이 책을 읽는 분마다 그동안 무관심했던 지도자의 역할이 얼마나 중요한지 그 정체성을 분명히 정립하기를 바란다. 오직 참된 지도자는 무에서 유를 창조하신 창조주 하나님을 만나 그분의 풍성과 창의적 지도력이 형성될 때 주님 닮은 영향력 있는 지도자가 될 수 있을 것이다. 이 책을 읽는 이 마다 지도자 상과 역할의 좋은 가이드라인이 되고 미래 지도자들에게 새 패러다임이 주어지기를 간절히 기원하며 적극적으로 이 책을 추천하는 바이다.

백석대학교 학장
정 인 찬

인사말

2014 추석날 새벽이었습니다.
일어나 기도를 하는데 나의 머리를 무엇인가 강하게 두드리는 것 같았습니다.
"책을 써라, 책을 써라"
"내가 어떻게요, 무엇을 가지고요"
"나에 대하여 책을 써라"
무섭고 두려운 마음을 가지게 되었습니다.
책을 써서 사람들에 비웃음거리가 되면 어떻게 하지.
막상 쓰려 해도 두려웠던 것은 사실이었습니다.

그때 나는 매우 영육 간에 매우 힘든 상황이었습니다.
최선을 다한다 하면서 무엇인가 육적인 열매를 나타내지 못한 것에 늘 주님께 죄송스러우면서 혹여 내가 오늘이 마지막이라면 무엇을 해야 하나 고민하고 있던 터였습니다.
그 마음을 받고,

주여!

내 말이 아니라 주님을 드러내라 하시니 그것을 용기 내어 보려 합니다. 그때 삼손의 수수께끼를 기억나게 하신 하나님

> 삿14:14 삼손이 그들에게 이르되 먹는 자에게서 먹는 것이 나오고 강한 자에게서 단 것이 나왔느니라
> 18 제 칠일 해지기 전에 성읍 사람들이 삼손에게 이르되 무엇이 꿀보다 달겠으며 무엇이 사자보다 강하겠느냐

이 수수께끼를 하나님이 우리에게 주신 수수께끼라는 사실을 기억하게 하시며 죽은 사자에게 나올 것은 꿀이라는 것을 알고, 내가 지금 죽는다면 무엇이 남아야 하는가.

그것은 주님의 말씀이 아닌가.

우리의 자랑거리가 아니라 주님의 것으로 한사람이라도 이 책을 통하여 모든 이들이 주님 앞에 오는데 길이 된다면 좋겠다는 마음으로 이 책을 집필하게 되었습니다.

어떤 이는 '왜 이것밖에 안 되나.' 라고 하실 분도 있겠으나, 이 책을 읽는 이 중에서 누군가 조금이라도 위안을 얻고 주님을 볼 수 있다면 그것은 나에게 큰 영광의 기쁨일 것입니다.

단 한 번이라도 주님을 증거 할 수 있는 그 무엇을 했다면 그것으로 감사하고자 합니다.

혹여 이 책을 보고자 할 때 위안을 얻고자 보는 분들도 있을 것입니다. 나는 이 책이 위로와 축복이 되기보다는 우리의 감성과 이성을 터치하여 잘못된 부분을 성경을 통하여 바로 고치고, 지금 읽을 때는 아프지만, 그 아픔이 하나님과 깊은 교통을 이루는 도구가 되기를 원하는 바입니다.

이 책을 읽을 때 부정하기보다 끝까지 읽어 주신다면 그 속에 하나라

도 분명 주님의 음성을 들을 말씀이 있다고 믿어 주시면 감사 하겠습니다.

이 책이 나오기까지 도와주신 홍순양 장로님께 감사드리고 또한 너무 훌륭하신 미국 켈리포니아 센추럴대학 심태섭총장님, 백석대학 신대원 정인찬 원장님 진실로 감사드립니다.

모태 신앙인 나에게 지금의 하나님으로 존재하신 하나님, 모든 것에 협력이 이루어지게 하신 하나님께 감사드립니다.

주인 것을 다스리려면 주인을 알아야 한다는 것이 나의 결론적 신앙이 아닌가 하여 이렇게 "지도자가 되려면 창조주를 만나라" 라는 제목을 가지고 주님을 드러내려 합니다.

넉넉한 마음으로 읽어 주시면 감사하겠습니다.

나의 보금자리 새하늘교회 목양실에서 집필하다.
오희숙 목사

서 문

창조가 없이는 이 세상이 존재하지 않았을 것이며, 창조가 없이는 가난한 자, 나약한 자, 지혜 없는 자 모두가 소망을 담고 살 수가 없을 것이다.
하나님이 우리에게 제일 먼저 허락하신 것은 하나님의 속성인 창조를 알기 원하신다는 사실이다.
그럼에도 불구하고 세상은 창조론을 거부하고 과학이라는 단어를 사용하면서 하나님과 반대적 의견을 이야기하기도 한다.
필자는 성경을 연구하면서 놀라운 사실을 발견하고 과학이야말로 하나님의 아들이신 예수님의 존재성과 신의 존재성을 입증하기에 날마다 더해가는 기술로 과학을 만들어 내고 있다.
현대인들이 만들어낸 과학의 임무는 하나님이 창조하여 놓은 것을 찾아내는 것이 과학이다.
결론적으로 과학이야말로 하나님의 창조 없이는 과학이라는 단어를 사용할 수 없다는 것이다.
현 인류상 가장 감사한 것은 과학이 발달되면서 그 과학이 예수님을 증명하는 유일한 학문으로 쓰임 받는 다는 것이다.
과학은 인류의 증인이다.
과학은 "예수그리스도의 증인이다" 라고 이 책을 쓰면서 결론을 짓게 되었다. 인류는 창조 없이는 그 무엇도 만들어 낼 수 없음을 우리는 알아야 한다.

인류의 창조, 땅의 창조를 보기 전에 먼저 영원세계의 창조를 상고하기로 하자.

  (태 초)
  구약 - 처음, 시작, 이전의 첫 열매 = 우두머리에서 유래
  신약 - 시작, 처음, 네 보자기의 모퉁이 = 그리스도의 복음의 시작유래

구약은 땅에 관하여 시작된 태초이기에 구약은 시작 창세기는 마지막 무덤으로 끝을 맺는다.
즉 예수그리스도의 육적 삶의 표현을 여러 모양, 여러 부분으로 말씀하고 계신다.
예수그리스도만이 우리의 우두머리요, 이 땅의 첫 열매로 육체에 관하여 쓰임 받는다.

  요한복음1:1 태초에 말씀이 계시니라 이 말씀이 하나님과 함께 계셨
            으니 이 말씀은 곧 하나님이시라

신약은 영적의 시작, 보이지 않은 부분의 시작과 같다.
신약의 시작은 그리스도의 복음으로 시작하고 있다.
복음은 보이지는 않지만 우리의 심령을 움직이고 있음을 우리는 알 수 있다.

보이지 않은 복음으로 시작하여 요한계시록은 신랑이신 예수그리스도가 재림하심으로 우리의 신랑이 되어 지금 우리에게 보이지 않지만, 예수님과의 영원한 결혼 대관식으로 새 하늘과 새 땅을 맞이하면서 시작된다.

결론적으로 모든 세상의 지도자들은 창조론을 깨닫지 못하고서는 많은 사람을 이끌 수 있는 능력이 없다는 것이다.
환경을 이끌든, 사람을 이끌든, 명예를 이끌든, 돈을 이끌든 어떠한 것에 지도자가 되기 위해서는 하나님의 창조의 우주관을 먼저 들여다보면서 그 원리를 깨달아 그의 공동체에 창조의 우주관을 적용해야 할 것이다.
간단하게 설명하자면 하나님의 세상 경영관은 어둠 속에서 빛을 발견하는 것이다.
모든 사람의 실망 속에 소망을 바라볼 수 있는 지도자가 되라는 것이다.
물을 나누는 방법, 땅을 분류하는 방법, 나무를 세우는 방법, 물속에 함께 하는 방법과 땅 위에서 함께 하는 방법, 짐승과 사람의 구분 방법, 이 모든 것이 창조주이신 하나님의 경영관이다.
세상의 지도자들이여 사람의 지나간 삶을 탐습하여 가려하지 말고 하나님의 경영을 탐습하라.
사람의 것은 지나간 것이지만 하나님의 것은 무한 세계의 것이다.
지나간 것은 다 과거일 뿐이며 하나님의 것은 새로운 창조의 것이다.
선택은 누가 하느냐의 것이며 거룩한 책 하나님의 말씀을 선택한 자만이 세상을 정복할 능력이 나타날 것이다.
기억하라,

마귀도 하나님의 것을 가지고 노략질하여 세상을 이끌어 가고 있다.
마귀, 귀신도 하는 지혜를 어찌 하나님의 영을 받은 백성이 하나님의 창조의 섭리를 담아놓은 거룩한 성경책을 거부하겠는가?
이 땅에서 생명이 다하는 날까지 말씀을 머리에 새기고 가슴에 품고 두 정강이로 나아간다면 능히 당신은 세상을 정복할 능력자가 될 것이다.
지도자들이여!
성경 속 경제관을 보라.
성경 속 정치관을 보라.
성경 속 문화, 문명의 흐름을 보라.
이것을 안다면 땅을 정복하고 다스리고 번성케 하여 나아가는 권세를 받을 것이다.
이것이 하나님이 주신 약속 곧 언약이다.

목 차 ●●●●…

추 천 사 ● 5

인 사 말 ● 10

서　　문 ● 13

동기부여 ● 20

제1장　천지창조 ● 29

제2장　에덴동산과 4대강 ● 57

제3장　사단의 출현 ● 70

제4장　가인과 아벨 ● 81

제5장　족보 ● 85

제6장　노아 홍수의 배경 ● 93

제7장　노아 홍수의 때 ● 104

제8장　까마귀와 비둘기의 사역 ● 113

제9장　무지개 언약과 포도주 사건 ● 122

제10장　세자녀(세상나눔) ● 133

제11장　바벨탑 ● 142

제12장　아브람 등장 ● 149

제13장 보암직 시험 ● 158

제14장 살렘왕 멜기세덱 ● 161

제15장 횃불언약 ● 171

제16장 두여자 하갈과 사래 ● 175

제17장 새이름과 할례 ● 182

제18장 천사와 소돔고모라의 운명 ● 191

제19장 롯과 농담으로 여긴 사위 ● 197

제20장 아비멜렉과 아브라함 ● 212

제21장 이삭의 출생과 브엘세바 ● 218

제22장 삼일길과 이삭번제 ● 229

제23장 기독교 장례 ● 246

    장례란 무엇인가 ● 250

제24장 신부선택 ● 257

    성경속 신부에 관하여 ● 273

제25장 소유와 재물, 아브라함의 죽음 ● 275

동기부여

동기부여

천지창조에 앞서 하나님이 이 땅을 향해 왜 창조할 수밖에 없는지 동기부여를 살펴보기로 하자.

하나님이 천지를 창조하시기 전 타락한 자가 있었다.
그는 다름 아닌 하나님의 찬양을 맡아서 담당하던 천사장 루시엘이다. 그가 타락함으로 말미암아 그는 루시퍼가 되면서 그는 바깥 어두운데로 쫓겨서 나갔다.
그가 바로 타락한 천사 우리가 말하는 사단 곧 마귀이다.
그는 불순종의 죄의 공간에서 권세를 잡아 끊임없이 하나님을 대적한다.
그 공간은 어두움에 속하여 하나님의 뜻을 알지 못하는 곳으로 변질된다.

> 사14:12 너 아침의 아들 계명성이여 어찌 그리 하늘에서 떨어졌으며
> 너 열국을 엎은 자여 어찌 그리 땅에 찍혔는고

그때 하나님은 타락한 자에게 다시 한 번 한 공간을 허락하시고 당신에게 돌아오길 기다리시며 빛이라는 특별한 길을 허락하신다.
이것이 천지창조의 출발이 아닌가 싶다.

교만은 패망의 선봉이라 했으니 하나님이 제일 싫어하신다.

그렇다면 그 불순종한 사단의 실체를 한번 들어가 보기로 하자.
이 모습 속에서 우리 자신이 하나님 편에 있는지 아니면 사단의 편에 있는지 자세히 살펴보기로 하자.

☞ 천사가 타락된 원인은 무엇인가?

겔28:13절 이하
> 네가 지음 받던 날에 너를 위하여 소고와 비파가 예비 되었었도다 너는 기름부음을 받은 덮는 그룹임이여 내가 너를 세우매 네가 하나님의 성산에 있어서 화광석 사이에 왕래하였었도다 네가 지음을 받던 날로부터 네 모든 길에 완전하더니 마침내 불의가 드러났도다 네 무역이 풍성하므로 네 가운데 강포가 가득하여 네가 범죄하였도다 너 덮는 그룹아 그러므로 내가 너를 더럽게 여겨 하나님의 산에서 쫓아내었고 화광석 사이에서 멸하였도다 네가 아름다우므로 마음이 교만하였으며 네가 영화로우므로 네 지혜를 더럽혔음이여 내가 너를 땅에 던져 열왕 앞에 두어 그들의 구경거리가 되게 하였도다

결국 사단이 된 원인은 그가 아름다움으로 교만해졌다는 것이다.
또한 그는 지혜가 총명하고 재물이 많았다는 것이다.
아름다운 것이 왜 죄가 되며 부요함이 왜 죄가 되는 것인가.
우리의 인생은 조금은 이해가 되지 않는 부분들이 매우 많다.

성도들은 밤낮 기도한다. 가난을 면케하고 부유해지며 하나님이 보시기에 아름다운 자가 되게 해달라고 간구한다.

그런데 응답이 이루어지면 이상하게도 나의 땀 흘린 노력의 대가이지 누가 나를 그렇게 인도했다는 사실을 잊어버린다.

결국 망한자의 기도의 결과는 부유함이 하나님을 잊게 한다는 사실이다.

> 마6:24 한 사람이 두 주인을 섬기지 못할 것이니 혹 이를 미워하며 저를 사랑하거나 혹 이를 중히 여기며 저를 경히 여김이라 너희가 하나님과 재물을 겸하여 섬기지 못하느니라

☞ 교만의 실상은 무엇인가?

> 겔28:2 인자야 너는 두로 왕에게 이르기를 주 여호와의 말씀에 네 마음이 교만하여 말하기를 나는 신이라 내가 하나님의 자리 곧 바다 중심에 앉았다 하도다 네 마음이 하나님의 마음 같은 체할찌라도 너는 사람이요 신이 아니거늘
> 3 다니엘보다 지혜로워서 은밀한 것을 깨닫지 못한 것이 없다고 한다
> 4 자기 지혜와 총명으로 재물을 얻었다고 한다

> 사14:13 자신의 보좌를 하나님의 뭇별 위에 높이려 함
> 사14:14 가장 높은 구름에 올라 지극히 높은 자와 비기리라 했다

이렇게 자기 자신의 위치를 깨닫지 못하고 탐욕으로 자신을 포장한다면 결국은 망한 자, 즉 어둠에 속한 자가 된다는 것이다.

결국에 그는 자기의 직위를 떠난다는 것이다. 자기 자신의 직분을 떠난다는 것은 결국 망한 자의 자리에 있다는 것이다.

유6   또 자기 직위를 지키지 아니하고 처소를 떠난 천사들을 큰 날의 심판까지 영원한 결박으로 흑암에 가두셨으매

하나님이 주신 교회의 공동체

훌륭한 교회는 자기 직분(직위)을 잘 지킨다.
특히 피조물(천사)들에게 직위를 주셨는데 이 직위를 망각하고 하나님께 도전하였으니 이것이 곧 범죄에 해당하는 것이다.
하나님이 주신 직분은 매우 귀한 것이다. 보이는 천사가 누구인가?
바로 목사요, 성도이다. 직분을 잘 지켜 주님 오실 때 잘했다 칭찬받는 목회자, 성도되길 바란다.

☞ 우리는 어떠한 방법으로 직분을 이행하여야 하는가

　출30:20   깨끗한 몸으로 단에 가까이 가서 그 직분을 행하여야 한다

요즘은 크리스찬인지 아닌지 구분하기가 매우 어렵다. 술 마시고 장구치는 것은 예도 아니다. 강단이 더러워지고 있다. 세상의 사상과 유행을 강대상 위에 올려놓고 박수치며 웃는다. 강대상은 즉 법궤다. 그곳은 주님의 십자가가 있는 곳이다.
말씀외에는 선포하지 못할 곳에 우리는 지금 무엇을 올려 놓았는가?

하나님을 모욕하는 것 같아 미치도록 싫다.
주님을 기쁘시게 해야 할 우리가 주님을 울게 만들고 있다.
또한 음란은 어떠한가?
제발 우리 다시 한번 생각하고 신앙생활을 해야 하지 않나?

정결케 하기 위해 몸부림쳐도 끊임없이 우리의 생각은 죄를 짓고 있다.

성도가 앉은 좌석에서 음란이 나오고, 거룩한 찬양이 울려 퍼져야 할 성가대에서 음란이 나오고, 율법과 복음이 송사되어야 할 강대상이 음란이 나오고 있으니 이 어찌하란 말인가? 정신 차리자, 당신도 영원히 결박될 수 있다는 사실을 상기하도록 하자.

> 고후4:1 이러므로 우리가 이 직분을 받아 긍휼하심을 입은 대로 낙심하지 아니하고

낙심하는 것은 하나님을 미워하는 일이다. 왜냐하면 낙심은 기독교 사상과 반대되기 때문이다.
절망과 좌절에서 또한 죽음의 사망에서 우리를 건지신 분이 예수그리스도다. 겨우 우리를 살리기 위해 사망과 싸우시고 이기시어 부활하셨는데 살려 놓고 나니까 다시 죽는다는 것은 나를 위해 생명을 주신 자에게 행할 행동은 아니라는 것이다.

직분을 영광스럽게 생각해야 한다

> 고후3:7 돌에 써서 새긴 죽게 하는 의문의 직분도 영광이 있어 이스라엘 자손들이 모세의 얼굴의 없어질 영광을 인하여 그 얼굴을 주목하지 못하였거늘 하물며 영의 직분은 더욱 영광이 있지 아니하겠느냐

사람들은 끊임없이 자기 직분을 위하여 세상과 싸우고 있다.
직장에서는 또 다른 직분의 영광을 위하여 보이지 않는 사투를 벌이고 있다.
다음 단계의 직분 상승을 위하여 밤을 낮으로 삼아 일하고 가정 돌아볼 시간도 없이 지내는 것이 직장의 현실이다.
그렇지만 육적인 직분은 무덤에 가기 전에 모든 것은 끝이 난다. 하

지만 하나님이 주신 직분의 영광은 아버지 나라에서 얼마나 귀한지 우리는 생각해 보아야 한다. 주님 앞에 갔을 때 너희 직분을 물어보신다면 우리는 당당히 말할 수 있을까?
주님 앞에 서는 날 감사함으로 잘 감당하고 왔습니다 라고 대답하는 주의 백성이 되었으면 좋겠다.

☞ 직분의 주의해야 할 사항이 있다

하나님이 주신 직분을 감당하지 못할 때는,

> 행1:20 시편에 기록하였으되 그의 거처로 황폐하게 하시며 거기 거하는 자가 없게 하소서 하였고 일렀으되 "그 직분을 타인이 취하게 하소서 하였도다"-가룟유다

결국은 타인에게 넘어가는 결과를 갖게 된다.
또한 주님은 누가 복음을 통하여 이렇게 말씀하셨다.

> 눅16:2 주인이 저를 불러 가로되 내가 네게 대하여 들은 이 말이 어찜이뇨 네 보던 일을 셈하라 청지기 사무를 계속하지 못하리라 하니 주인이신 주님께 빼앗기는 일이 없어야 한다

☞ 우리가 직분을 잘 감당할 때 하나님이 주시는 상급은?

> 히8:6 그러나 이제 그가 더 아름다운 직분을 얻으셨으니 이는 더 좋은 약속으로 세우신 더 좋은 언약의 중보시라 예수님은 그리스도라는 직분을 십자가 사건을 통하여 얻으신다 그리스도와 같은 아름다운 직분이 어디 있겠는가

또한 사도바울은 직분에 관하여,

딤후4:8　이제 후로는 나를 위하여 의의 면류관이 예비 되었으므로
주 곧 의로우신 재판장이 그날에 내게 주실 것이니 네게만
아니라 주의 나타나심을 사모하는 모든 자에게니라

사도 바울은 의의 면류관이 예비되었음을 말하고 있다. 세상의 직분에 써보지 못한 명예, 하지만 아버지 나라에서는 면류관을 받는다는 사실이다. 이 얼마나 기쁜 일인가?

☞ 타락천사의 모습은 어떠한가?

천상에서는 가장 아름다운 자였던 천사의 타락한 모습은 매우 추악한 죄의 덩어리인 마귀로 변질되었다.

성경 속 타락천사의 모습은

창3:4　뱀이 여자에게 이르되 너희가 결코 죽지 아니하리라
　　　　하나님의 대적자로 변신하였다
골1:13　흑암의 주권자로
엡2:2　공중권세 잡은자로
히2:14　사망권세자로
요8:44　거짓 아비로
요1서3:8 이하 - 처음부터 범죄자요 살인자로
욥2:3　　까닭 없이 치는 자
고후11:14　광명의 천사로
계12:9　큰용, 뱀, 마귀, 사단, 온 천하를 꾀는 자

이렇게 여러 가지 모습으로 사람들을 어두움으로 꾀고 있다.
소위 요즘 어린이들이 말하는 변신 로봇처럼 행동하고 있다.
각양의 모습으로 사람들을 미혹하는 마귀, 그렇다면 그들의 최후의

모습은 어떠한가?

☞ 사단, 곧 마귀의 종말은 어떠한가?

> 계20:2 용을 잡으니 곧 옛 뱀이요 마귀요 사단이라 잡아 일천 년 동안 결박하여 무저갱에 던져 잠그고 그 위에 임봉하여 천년이 차도록 다시는 만국을 미혹하지 못하게 하였다가
> 10 또 저희를 미혹하는 마귀가 불과 유황못에 던지우니 거기는 그 짐승과 거짓 선지자도 있어 세세토록 밤낮 괴로움을 받으리라

이때 함께 하는 자들이 있다.

> 마25:41 또 왼편에 있는 자들에게 이르시되 저주를 받은 자들아 나를 떠나 마귀와 그 사자들을 위하여 예비 된 영영한 불에 들어가라

그러므로 우리 모두 정신차리자 타락한 천사에게 속지 말아야 한다. 타락한 천사는 우리에게 여러 가지 모양과 부분으로 우리를 미혹한다.
가장 가까운 측근으로, 물질로, 건강으로, 먹는 것으로, 명예로, 정욕으로, 불신앙으로 우리를 찾아 와서 우리를 그 유혹에 넘어가게 한다.

타락한 천사는 타락한 지도자를 의미한다.

타락한 지도자가 있기에 그들의 방법을 깨우쳐 그 속에 빠지는 자가 되지 말고 그 속에 들어가지 않은 방법을 택해야할 것이다.
이 방법을 가르치는 것이 성경책이다.

창세기

제1장

천지창조

창세기를 출발하여 출애굽기, 레위기, 민수기, 신명기를 모세가 하나님의 명을 받아 기록하였다 하여 모세오경이라 한다.
기록연대는 약 BC1446~1440년 사이에 기록하고 있다고 추정하고 있다.

창세기는 우리에게 무한하신 하나님, 전지전능하신 하나님, 창조의 하나님을 나타내시면서 우리에게 창조의 비밀을 말씀하고 계신다.
창세기를 통하여 창조의 비밀을 얻지 못한다면 진주를 눈앞에 두고 보화를 캐겠다고 말하는 이와 같다.
또한 보이는 천지창조를 보시면서 하나님의 세계경영을 보시고 그 세계경영속에 하나님의 경영의 원리를 어떻게 진행하고 계시고 어떠한 틀을 가지고 운영하시는지를 발견하여 그것이 나 자신의 인생경영으로 인도함을 받아 자신만의 환경경영으로 만들어 낸다면 그는 보이는 세계의 경영이든 보이지 않은 세계의 경영이든 분명 놀라운 축복을 얻어낼 것이다.

그래서 우리는 지금부터 창세기를 통하여 예수그리스도의 비밀을 어떻게 나타내고 있는지를 알려고 한다.

우선 성경은 예수그리스도를 떼어놓고는 말할 수 없음을 알아야 한다. 전 성경의 기록된 문서는 그 분 곧 예수그리스도라는 사실을 잊어서는 안된다.

그렇다면 예수그리스도는 누구신가?
사람의 모습으로 오실 예수, 하나님이 인생의 모습을 통하여 당신을 드러내고자 하는 메시아, 창세기는 그를 어떠한 모습과 어떠한 형태로 우리에게 간접적 계시를 허락하고 있는가?

   창3:15   여인의 후손으로 오실 예수(메시야)
   창4:25   셋의 계열로 오실 예수
   창9:27   셈의 후손으로 오실 예수
   창12:3   아브라함의 씨로 오실 예수
   창21:12   이삭의 후손으로 오실 예수
   창25:23   야곱의 후손으로 오실 예수
   창49:10   유다지파의 후손으로 오실 예수
   롬5:14   아담의 모형으로 오실 메시야

   히1:1   옛적에 선지자들로 여러 부분과 여러 모양으로 우리 조상들에게 말씀하신 하나님이 이 모든날 마지막에 아들로 우리에게 말씀하셨으니 이 아들을 만유의 후사로 세우시고 또 저로 말미암아 모든 세계를 지으셨느니라

또한 day가 시작되기 전 창조의 단어부터 우리가 알아야 한다.

창조의 3가지 의미를 함께 상기해 보기로 하자.

창세기에서 말씀하시고자 하는 창조를 복음 안에서 지도자나 가정의 인도자나 세상의 지도자는 이 창조의 원리를 깨닫고 자신의 삶 속에 어떠한 창조를 가져올지 선택을 하여 적용시켜야 할 것이다.
올바른 창조를 드러내는 지도자야 말로 진정한 지도자일 것이다.

- 바라 – 무에서 유를 창조하는 것이다. 즉 이것은 신적창조, 즉 하나님이 하시는 창조를 말한다. 인간과는 직접적 관계는 없다.
- 아사 – 창조는 재료를 가지고 더 나은 물체를 창조하는 것을 말한다. 즉 인간이 나무와 흙을 가지고 집을 짓는다고 가정하자. 이미 나무와 흙은 하나님이 재료를 창조해 놓으셨다. 우리는 그 재료를 가지고 나만의 득특한 집을 창조해야 한다.
- 야찰 – 아사와 마찬가지로 기존 사물을 완벽하게 조성하는 것이다. 이미 만들어진 어떠한 형체를 가지고 리모델링해서 원하고자 하는 모형을 만들어 가는 것이다.
  폐허된 학교를 가지고 다시 리모델링하여 복지원을 만들어 안식처로 만들어 가는 것을 야찰이라고 한다.

어떻게 보면 이 세상은 이러한 세 단어로 모든 것을 만들어 가고 있는가 보다 어떤 이는 아사의 창조를 가지고 개척의 일을 만들어 내고 어떤 이는 야찰을 가지고 또 다른 비슷한 모양에서 또 다른 창조물을 만들어가고 있지 않는가?
이 세 단어의 창조를 가지고 하나님의 섭리는 어떻게 움직여 가고 있는지를 우리가 알아야 하나님의 섭리에 조금 더 접근할 수 있고 또한 그분의 마음을 우리가 조금이라도 헤아릴 수 있지 아니한가?
하나님은 당신의 원하시는 모든 모습을 우리에게 성경을 통하여 말씀하시고, 원하시지 아니한 것 까지도 성경에 기록하여 당신이 영광을 받으실 모습을 기록하고 계시기에 우리는 성경을 통하여 그것을 깨닫고 행함으로 창조주 하나님을 조금은 기쁘게 할 수 있지 아니한가?

조금은 서툴지만 하나 하나 알아가는 마음으로 창세기를 열어 보려고 한다. 그것이 많은 사람에게 도움이 된다면 그것같이 행복한 일이 없기에 조금은 용기를 내어 이 글을 쓰려 한다.
미숙한 단어가 있더라도 열린 마음으로 읽어주시길 바란다.

창세기 1:1~2은

하나님이 이 세상에 접근을 시도하기 전의 상태를 우리에게 말씀하고 계신다. 즉 day라는 단어는 빛이 있으라 하고 시작하면서 day가 시작되었다. 천지를 창조 하셨지만 day가 있기 전의 모습이 창세기 1장 1~2절 말씀이다.

먼저 본문을 보기 위해 두 가지 각도로 생각해 보려 한다.
육적인 이해 즉, 보이고 나타나는 이해를 먼저하고, 그다음은 영적 이해 즉, 보이지 않는 속뜻을 이해하려고 한다.
아마 육적인 부분과 영적인 부분 두 각도로 성경을 보면 빠른 이해가 되지 않을까 싶다.

모든 세계는 하나님이 없이는 지으신 것이 하나도 나타날 수 없다는 것을 우리는 알아야 한다.
천지는 하나님이 이미 창조하셨다.
그러나 그 땅은 하나님의 시작이 없이는 아무것도 드러낼 수 없다는 것이 이 세계의 원리이다.
그 세계는 먼저 하나님의 간섭이 없는 상태를 바라보면 땅이란 히브리어로 흙으로 된 장소를 나타내고 있다.
그 땅의 모습을 보면 혼돈된 상태라고 한다.
혼돈이란 질서가 없고 정리가 안 된 상태를 말한다.
주인이 없는 곳은 질서도, 정리도 되어 있지 않음을 우리는 알 수 있다. 또한 그곳은 공허하며 라고 말한다. 즉 텅 빈 상태, 쓸쓸한 곳, 헛 것을 말한다. 그 땅은 질서도 정리도 안 돈 상태며 그곳은 공허하며 텅 빈 아무것도 채울 수 없는 곳을 말하기도 한다.

그러한 곳에 흑암이 깊음 위에 있다고 말한다.
흑암을 성경으로 본다면,
무지무각하다고 한다 (시82:5).
죽음의 그늘이라고 한다 (욥10:21).
어둠은 악이라고 한다 (엡6:2).
하나님을 알지 못한다고 한다 (롬1:21).
형제를 미워한다고 한다 (요1서 2:9).

이 외에는 흑암은 여러 모양과 부분으로 우리에게 성경을 통하여 말하고 있다. 즉 다시 말해서 흑암은 죄와 사망과 죽음의 세력과 악의 세력, 세상이 타락과 죄악된 밤을 뜻한다.
넓게 포괄적으로 이야기 하자면 이 지구에 하나님이 생령이 없는 상태, 다음 단계는 하나님을 알지 못하는 저들의 모습이 죽음의 삶이요, 나 자신에게 하나님의 영원하신 빛이 들어오지 않은 상태를 흑암이라고 한다.
하나님의 간섭이 없이는 풀 한포기도 날 수 없는 황무한 땅, 앞을 볼 수 없는 어두움의 세계, 이곳에 하나님은 작정하시고 당신의 간섭을 통하여 생명이 살 수 있는 땅으로 만들어 가심을 아는 순간 나에게 하나님의 day가 시작되었다.

1. 빛에 관하여

첫째날 빛을 만드셨다. 그 빛이 없이는 아무것도 볼 수도 나타낼 수도 없기에 빛을 통하여 세상을 보고 사물을 볼 수 있도록 하나님은 우리에게 빛을 주셨다.
그런데 아주 중요한 사실이 있다.
빛을 만드시고 그 다음에 빛을 나누시고 빛을 낮이라 칭하시고 어두움을 밤이라 칭하셨다고 한다.
빛을 만드시고 어두움도 주관하심을 우리가 알아야 한다.
그 후 넷째날에 그 빛을 두 광명으로 나누심을 볼 수 있다.
큰 광명은 낮을 주관하고 작은 광명은 밤을 주관한다는 것이다.
왜 하나님은 빛을 이렇게 복잡하게 하실까?
빛이면 빛이지 무엇을 나누고 또 그 빛이 큰빛, 작은빛이 어디있는가.
여러분은 궁금하지 않습니까?

그러나 실제로 빛은 나누어져 있고 나누어진 빛 속에서 사람들은 삶을 살아가고 있다.
흔히 사람들은 밤에는 빛이 없다고 생각하고 밤하면 어두움만 생각하게 된다.

그러나 실제로 밤에도 분명이 빛이 있고 그 빛이 비추고 있다.
달빛과 별빛, 그래도 캄캄한 밤에 그 빛이 드러내는 아름다움이란 무엇이라 표현할 수 없다.
세상은 그 빛에 감탄하여 시로 쓰고 글을 짓기도 한다.
그러나 놀라운 사실은 태양의 빛은 결단코 밤을 주관하지 않는다.
이 이야기는 태양은 하나님을 의미한다. 하나님은 밤과 전혀 상관이 없으심을 자연을 통하여 우리에게 말씀하고 계신다.
그래서 낮의 빛 하면 태양을 말한다.
그러나 밤의 빛을 보면 달, 별의 두 빛은 밤에 관계가 있음을 알되 달은 사람을 의미한다. 그래서 삼라만상의 모든 것의 지배는 달에 의해 이루어진다.
별은 교회의 의미는 목회자를 말하며, 세상으로 말하자면 세상 지도자, 리더자를 의미한다.
이 세가지 빛의 의미를 보면서 어느 것 하나 하나님의 의미를 두지 아니한 것이 하나도 없음을 깨달았다.
다시 요약한다면 태양이신 하나님은 밤을 창조하지 아니하신다.
밤이란 인간의 죄악으로 이루어진다는 것을 달과 별을 보면서 깨닫게 된다.

지금부터 영적인 빛에 관하여 그 뜻을 드러내고자 한다.
세상이 하나님 섭리대로 빛이 나누어져 살아가고 있지만 영적인 부분에서는 하나님의 백성과 빛에 관하여 우리가 다시 한번 생각해야 할 시기가 온 것 같다.

모든 땅의 백성은 하나님이 창조하셨다.
그 속에서 하나님의 자녀를 삼은 것이 빛이다.

제1장 천지창조

그래서 성도를 빛의 자녀라고 한다.
그럼에도 불구하고 성도라 할지라도 어둠속에 속할 때가 너무 많다.
그 예로 가룟유다가 빛의 자녀였지만 결국 그는 어두움에 속한 자가 되었다.
그래서 빛 가운데서 다시 빛을 나누는 일을 행하심을 볼 수 있다. 큰 광명과 작은 광명 성도는 큰 광명에 속해야만 하나님의 섭리와 사단에 계략에 빠지지 않고 오히려 사단을 명령할 수 있는 능력을 갖게 된다

큰 광명에 속한 자를 성경을 통하여 찾아 보기로 하자

> 마4:16 흑암에 앉은 백성이 큰 빛을 보았고 사망의 땅과 그늘에 앉은 자들에게 빛이 비취었도다

이사야 선지자는 큰 빛을 보았다.
이 땅에 흑암에 앉은 자 사망과 그늘에 비추는 큰 빛을 보았고, 그 빛이 구원의 빛이라는 것을 이사야 선지자는 깨달았다.
구약의 선지서 가운데 이사야 선지자처럼 예수그리스도의 온전한 사역을 드러낸 선지자가 누구인가?
오심도 보았고 고난도 본자가 이사야 선지자이다.
그가 볼 수 있었던 것은 큰 빛 안에 있었기 때문이다.

> 행22:6 다메섹에 가까웠을 때에 오정쯤 되어 홀연히 하늘로서 큰 빛이 나를 둘러 비취매 내가 땅에 엎드러져 들으니 소리 있어 가로되 사울아 사울아 네가 왜 나를 핍박하느냐 하시거늘

사도바울 또한 그가 사울일 때 하나님을 알고 그를 섬긴 빛의 자녀였

지만 그는 주님을 보지 못하고 주님을 핍박하는 자로 나서게 된다.
아무리 하나님을 안다 하지만 성도도 마찬가지이다.
큰 빛 구원의 빛, 은혜의 빛을 만나지 못하고 작은 광명인 율법의 하나님만 안다면 어느새 주님의 핍박자가 될 것이요, 괴수가 될 것이다.
큰 빛을 아는 것이 거듭남이다.
즉, 다시 말해서 작은 광명 홍해는 건넌다 할지라도 광야에서 큰빛을 만나야만 요단강을 건널 수 있다.
젖과 꿀이 흐르는 땅을 접하기 위해서는 큰 광명을 반드시 만나야 한다.

모든 성도가 작은 광명 즉 어두움의 세계에서 작은 빛이라도 비출 수 있는 것이 하나님을 아는 성도이다.
그렇다면 부자 청년의 고민은 무엇인가?
바로 큰 광명을 만나기 위한 조건이다.
큰 광명은 나를 버리지 않고서는 만날 수 없고, 내가 주 앞에 죽지 아니하면 결코 주님의 능력을 볼 수 없다.
나의 자아가 나를 가렸기에 눈뜬 장님처럼 그렇게 살아갈 수밖에 없다.

성경을 크게 넓게 본다면 구약이 작은 광명이요, 신약이 큰 광명이요, 즉 율법이 작은 광명이요, 복음이 큰 광명이다.

지금까지 우리가 기록된 성경을 보았다면 그것은 작은 광명속에서 밤에 속해 빛을 비추었을 뿐이고, 낮이 되어 큰 광명을 만나려면 하나님의 온전하신 뜻을 깨달아야 한다.

지도자는 큰 광명속에서 무엇을 발견할 것이며 큰 광명 안에서 하나님의 온전하신 자연의 섭리를 깨닫지 아니하면 결코 지도자가 될 수 없을 것이며 된다 하더라도 잠시 동안이며 그 이후에는 추락한 자로 남을 것이다.

그렇다면 왜 하나님은 빛을 첫째 날로 정하신 것인가?
빛이 들어오지 아니하면 아무것도 알 수 없기에 첫날 빛을 내시는데 중요한 것은 우리에게 하나님의 빛이 들어오지 아니하면 결코 세상을 볼 수 있는 안목이 떠지지 않는다는 것이다.
빛에 대하여 다시 한번 정리하여 나에게 적용하자면 내 삶이 아무것도 보이지 않는, 즉 미래가 보이지 않는 상태의 생활을 하고 있다고 하자. 소망도 없고 그 무엇인가 희망도 없는 무감각 상태의 현상속에서 어느날 눈이 번쩍 떠지는 나에게 큰 희망으로 다가오는 그 무엇이 있다.
그 무엇은 나에게 매우 큰 기쁨으로 다가오고 있다.
자세히 보니 그전에는 보이지 않던 어떠한 대상이 나에게 빛으로 다가와 나를 움직일 수 있는 것을 느낄수 있다.
지금 나에게 가장 생명으로 느껴지는 것은 눈을 번쩍 뜨게 한 그 빛이라는 것이다.
하나님이 나에게 빛으로 다가오면서 발견되는 것은 말씀이 눈 안에 들어오기 시작한다. 그 말씀을 우리는 물이라 한다.

2. 물에 관하여

내 안에서 하나님의 빛이 작용될 때 안목으로 들어오는 것이 말씀인데 그 말씀은 율법과 복음으로 나누어져 있다. 율법은 땅에 속한 것이기에 아랫물이라 하고 복음은 하늘에 속한 것이기에 윗물이라고 한다.
이 두 물을 성경에서 어떻게 나타내고 있는지 자세히 들어가 보기로
하자.

> 창1:6~7 하나님이 가라사대 물 가운데 궁창이 있어 물과 물로 나뉘
> 게 하리라 하시고 하나님이 궁창을 만드사 궁창아래 물과
> 궁창위의 물로 나뉘게 하시매 그대로 되니라...둘째날이라

인체는 약 65~70%의 물로 구성되었다.
사람은 수분이 없이는 이 땅에서 살아갈 수 없음을 우리는 알아야 한
다. 성경에서도 물의 중요성이 얼마나 큰지 우리에게 말씀하고 계신
다. 성경의 물은 윗물과 아랫물이 있다.
아마 세상 사람들이 이 소리를 듣는다면 이것이 무슨 소리인가 할 것
이다. 우리는 성경을 보면서 먼저 물이 두 종류가 있음을 먼저 알고,
특히 성경을 읽는 성도들은 두 물에 대하여 알지 못하고서는 성경을
이해할 수 없음을 알아야 한다.
아랫물이 육을 위한 물이라면 윗물은 영을 위한 물이다.
우리가 먼저 아랫물을 아는 것은 윗물을 이해하는데 기초가 되기 때
문이다. 윗물은 성도가 반드시 먹어야 할 물이다.

윗물을 먹고 사는 그리스도인들, 그것은 하늘이 공동체에 속한 성도
만이 누리는 특권이다.
사도바울은 빌립보서를 통하여 이렇게 말하고 있다.

> 빌3:20 오직 우리의 시민권은 하늘에 있는지라 거기로서 구원하는 자
> 곧 주 예수 그리스도를 기다리노니

또 한가지 우리가 알아야 할 것은 아랫물은 반드시 윗물의 지배를 받

는다는 것이다.
윗물이 쏟아져야 홍수가 오든 가뭄을 해결하든 강에 물이 흐르든 어떠한 행위가 나타난다.
세상에 모든 농작물과 자연은 윗물의 지배를 받고 있다.
성경 속 윗물과 아랫물도 마찬가지이다.
아랫물이 있는 것은 윗물을 나타내기 위함이라는 사실을 결코 잊어서는 안 될 것이다.
성경은 물에 대하여 어떻게 이야기 하고 있나?

첫째는 물을 말씀으로 이야기 하고 있다

엡5:26 이는 곧 물로 씻어 깨끗케 하사 거룩하게 하시고,

깨끗한 것은 물로 씻어야 하는데 이 물이 비밀이다.
깨끗하게 씻어 거룩하게 하시라는 그 말씀, 나아만 장군이 그의 몸을 물로 씻어 깨끗하게 병으로부터 해방된 사람이다.

둘째는 물을 성령으로 나타내고 있다

요7:36~7 명절 끝날 곧 큰날에 예수께서 서서 외쳐 가라사대 누구든지 목마르거든 내게로 와서 마시라
　　38 나를 믿는 자는 성경에 이름과 같이 그 배에서 생수의 강이 흘러 나리라 하시니
　　39 이는 그를 믿는 자의 받을 성령을 가리켜 말씀하신 것이라 (예수께서 아직 영광을 받지 못하신 고로 성령이 아직 저희에게 계시지 아니 하시더라)

셋째는 물을 하나님(여호와)로 나타내고 있다

> 렘2:11~13 어느 나라가 그 신을 신 아닌 것과 바꾼일이 있느냐 그러나 나의 백성은 그 영광을 무익한 것과 바꾸었도다 너 하늘아 이 일을 인하여 놀랄지어다 심히 떨지어다 두려워할찌어다
> 여호와의 말이니라 내 백성이 두가지 악을 행하였나니 곧 생수의 근원인 나를 버린 것과 스스로 웅덩이를 판 것인데 그것은 물을 저축치 못할 터진 웅덩이라

그러므로 물은 성경에서 말씀으로, 성령으로, 하나님으로 해석하고 있다. 그래서 그 속에 머무는 물고기를 성도로 직접 비유하시는 예수님의 모습을 볼 수 있다.

그 비유는

> 마13:47 또 천국은 마치 바다에 치고 물고기를 모는 그물과 같으니 그물에 가득하매 물가로 끌어내고 앉아서 좋은 것은 그릇에 담고 못된 것은 내어 버리느니라, 세상 끝도 이러하니라 천사들이 와서 의인 중에 악인을 갈라내어 풀무불에 던져 넣으리니 거기서 울며 이를 갊이 있으리라

바다를 세상으로, 그물을 교회로, 물고기를 성도로, 세상 끝날 때 심판 때 성도를 선과 악으로 갈라내시는 모습을 볼 수 있다.
중요한 것은 물속에 있는 물고기가 다 좋은 그릇에 담지 않는다는 것이다. 분명히 좋은 물고기와 못된 물고기를 골라 내신다는 것이다.
세상에서 볼 때는 물 속에서 꺼내면 죽는다고 생각한다.
하지만 하나님의 섭리는 반대이다.

물 속에서 꺼낸 좋은 것만 주님이 택하신다는 것이다.
남아있는 물고기는 아무리 좋은 것이라 해도 결코 하늘나라를 유업으로 받지 못할 것이다.
또 물에 대하여 구약의 에스겔을 통하여 말씀하심을 보자.

> 겔34:18 너희가 좋은 꼴을 먹은 것을 작은 일로 여기느냐 어찌하여
>   남의 꼴을 발로 밟았느냐 너희가 맑은 물 마신 것을 작은 일
>   로 여기느냐
>   어찌하여 남의 물을 발로 더럽혔느냐 나의 양은 너희 발로
>   밟은 것을 먹으며 너희 발로 더럽힌 것을 마시는도다 하셨
>   느니라

하나님은 에스겔을 통하여 물의 중요성을 우리에게 말씀하고 계신다. 하나님의 말씀 성경 66권은 내려 놓고 또 다른책, 탈무드며 세상 사상, 철학등을 강대상에 올려 놓고 그것에 유식한 자처럼 말하는 자를 주님의 물을 발로 밟은 자로 기록하고 있는 것이다.
내가 먹는 물이 어떠한지 관심이 없다면 당신은 발로 밟힌 물을 먹고 있을 수도 있다는 사실을 기억해야 할 것이다.
물도 윗물이 있고 아랫물이 있다는 사실을 기억하자.
아랫물은 기록된 문자적인 성경 말씀이요, 윗물은 그 기록된 문자의 속에 속한 뜻의 말씀을 나타내는데 그 윗물은 성령이 함께 하지 아니하면 결단코 먹을 수가 없다.
아랫물은 누구나 먹을 수 있다. 하지만 윗물은 위를 바라다 보는자 만이 먹을 수 있음을 기억하자.

그 윗물을 주님이 사마리아 여인에게 말씀하고 계신다.

요4:13~14   예수께서 대답하여 가라사대 이 물을 먹는 자마다 다시
         목마르려니와 내가 주는 물을 먹는 자는 영원히 목마르지
         아니하리니 나의 주는 물은 그 속에서 영생하도록 솟아
         나는 샘물이 되리라

생수를 주시는 예수그리스도 그 물은 우리를 영생하도록 하신다.
그 물은 남편이 주는 물이다.
세상의 남편이 아니라 신랑되신 예수님이 주시는 생수이다.
이 귀한 생수는 예수님의 육체가 찢어져 나오는 물과 피다. 그 물과 피가 예수님을 그리스도로 만드는 것이다.
기록된 율법 속에 감추어진 그래서 그 율법 속에 감추어진 그것이 생수이며 그 물이 하늘나라의 물 윗물이 되는 것이다.

시23:2~3   그가 나를 푸른 초장에 누이시며 쉴만한 물가로 인도하
         시도다
         내 영혼을 소생시키시고 자기 이름을 위하여 의의 길로
         인도하시는도다

그 물은 육체의 그 무엇보다 내 영혼을 소생시키시는 물 윗물이 우리를 의의 길로 인도하신다고 기록하고 있다.
물은 곧 말씀이요, 말씀은 곧 길이요, 진리요, 생명이라.
그러니 아무 물이나 먹어 이성 없는 짐승으로 멸하지 말고 이성 있게 믿음으로 생수를 찾아내서 영원히 목마르지 말아야 할 것이다.

물을 잘 만나 병을 고친 나아만 장군을 다시 한번 들여다 보기로 하자.

왕하5:14   나아만이 이에 내려가서 하나님의 사람의 말씀대로 요단
         강에 일곱 번 몸을 잠그니 그 살이 여전하여 어린아이의
         살 같아서 깨끗하게 되었더라

성경을 통해 요단강을 바라본다면 요단강은 윗물로 나타내고 있다. 이스라엘 백성이 구원의 강은 홍해요 거듭남의 강은 요단강이다. 구약의 문둥병은 죽은 자를 의미한다. 나아만 장군이 한 시대에 한 민족을 구원으로 이끄는데 하나님 앞에서 존귀한 자로 쓰임을 받는다. 그런데 그가 문둥병이 걸렸다는 사실이 두렵지 않은가 나아만에게 문둥병이 있다면 우리는 온전한가 생각해 보아야 할 것이다. 그렇다면 왜 하나님은 나아만을 존귀한 자로 여기시고 죽을 병을 허락하셨단 말인가?

여기에 하나님의 놀라운 섭리가 들어있기 때문이다.

나아만을 통하여 칠일에 말씀을 드러내시고자 함이다.

그 칠일의 말씀은 노아가 육백세 칠일 후에 홍수 속에 깊은 샘물을 의미하는 것이요 일곱 번째 조각 구름 속에 내리는 비를 의미하는 것이요, 여섯 돌항아리가 아구까지 물이 채워진 후 포도주가 되는 사건과 같은 것이다.

그 일곱 번째 물은 나아만이 엘리야를 만남으로 이루어진다.

감추어진 하나님의 종을 통하여 이루어지는 말씀, 그 말씀은 상대방에게 어처구니없는 일로 행함을 나타내게 한다. 그 행함이 그를 깨끗하게 하는 놀라운 일들을 만들어 낸다.

이렇게 믿음은 행함이 따른다.

구원은 믿음으로 이루어지지만 믿음은 행위가 따른다는 것을 잊지 말아야 할 것이다.

또 한가지 요단강에 일곱 번 씻을 때 나타나는 현상은 겸손한 자가 된다는 것이다. 겸손하지 못한 신앙은 거듭나지 못했다는 것이다.

말도 안되는 것을 가지고 돌아가려다가 작은 소리를 듣고 행하는 나아만, 그 소리에 그가 놀라운 축복을 받는 것이다.

순수한 믿음 나아만 장군이 만든 신앙의 믿음이 아니라 하나님이 허락하신 믿음을 그대로 받아들인 어린아이의 믿음을 우리는 거듭난 자라는 것을 알아야 한다.
성경은 어린아이 심정이 아니면 열리지가 않는다.
내 생각, 내 자아를 버리자 그것만이 내가 눈을 뜰 수 있다는 것이다.

말씀을 통하여 눈을 뜰 수 있는 것을 주님이 직접 말씀하고 계신다.

> 요9:6 이 말씀을 하시고 땅에 침을 뱉아 진흙을 이겨 그의 눈에 바르시고 이르시되 실로암 못에 가서 씻으라 하시니(실로암은 번역하면 보냄을 받았다는 뜻이다) 이에 가서 씻고 밝은 눈으로 왔더라

이 말씀은 그 시대의 실제적 사건이다.
그러나 현재의 삶을 살아가고 있는 우리에게는 매우 충격적인 일이다. 인격이 없이 어떻게 더럽게 침을 뱉아서 치료를 하신다는 것인가? 그래서 현 시대에 살고 있는 우리는 깊은 뜻을 드러내야 함을 잊지 말아야 한다.
굳이 주님께서 실로암 못에 관하여 설명한 것을 기억해야 한다.
보내심을 받은 자가 누구인가?
못에 무엇인가에 의해 씻었다는 것이다.
그렇다면 하나님께 보내심을 받은 자는 예수그리스도시오, 실로암 못에 씻을 수 있는 것은 누구나 알고 있듯이 물일 것이다.
물이란 성경에 하나님의 말씀을 의미하고 말씀은 곧 예수그리스도라고 성경은 말하고 있다.
결국 우리는 주님의 말씀이 우리의 모든 눈을 씻을 수 있고 또한 눈을 뜰 수 있는 key도 물 즉 말씀이라는 것이다.
말씀을 그냥 보지 말고 내 육신의 눈을 감아 버리라는 것이다.

그래야 하나님이 주신 영의 눈으로 주님을 볼 수 있고 주님이 주시는 세상을 볼 수 있다.
이제까지 내 육신의 안목을 기대하고 살았다면 지금부터라도 영의 안목을 가지고 살아가는 것이 어떠하겠는가?
볼 수 있는 안목을 하나님께로부터 받았다면 이제는 그 안목을 가지고 죄를 씻어 우리의 질병을 치료해야 하는 것이 아닌가?

> 요5:2~4 예루살렘에 있는 양문 곁에 히브리 말로 베데스라하는 못이 있는데 거기 행각 다섯이 있고 그안에 많은 병자, 소경, 절뚝발이, 혈기 마른자들이 누워(물이 동함을 기다리니 이는 천사가 가끔 내려와 물을 동하게 하는데 동한 후에 먼저 들어가는 자는 어떤 병이 걸렸든지 낫게 됨이러라)

우리가 말씀을 보는 것은 우리의 연약함을 치료받기 위함이다.
치료의 근본을 발견했다면 우리는 내 것으로 삼아야 되지 않는가?

본문에 베데스다는 히브리 말로 "자비의 집"이라는 뜻이다.
즉 하나님의 긍휼과 자비가 있는 지금의 교회라는 뜻이다.
예수그리스도의 사랑이 있는 교회 예수그리스도의 희생이 있는 교회 이런 교회가 성도를 살릴 수 있다.

또한 행각에 있는 많은 병자들은 다른 것으로 고칠 수가 없다.
오로지 하나님의 집에서 나오는 말씀으로 그들을 치료할 수 있다.
성도는 자비의 집에 샘솟는 물을 발견하는 자가 승리하는 자다.
그러나 마지막 때 물을 조심해야 할 것이다.
물속에 빠져가는 성도가 되는 것이 아니라 물에서 길을 발견하고 건너는 성도, 물위에 걸을 수 있는 성도가 되어야만 한다.

진정한 지도자는 어떠한 물을 선택하여 양들을 인도할 것이며 양들 또한 세상에 하나님의 말씀을 전하는 인도자로서 저들에게 어떠한 물을 줄 것인지 온전한 선택이 있어야 만이 그 물로 인하여 사람을 살릴 수 있는지 아니면 그들에게 흐르는 물로 존재할 것인지 잘 기억해야 할 것이다.

3. 땅에 관하여

> 창1:10 하나님이 뭍을 땅이라 칭하시고 모인 물을 바다라 칭하시니라 하나님의 보시기에 좋았더라, 하나님이 가라사대 땅은 풀과 씨맺는 채소와 각기 종류대로 씨가진 열매 맺는 과목을 내라 하시매 그대로 되어 땅이 풀과 각기 종류대로 씨 맺는 채소와 각기 종류대로 씨 가진 열매 맺는 나물을 내니 하나님이 보시기에 좋았더라

땅을 성경상 삼시대로 나누어 보려 한다.
먼저 구약은 선보땅이다. 이러한 분 즉 메시야가 올 것이라. 다시 말해서 구약은 예수그리스도가 이러한 모습으로 오실 것을 그림자로 우리에게 선본 개념이다.
이에 신약은 그분이 직접 오셨고, 우리에게 실체를 보이셨다.
그리고 다시오마 하시며 그때는 결혼하겠다고 약혼을 하고 가셨다.
그래서 신약은 약혼한 땅이다. 마지막 계시록은 결혼하는 땅이다.
천군 천사 거느리고 오셔서 이 땅을 심판하시고 합당한 땅(새 하늘 새 땅)을 만들어 우리와 함께 결혼 대관식을 올리시고 천년동안 왕 노릇 하신다.
땅은 두가지 개념이 있다.
먼저 지구상에 흙으로 둘러싸인 땅과 우리의 육체가 땅에 속한다.
본문에 의한 땅은 좋은 땅을 말하고 있다.

하나님의 섭리에 순종하는 땅, 그러기에 각종 과실을 맺을수 있다.

> 히6:7 땅이 그 위에 자주 내리는 비를 흡수하여 밭가는 자들의 쓰기에 합당한 채소를 내면 하나님께 복을 받고 만일 가시와 엉겅퀴를 내면 버림을 당하고 저주함에 가까와 그 마지막은 불사름이 되리라

히브리서 말씀은 우리에게 매우 교훈적인 말씀이다.
세상 땅이 비를 잘 흡수해야만이 합당한 채소를 낸다고 했다.
하나님이 준비하신 땅은 그런 땅이다.
그런 땅에 죄가 들어오면서 돌짝밭으로 변하고 가시덤풀 밭으로 변하기도 한다.
농부는 씨를 뿌리기 위해 먼저 땅을 개간하고 잘 고른다.
물줄기도 대기도 한다.
땅이 준비 되지 않은 상태에서는 어떠한 물을 댈지라도 흘러 떠내려 갈 것이다.

성경은 땅에 대하여 여러 모양 여러 부분으로 우리에게 교훈삼아 준다.

> 렘6:19 땅이여 들으라 내가 이 백성에게 재앙을 내리리니 이것이 그들의 생각의 결과라 그들이 내 말을 듣지 아니하며 내 법을 버렸음이라

여기서는 땅을 인격체로 보고 있다.
즉, 백성들이여 들으라 순종하지 않은 백성에게 재앙을 내린다고 하나님은 말씀하고 계신다.
위 글의 땅은 생각하는 땅이며 재앙이 있는 땅이며 하나님의 법을 버린땅이다.

> 사62:4 다시는 너를 버리운자라 칭하지 아니하며 다시는 네 땅을 황무지라 칭하지 아니하고 오직 너를 헵시바라 하며 네 땅을 쁄라라 하리니 이는 여호와께서 너를 기뻐하실 것이며 네 땅이 결혼한바가 되리라

본문에 헵시바란 나의 기쁨은 그녀안에 있다란 뜻이며, 쁄라란 결혼한 여자를 말하고 있다

주님과 함께하는 교회, 주님과 결혼한 교회와 성도를 의미한다. 우리의 땅 곧 우리의 육체는 주님과 결혼해야 한다. 주님이 신부로 맞이하는 육체 그것이 곧 하나님을 기쁘게 하는 것이 아닌가?
성도의 마지막 바램은 이것이 아닌가?

주님은 이토록 우리에게 합당한 땅이 되라고 부탁하였건만 신약의 우리의 모습은 어떠한가?

> 눅13:6 이에 비유로 말씀하시되 한 사람이 포도원에 무화과 나무를 심은 것이 있더니 와서 그 열매를 구하였으나 얻지 못한지라 과원지기에게 이르되 내가 삼년을 와서 이 무화과나무에 실과를 구하되 얻지 못하니 찍어버리라 어찌 땅만 버리느냐

결국은 하나님이 땅이라 칭하신 것은 세상으로서는 보이는 땅이요, 또한 우리의 육체도 땅이라는 사실을 우리는 알아야 한다.
성경은 우리의 몸을 땅으로 비유하여 하나님이 드러내고자 하는 비밀을 많이 내포하고 있다.

창세기를 통하여 하나님이 땅을 어떻게 풀어가는지를 우리는 자세히 들여다 보아야 할 것이다.

정말 놀라운 것은 땅이 있어야 물을 저장한다는 사실이다.

이 지구상도 그렇다. 지구의 드러나 있는 땅들은 모두 물을 포함하고 있다는 사실이다. 우리의 육체 또한 물을 포함하고 있듯이 땅은 물없이 존재할 수 없음을 우리는 알아야 한다.
하나님은 우리의 육체에 당신의 거룩한 말씀이 담겨지길 원하신다는 사실이다. 주님의 말씀을 담기 위해 태어난 인생이 우리들이다.
육체에 담겨진 물에 의하여 육체가 병이 난다면 그 또한 물에 의해 치료가 되어야 한다. 곧 하나님의 말씀으로 치유함을 받아야 한다.
땅을 둘러싸인 것도 물이요, 그 안에 물을 저장한 것도 땅이다.
그래서 물과 땅은 떨어질래야 떨어질 수 없는 관계성을 지니고 있다. 인생 또한 세상의 물과 (사상, 철학, 유행, 재물) 떨어질 수 없으며, 영적인 하나님의 물과도 떨어져 살 수 없음을 우리는 알아야 한다.

하나님은 빛이시요
인생은 땅이요
그 땅은 하나님의 말씀과 인생은 물을 접해야만 살아갈 수 있음을 우리에게 알리고 있다.
그렇다면 지도자는 정녕 어떠한 땅을 만들것인가?
그리고 그 땅에 열매 맺는 많은 초목을 내야 하거늘 열매 맺는 초목은 사모하면서 땅을 개간하지 못하고 물을 흡수하지 못하는 땅이 된다면 진정한 지도자는 원하고자 하는 열매를 거둘 수 있을까 의문을 품어본다.
열매 맺는 지도자가 되기 원한다면 하늘의 섭리를 거스르지 말고 그 섭리를 깨달아 하늘이 원하는 땅을 준비해야 할 것이다.

4. 짐승과 사람 창조

창1:25 하나님이 땅의 짐승을 그 종류대로, 육축을 그 종류대로, 땅에 기는것을 그 종류대로 만드시니 하나님 보시기에 좋았더라
27 하나님이 자기형상 곧 하나님의 형상대로 사람을 창조하시되 남자와 여자를 창조하시고 하나님이 그들에게 복을 주시며 그들에게 생육하고 번성하여 땅에 충만하라, 땅을 정복하라, 바다의 고기와 공중의 새와 땅에 움직이는 모든 생물을 다스리라 하시니라...여섯째 날이니라

1) 짐승에 관하여

하나님이 이 세상을 창조하실 때에는 성경에 기록하신대로 그대로 창조하심을 믿어 의심치 않는다. 우리가 세상에 접하여 살기 위해서는 창조주가 하나님 아버지임을 깨닫는다면 어떻게 하나님을 믿지 않을 수 있단 말인가?

또한 창조주가 하나님인 사실을 안다면 우리의 인생이 고난을 당하고 내 인생이 내 맘대로 되지 않을 때에도 그 창조주에게 물어본다면 답은 창조주로부터 나오지 않는가?

우리가 여기서 육적인생을 창조하신 하나님을 생각하면서 또한 영적 창조에 관하여 함께 은혜를 나누기로 하자.

먼저 왜 하필 하나님은 같은 날 짐승과 인상을 같이 창조하셨느냐는 질문이다. 하나님을 아버지라고 부르는 성도라면 여기서 질문을 반드시 던져야 할 것이다. 왜냐면 이 질문이야 말로 우리의 인생의 전부가 담겨져 있기 때문이다.

그렇다면 성경의 짐승은 무엇이라고 쓰여 있는지 먼저 알아봐야 할 것이다.

벧후2:12 그러나 이 사람들은 본래 잡혀 죽기 위하여 난 이성 없는 짐승 같아서 그 알지 못한 것을 훼방하고 저희 멸망 가운데서 멸망을 당하며

13 불의의 값으로 불의를 당하며 낮에 연락을 기쁘게 여기는 자들이니 점과 흠이라 너희와 함께 연회할 때에 저희 간사한 가운데 연락하며 음심이 가득한 눈을 가지고 범죄하기를 쉬지 아니하고 굳세지 못한 영혼들을 유혹하며 탐욕에 연단된 마음을 가진 자들이니 저주의 자식이라

유다서1:10 이 사람들은 무엇이든지 그 알지 못하는 것을 훼방하는 도다
또 저희는 이성 없는 짐승같이 본능으로 아는 그것으로 멸망하느니라

성경에서는 짐승을 하나님의 영을 받지 못하고 자기 심령으로 사는 자들을 짐승이라고 정의를 내렸다.
그리하여 창세기 1장의 6일에 짐승과 사람을 만드심을 보면서 마지막 때 결국 인생의 정리에 사람이냐 짐승이냐가 결론인 것 같다.
우리가 성경을 보면서 말씀대로 살지 못하고 우리의 심령대로 움직이는 삶을 산다면 그것은 또한 본능으로 움직이는 짐승임을 우리는 알아야 할 것이다.

그렇다면 왜 하나님은 사람과 짐승을 나누셨을까?
그것은 선과 악의 결과요, 천국과 지옥의 결과이다.
인생은 자기가 살아온 과정에 대하여 반드시 책임을 져야 한다는 사실을 우리에게 말씀하고 계신다.
책임이 없다면 누구든지 자기 마음대로 세상을 살아갈 것이다.

하나님이 원하시는 것은 짐승이 아니라 사람이라는 사실이다.

참고 인내하며 견디고 용서하고 희생하고 그것이 하나님의 형상이다. 하나님은 우리에게 그것을 요구하시지만 우리는 그것이 매우 힘들기에 싫다고 반박하며 살아간다.
훗날 깨달았을 때에는 회개하며 용서를 구하기도 하지만, 결국은 짐승이 되지 않고 사람이 되기 위하여는 이성을 가져야 한다는 사실이다.
이성은 분별력이 있다.
옳고 그름을 안다. 하나님의 말씀의 섭리를 깨닫고 분별하여 지키고 버리고 행하여야 된다는 것이다.
베드로 사도는 이성 없는 자는 짐승과 같기에 멸망 가운데 멸망한다고 기록하고 있다.
하나님 말씀을 경건하게 받아들여 삶을 이끄는 것이 아니라 세상의 연락이 좋아서 그곳에 빠져 세상을 사랑하는 음란과 세상의 탐욕과 간사함이 결국 짐승 곧 저주의 자식이라고 정의를 내리고 있다.
교회를 오는 것이 중요한 것이 아니라 교회 와서 하나님 아버지를 온전히 섬기고 경외하며 거룩함으로 입맞추며 예수님의 사랑과 희생을 따르지 아니하면 짐승과 같다는 결론을 내린 것이다.
우리는 어떠한 생활을 하고 있는가?
아버지의 법과 예수님의 사랑과 희생을 가지고 신앙생활 하고 있는가? 아니면 나만의 복을 받기 위해 조용히 교회생활을 하고 있는가? 지금 우리는 각자의 신앙을 점검해야 한다.
야고보의 형제 유다는 하나님 아버지의 말씀을 알지 못한 것이 자신의 신앙을 훼방받고 결국 깨닫지 못하기에 본능으로 신을 섬기는 자기만의 법도로 섬기다가 결국 본능이 멸망시킨다는 것이다.

우리나라는 언제 부터인지 하나님의 말씀의 법도보다는 큰 교회의 경영은 어떻게 하더라 미국에서는 교회경영을 어떻게 하더라 라는 유행이 불어 그 모습을 답습하기에 매우 발을 빨리 움직이고 있다.
하나님의 법이 성경에 써있음에도 불구하고 인간들이 만든 성공의 법이라는 테두리 안에서 우리 스스로가 부어 만든 우상속에 교회를 갖다가 집어 놓고 좋다고 하며 교회생활을 하고 있지 않는가?
성경대로 하려면 구태의연한 교회가 되고 뒤로 후퇴하는 교회로 보고 있으니 얼마나 통탄할 일인가?
교회법과 정관 이야기만 나오면 나는 정말로 가슴이 아프다.
주님은 온데간데없고 목회자와 교인이 만든 법이 우상이 되었으니 얼마나 기막힌 일인가? 이것이야 말로 짐승들이 하는 모습이 아닌가?
우리가 아는 것이 막연히 맞다고 여기는 것이야 말로 하나님이 보는 짐승의 모습이 아닐까 싶다.

2) 사람에 관하여

이제는 짐승의 탈을 벗어야 할 것이다.
하나님이 원하는 사람은 어떠한 사람인가?
하나님 말씀대로 사는 자, 곧 하나님을 아버지라 부를 수 있는 자들이 사람이다.
자식은 그 가문의 아버지의 법을 따라야 할 것이다.
우리 아들 친구가 있다.
그 아들은 성격이 쾌활하고 사람을 대하는 것을 매우 좋아하며 활동하기를 좋아한다.
그런데 아버지가 공무원 시험을 보라고 한다고 억지로 독서실에 매여 있는 모습을 본다.
정말 하기 싫고 내 길이 아니라는 것을 알면서도...
그렇다고 공부가 되는 것도 아니다 억지로 책상에 앉아 있는 것이다. 왜냐면 아버지의 법을 버릴 수 없기에 그는 싫어도 그냥 앉아 있다. 자식이기에 아버지를 버릴 수가 없었던 것이다.
인간의 가정의 법도 그러하거늘 어떻게 하나님을 섬기는 우리가 하나님법을 지키지 않으면서 주님의 족보에 들어가길 원하는가?
주님의 족보만이 하나님의 자녀가 되고 또한 사람이 되어 주님의 품안 안식에 들어감으로 주님의 손잡고 부활할 수 있음을 알아야 할 것이다. 이것이 하나님이 만든 아버지 가정의 법도이다.
참으로 놀라운 일은 창세기를 통하여 사람 창조의 하나님이 1장부터 9장까지 사람의 뜻이 같지만 나머지는 뜻이 또한 다르다.

창세기 1장의 사람은
사람-(히)아담-노예, 군인, 남자, 용사-(붉어지다, 붉게 물들다, 아담에서 유래)

교회안에도 두 가지 모습의 성도들이 있다.
하나는 하나님의 자녀라 하면서 짐승의 모습으로 살아가는 자가 있고, 하나는 하나님의 법도를 따라 힘껏 주님을 섬기며 말씀대로 실천하며 전하는 자가 있다.
하나님이 보시기에 그가 사람의 모습일 것이다.
분명한 것은 사람은 모든 피조물중에 가장 나중에 창조 되었다는 사실이다.
그것은 모든 피조물을 다스리는 권세를 주기 위함인데도 불구하고 사람들은 다른 피조물에 의해 지배를 받고 살아가는 것이 문제가 되어 내가 짐승인지 사람인지 구분이 안 된다.
진정한 사람이란 그 모든 피조물을 다스리는 권이 있다는 것이다.
물질 때문에, 환경 때문에 명예 때문에 질병 때문에 그 문제에 내가 결박되어 숨도 쉬지 못하고 있다면 이 어찌 사람의 모습인가?

그것은 인간이 탐욕을 부려 그 속에 나를 집어넣고 사는 것이다.
하나님의 사람이란 하나님이 원하는 형태로 만들어진 것을 사람이라 한다.
그 형태란 성경의 모습이 율례와 규례와 법도에 의해 하나님의 형상을 따라가는 것이다.
즉, 말씀은 우리를 말씀의 모양대로 바꾸어 가기를 원한다.
결국 인생은 하나님의 소리를 듣고 행하여 만들어진 자는 아버지의 자식으로 인정되어 사람이라 칭하고 말씀을 불순종하여 자기 마음대로 자기를 만들어가는 인생을 짐승이라 하신 것이다. 그렇다면 내가 사람이 되기 위해서는 먼저 행할 것이 있다는 것이다. 그것은 성경 66권의 말씀을 알고 깨달아 실천하는 자가 하나님이 보시기에 심히 좋고 사람이라 칭함을 받을 수 있는 것이 아닌가?

불순종의 자식은 세상을 좋아하고 탐욕을 좋아하고 연락을 즐겨하며 술을 좋아하는 자이거늘 그렇다면 순종의 자식은 이것을 버리고 법도를 따라 사랑과 희생과 인내를 성령으로 지켜가는 것이다.
성경의 모든 주인공은 사람이다.
그런데 어떤 이는 사람인데도 불구하고 짐승으로 표현한 모습을 볼 수 있다.
그는 하나님의 반대된 자요, 파괴자요, 악을 지닌자요.
그렇다면 내가 어디에 속할지는 우리 스스로 판단해야 하지 않는가?
성경을 자세히 보면 세상을 이길 자가 있다.
그것은 기도해서 되는 것이 아니라 하나님이 만드신 틀을 보고 내가 들어가야 할 것이다 그것이 말씀이다.
어떠한 사람을 만들고 사용하시는지 우리는 깊이 알아야 할 것이다.
그 사람이야말로 세상을 다스릴 권이 있지 아니한가?

제2장

에덴동산과 4대강

1. 에덴동산

하나님이 세상을 창조하신 것을 창세기 1장을 통하여 우리는 알게 되었다. 그런데 너무나 이상한 것은 1장의 창조는 모두 다 있는데 2장에서 다시 창조를 논하시고 계신다
그렇다면 하나님은 왜 이리 하셨을까?

창세기 1장의 창조는 세상창조 보이는 세계창조를 말씀하고 계시고, 2장의 창조는 영적 창조를 말씀하고 계신다.
세상에 많은 사람과 환경이 있다할지라도 그들이 다 하나님의 사람은 아니라는 것이다.
하나님의 사람은 그분을 영접하는자가 하나님의 사람이다.
일반적 창조를 해놓으시고 보니 짐승과 다를 것이 무엇이냐 첨단을 걷는 이 세대에도 아직 미개한 민족과 나라는 지금도 짐승과 똑같이 살아가고 있음을 우리는 미디어를 통하여 보고 있다.

본능적 삶을 살아가는 그들 오로지 땅의 것을 추구하며 땅만 바라보고 먹을 것만 있으면 아무렇지도 않게 그 모습 그대로 살아가는 그 족속을 볼 때 하나님이 기뻐하시겠느냐는 것이다.
그러다 보니 하나님의 영을 받은 자녀를 갖기 원하신 것이다.
내가 낳은 자식만 내 자녀라고 한다. 그 자녀는 부모의 유전학적 혈을 지니고 있다. 그것은 인공으로 바꿀 수가 없다는 것이다.
하나님은 우리를 세상이 바꿀 수 없는 영을 주기를 원하셨던 것이다. 그러나 그분은 인격적인 분이기에 우리가 문을 열지 아니하면 주지 아니하신다.

> 계3:20 볼찌어다 내가 문밖에 서서 두드리노니 누구든지 내 음성을 듣고 문을 열면 내가 그에게로 들어가 그로 더불어 먹고 그는 나로 더불어 먹으리라

이렇게 우리 주변에서 주님은 끊임없이 문을 두드리신다.
각양 모양의 문들이 여러분 앞에 놓여있음을 우리는 알아야한다.

본문에 말씀을 보면 아직 하나님의 거룩한 영이 이 땅에 허락지 않았을 때라서 영적인 지도자, 즉 경작자가 없을 수밖에 없다.
하나님은 이 세상 관심은 영적인 지도자를 배출하는 것이 목적이다.
그 과정을 성경 전체를 통하여 여러모양과 여러 부분으로 말씀하고 계신다.
그리하여 하나님 나라의 영적지도자가 되기 위해 가장먼저 해야 할 일이 무엇인가 성경을 통하여 찾아보기로 하자.

가장 먼저 영적인 지도자가 되기 위해서는 그가 사람이 되어야 한다는 것이다.

사람 – 창 조 자 – 하나님아버지
　　　재　　료 – 흙–(세상으로 지음을 받음)
　　　골　　격 – 하나님의 모양과 형상
　　　지배적영 – 하나님의 생령

하나님이 우리를 만드셨고 세상으로부터 지음을 받게 하셨다.
그러나 그 모양과 형상은 아버지를 닮기를 원하신다.
그리하였을때 하나님의 영이 그에게 임하심을 알 수 있다.

우리가 반드시 알아야 할 사항이 있다.
세상 사람 즉, 성경에서 짐승으로 표현한 자는–육과 혼으로 존재한다. 하나님의 사람 곧 성경에서 사람으로 표현된 자는–육과 혼과 생령으로 구성되어 있음을 알아야 한다.

　　　전도서3:21　　인생은 혼은 위로 올라가고 짐승의 혼은 땅으로 내려가
　　　　　　　　　는 줄을 누가 알랴

매우 의미 있는 말씀이다.
기록된 문자대로 이해한다면 인생이 지옥구덩이로 갈 자가 어디있는가? 그러니 하나님이 이 말씀으로 우리에게 말씀하시고자 하는 의도는 하나님이 사람으로 인정한 자는 천국으로 가고 짐승처럼 본능으로 사는 자는 지옥 구덩이로 간다는 사실을 우리에게 역필하고 계신다.

더욱 놀라운 것은 사단도 생기를 가지고 있다는 것이다.
마지막 때 짐승의 생기가 얼마나 많은 사람을 죽이는지 상상할 수가 없다.

> 계13:15 저가 권세를 받아 그 짐승의 우상에게 생기를 주어 그 짐승으로 말하게 하고 또 짐승의 우상에게 경배하지 아니하는 자는 몇이든지 다 죽이게 하더라

이렇게 짐승의 생기는 사람을 죽이는 역할을 감당하고 있다.
그렇다면 성경의 하나님의 영 곧, 생령은 어떻게 말씀하고 계신가?

> 요6:63 살리는 것은 영이니 육은 무익하니라 내가 너희에게 이른 말이 영이요 생명이라

총명을 준 욥기서의 전능자의 기운 즉, 생기는 경작자 즉 지도자에게는 반드시 필요하다. 총명이 없으면 세상을 다스리기 매우 힘이 든다.

> 욥32:8절이하 - 사람의 속에는 심령이 있고 전능자의 기운이 사람에게 총명을 주시나니 대인이라고 지혜로운 것이 아니요 노인이라고 공의를 깨닫는 것이 아니라

> 사33:6 여호와의 말씀으로 하늘이 지음이 되었으며 그 만상이 그 입 기운으로 이루었도다

지도자가 한 공동체를 이루기 위해서는 혀의 권세가 있어야 한다.
그 말하는 것이 권세가 없으면 사람을 다스리기에 힘겨울 것이요 따르지 아니할 것이다. 그리하여 하나님이 세운 지도자는 반드시 혀에 하나님의 기운을 가지고 세상을 명령해야 할 것이다.

> 겔37:9 또 내게 이르시되 인자야 너는 생기를 향하여 대언하라 생기에게 대언하여 이르기를 주 여호와의 말씀에 "생기야" 사방으로부터 와서 이 사망을 당한 자에게 붙어서 살게 하라 하셨다 하라

지도자는 살리는 영이 있어야 한다.

그가 가는 곳마다 살리는 영이 소생되어야만 지도자의 역할을 감당할 수 있다.

다른 사람과 똑같다면 누가 그를 지도자라 인정하며 따라갈 것인가?

수많은 백성이 예수님을 따라다닌 것도 살리는 역사가 있기에 수많은 사람의 추종자가 되었던 것이다.

선생은 선생으로서의 살리는 영이 있어야만 학생을 가르치는 권리를 받는다.

국회의원은 지역주민을 살리는 영이 있어야만 지역 다스림의 권리를 받고, 대통령은 백성을 살리는 영이 있어야만 나라를 다스릴 수 있다. 그 지도자들의 특징은 자기의 기간에 살리는 영을 드러내지 못하면 사람들의 심판을 받는다는 사실을 우리는 알아야 한다.

> 사11:4 공의로 빈핍한 자를 심판하며 정직으로 세상의 겸손한 자를 판단할 것이며 그 입의 막대기로 세상을 치며 입술의 기운으로 악인을 죽일 것이며

지도자는 그 공동체의 리더자로서 말의 힘이 있어야 한다.

상대방이 그 지도자의 말에 벌벌 떨 정도가 되어야 그 공동체 사람들은 안심을 하고 그를 따르게 되어있다.

특히 그 공동체에 해를 가져오는 부분이 있는데 그 지도자가 오히려 떨고 있다면 누가 그를 따를 것인가?

하나님의 사람은 하나님의 생기가 있기에 그분만이 세상을 이길 수가 있다. 그렇다면 답을 가지신 주인 곧 하나님의 생기가 있어야 하지 않는가?

이것이 바로 신의 힘이다.

그리하여 세상을 만든 하나님이 세상을 지도할 자에게 이 영을 허락하심을 알아야 하겠고 또한 지도자는 반드시 하나님의 영이 아니고서는 세상을 지배할 수 없음을 깨달아야 할 것이다.
그것을 갖춘 지도자가 있는 땅이 에덴동산이다.

2. 사람과 4대강

먼저 4대강이 발원하는 곳이 있다.
그곳이 바로 에덴동산임을 알아야 한다.
에덴이란 희락, 기쁨, 즐거움이란 뜻이고, 에덴은 히랍어로 "파라데이소스" 즉 낙원이란 뜻이다.
동산이란 울타리가 있는 동산, 즉 울타리가 있는 정원을 의미한다.
에덴동산이란 동산은 우리의 육체를 의미한다면 에덴은 그 육체가 담은 영을 말하고 있다.
내 육체에 하나님의 기쁨을 담은 자의 모습이 곧 에덴동산이라는 것이다.
이제 내 자신의 에덴동산에서 갖추어야할 조건이 있다.
에덴동산은 물줄기가 있어야 한다는 사실이다.
내 심장이 에덴이라면 내 심장으로부터 흘러나오는 강줄기 그것을 하나님은 거룩한 책에 기록하고 계신다.
깨닫는 자는 자기 것이 되는 것이고 그냥 지나가면 보화를 놓치게 될 것이다.
그렇다면 그 강줄기에 대하여 함께 성령 받기를 원한다.

가장 먼저 내 심장에 있어야 할 강줄기는 "비손"강이다.

비손이란 금으로 둘러쌓여 있어야 한다.

비손 - 풍부한, 충만한, 부유한-정금이 풍부한 곳, 베델리엄 진주가 있는 곳이다.
금이란 불 속에서 수많은 시간속에서 연단되어야 정금으로 나올수 있고 그러기에 그 연단 속에서 변질되지 않는 법을 알고 그것을 지키는 것이 금이다.
금이 불 속에 들어갈때는 금 속에 불순물을 제거하기 위해 들어간다.
하나님의 자녀가 변질되지 않는 정금같은 믿음을 갖기 위해서는 많은 고난과 역경을 이겨내야 할 것이다.

> 욥23:10 나의 가는 길을 오직 그가 아시나니 그가 나를 단련하신 후에는 내가 정금같이 나오리라

그래서 하나님의 지성소에는 정금같은 자만 들어갈 수 있음을 우리는 성막을 통하여 알수있다.
어떠한 환경속에서라도 이기고 나온 자가 지도자가 될 수 있기에 참고 인내하여야 한다.
그런데 특히 세상 끝에는 배도하는 자가 즉 변질될 자가 많이 나온다고 성경은 기록하고 있다.
악한 지도자는 어떠한 상황이 도래했을때 잘 변질된다. 그리고 그와 함께한 자들을 버리고 자기만 살려고 도망치는 경우가 매우 많다.
그런 자는 다 악한 지도자다, 결단코 따르면 안 될 것이다.

두 번째 강줄기는 "기혼"강이다.

기혼-존귀, 통치
사람은 누구나 자기 자신을 알아야 할 것이다.
하나님이 우리를 창조하실때는 매우 귀한 자로 만드셨다는 것이다.

그럼에도 불구하고 우리는 우리의 존귀를 버리고 스스로 땅으로 내려온자가 되어 하나님이 원하시는 삶이 아니라 즉, 하늘의 사람이 아니라 땅에 내려 앉아 내가 원하는 삶을 살아가고 있다.
이 얼마나 기막힌 일인가?
하나님이 나를 존귀한 자로 만드셨다는 사실을 믿는다면 우리의 행동은 결국 악한자의 모습으로 가지 않을 것이다.
사람에게 예비군복을 입히고 행동하는 모습을 보고 또한 그들에게 양복을 입히고 행동을 관찰하게 되었다.
예비군복을 입은 사람들은 아무대나 앉고 서며 뒹굴기도하고 흙이 있던, 흙탕물이 있던, 진흙이든, 아무곳에나 가서 쉽게 행동한다.
그러나 양복을 입은 사람들은 흙이 옷에 묻을까봐 조심하고 흙탕물 곁에는 가지도 않고 아무곳에나 땅에 앉지도 않더라는 것이다.
이렇게 자기 자신을 존중하기 위해서는 존귀한 옷을 입어야 한다는 것이다. 그런데 놀라운 것은 사람이 성장하면 내 옷은 내가 입는다는 사실이다. 그런데 그 옷의 책임을 다른 사람에게 돌리는 어리석은 사람들이 있다. 내 옷 안 입혀준다고 투정부리면 주위 시선은 따갑게 볼 것이고 또 무엇인가 부족하다 생각할 것이다.
어린아이가 학교 들어가면 부모님은 자기 옷을 입는 방법부터 가르친다. 그리고 또한 학교를 마치고 나면 사회에서 입는 옷은 자기의 노력에 의하여 입게 됨을 우리는 알 수 있다.
누구의 원망도 아니고 누구에 의해 입혀지는 것도 아니다.
다만 자기가 노력하여 얻은 것으로 자기 옷을 입는다.
그 부분에 대해서는 직업에 옷이 있음을 알 수 있고 노력하여 높은 직업을 얻은 자는 사회에서도 아무렇게나 살진 않는다는 것이다.
누가 볼까 봐서라도 행동의 옷을 조심하는 것이 인간이다.
자신이 존귀한 자며 축복받을 자라는 사실을 안다면 세상을 함부로 살지 않을 것이며 최선을 다할 것이다.
또한 존귀한 자로 여긴 자만이 자신을 존귀한 자로 끌어 올릴 것이다.
요즈음은 청문회가 그 자리를 만들어 가고 있다.
아무리 훌륭해도 과거의 자리가 더러우면 사람들은 그 직임에서 그를 버린다.
다시 한번 우리가 알아야 할 것은 하나님이 주신 존귀한 옷을 준비하자는 것이다.

셋째로 "힛데겔"강이다

힛데겔강은 하나님과의 영교를 말한다.
굽이굽이 흐르다, 급류, 빠른 화살, 좋은 교통 등을 의미한다.
또한 영교란 영적 교통을 의미한다.
교통은 침상, 방석, 비밀을 뜻하기도 하다.
함께 잠을 잘 정도의 관계, 한방석을 앉을 정도의 관계, 비밀을 통하는 관계를 교통한다고 한다.

우리는 누군가와 무엇을 할 때는 상호간에 의사전달이 잘 통해야만 이 일을 할 수 있다.
서로간의 의사가 다르면 어떻게 일을 하며 서로간의 의사를 모른다면 무엇을 의논하며 일할 수 있단 말인가?
우리가 이 땅에서 지도자가 되기 위해서는 창조자이신 하나님과 온전한 교통이 이루어져야 할 것이다.
만든 자를 알지 못하면서 무엇을 지도할 수 있단 말인가?
가장 정확히 아는 자는 그것을 만든 사람이라는 것이다.

우리는 몰라도 만드신 분은 그 만든 작품의 장단점을 알고 배치도도 정확히 알기에 그분과 온전한 교류가 이루어져야 할 것이다.

왕하18:6~7참조   이에 분열왕국시대 유다의 히스기야왕은 하나님과 온전한 연합으로 하나님이 늘 함께 하셨고 어디를 가든 형통한 복을 누렸다

아브라함 또한 하나님께서 "내가 하려는 일을 아브라함에게 알리지 않고는 결코 행하심이 없다"라고 말씀하실 정도로 하나님이 인정하고 교통한 인물이다.
그러기에 그 당시 훈련 된자 318인이 준비 할수 있는 지도자가 될 수 있었던 것이 아닌가?

지금 내가 이 시대의 지도자가 되기 위해서는 먼저 하나님 아버지와 온전한 교통을 하는 자가 되라.
여기서 한가지 유의할 점이 있다.
하나님과 교통하라 하면 어떤 이는 기도만 하는 것이 교통이라고 생각한다. 그것은 매우 어리석은 생각이다.
진정한 교통은 상대방을 알아야 한다. 하나님을 알고 기도를 해야 진정한 교통이 이루어지지 않을까 싶다. 그렇다면 어떻게 알아야 하는가?
그것은 하나님이 직접 주신 성경, 성경이 주님이라고 말씀하시니 성경을 읽고 그분이 무엇을 원하시고 무엇을 기뻐하시는지를 알고 이야기 즉 기도를 한다면 온전한 교통이 이루어지지 않을까? 그런데 자기의 심령에 따라 자기 이야기만 한다면 듣는 아버지도 매우 답답하실 것이다. 그래도 기도 안하는 사람보다 하는 사람을 더욱 사랑하시겠지만 이왕이면 그분의 속성을 성경을 통하여 알고 기도한다면

더욱 성령이 충만하여 깊은 것까지 통달할 것이다.
진정한 교통은 성경을 통하여 기도하시는 것이 가장 아름다운 교통일 것이다.

네 번째강은 "유브라데"라

유브라데 - 번영, 능력, 맛이 다르다

지도자가 하는 일은 점령하여 번영을 이루는 것이다.
사람들은 이야기 한다.
모든 지구상의 인생들은 모두 다 부유를 꿈꾸며 살아간다.
번영을 바라보며 풍부를 바라보며 또다른 방법을 찾아서라도 그 번영을 잡으려고 무단히 노력하며 살아간다.
내 노력이든 귀신이 돕든 사람이 돕든 목표는 그저 내가 번성하는 것이다.
그런데 사람들은 그것의 열쇠를 지신 분이 예수그리스도라는 사실을 알지 못하고 있기에 엉뚱한 곳에서 찾으려고 노력하고 있다.
노력의 대가로 살아간다면 일용직 근로자들은 정말 번성하고 잘 살아야 한다.
그런데 세상은 그들의 삶을 좋아하지 않는다.
왜냐면 그들의 삶은 저층 사람이라고 단정되어있기 때문이다.
그렇다 삶이 매우 힘이 든다 고달프다.

노력의 대가도 있어야지만 중요한 것은 돕는 손길이 있는 자는 훨씬 빨리 번성의 길에 도달 할 수 있다.
삼성가의 자녀나 현대가의 자녀는 돕는 부모가 있기에 그들이 원하는 것을 쉽게 거느릴 수 있다는 것이다.
그런 환경이 없는 다른 인생은 어떻게 해야 하나 고민 끝에 다른 방법을 찾아 나서는 것이 사람이든 귀신이든 찾고 다닌다.

그러나 우리에게는 너무 감사한 것이 이 땅을 창조하시고 나를 만드신 그분이 우리 곁에 계시다는 사실이다.
세상은 말한다. 소도 비빌 언덕이 있어야 비빈다고.
우리의 언덕은 하나님아버지 그분이다. 곧 예수그리스도가 세상의 열쇠임을 기억해야 할 것이다.
그분에게 그분이 만드신 세상의 열쇠를 달라고 고백하고 성경에 기록한 세상이 무엇인지 알고 간다면 우리는 세상을 점령하여 번성시킬 수 있을 것이다.
왜냐면 주님은 언약의 하나님이시기에 약속은 이루시기 위해 필요한 것이다.
주님의 약속은 주님이 지키신다.
다만 그분이 그곳에 가기까지 허락한 일들이 있다는 사실이다.
우리는 그 일을 따라가다 보면 반드시 찾아낼 것이다.

세상의 재상은 하늘에서 만든다고 한다.
난 그것이 백프로 옳다고 생각한다.
진짜 부자는 영적, 육적 다 풍요로와야 한다.
예수를 믿든 안 믿든 세상도 하늘에 계신 분의 능력을 저버리지는 않는다는 것이다.
하나님 아버지가 창조하심을 믿는다면 그분이 하실 계획표와 배치도를 자세히 연구한다면 분명 그는 번성할 것이다.
그 약속을 믿어라, 믿고 기도하라.

그리고 열심을 다하여 일하라 그리하면 이룰 것이니라.

> 창12:2 내가 너로 큰 민족을 이루고 네게 복을 주어 네 이름을 창대케 하리니 너는 복의 근원이 될지라
> 3 너를 축복하는 자에게는 복을 내리고 너를 저주하는 자에게는 내가 저주하리니 땅의 모든 족속이 너를 인하여 복을 얻을것이니라

> 수1:3 내가 모세에게 말한 바와 같이 무릇 너희 발바닥으로 밟는 곳을 내가 다 너희에게 주었노니
> 4 곧 광야와 이 레바논에서부터 큰 하수 유브라데에 이르는 헷 족속의 온 땅과 또 해지는 편 대해까지 너희 지경이 되리라

이 언약의 축복을 기억한다면 누구에게 구하고 누구의 말을 따를 것인가? 반드시 창조자이신 하나님 아버지를 따르는 것이 이 땅을 받는 길이라는 사실을 기억할 것이다.

주님 감사합니다.
내 심장이 에덴이 되어 4대강을 발원할 수 있도록 도와주시니 감사드립니다. 이 강줄기가 영원히 메마르지 않도록 성령께서 도와주시옵소서. 그리하여 마지막 추수꾼의 역할을 감당하여 예수그리스도를 기쁘게 하는 자가 되기를 원합니다. 내 심장에 이것을 넣어주셨다는 사실만이라도 너무 너무 감사할 따름입니다.
지금부터 작동시켜 주시고 거룩한 주의 일 감당케 하옵소서.
예수님 이름으로 기도드립니다.   아 - 멘

제3장

사단의 출현

3장을 통하여 하나님이 우리에게 가르쳐 주시는 것은 가장 좋은 곳에 나타나는 것이 있다. 그것은 좋은 것을 훼방하는 대상이 있는데 그것이 바로 사단이라는 것이다.

그렇다면 사단의 실체는 무엇이며, 그 사단이 무엇을 가지고 에덴을 파괴하고자 하는지 안다면 우리의 삶 속에 행복 속에 다가오는 사단을 능히 물리칠 수 있을 것이다.

그 방해자 사단이 우리 인생 속에 가장 큰 관심을 가지고 방해하는 것이 있다. 그것은 선악과임을 명심하고 성경을 보시기 바란다.

1. 사단의 실체

이것을 악이라고 한다.

악은 하나님의 선을 대적하는 존재며 하나님 아버지의 존재성을 사람의 생각 속에서 무시하게 만드는 것이 곧 악이다.

결국은 악이란 간단히 정의를 내린다면 하나님 곧 예수그리스도와 반대되는 것을 악이라 한다.
그렇다면 무엇이 반대인가?
내가 기도해서 물어 보아야 하는가?
아니면 내 생각에 악이면 악인 것인가?
놀라운 것은 악의 정의는 간단한데 사람들이 생각하는 악은 여러 모습이 다르다.
왜냐하면 자기 생각 속의 악을 말하기 때문이다.
나는 오늘 이렇게 조용히 이야기 하고 싶다.
악이란 성경말씀에 반대된 사건이 악이라고 정의를 내리고 싶다.
내가 싫은 것이 악이고 내가 좋은 것이 선이라는 잘못된 사실부터 우리는 고쳐야 할 것이다.
그렇다면 악의 존재성을 우리가 인지한다면 선을 알아야 악을 구분할 수 있을 것이다.
어떤 이는 말한다.
나는 말씀은 몰라도 기도해서 응답받는다고 이야기 하는 분들도 꽤나 많은 것 같다.
그렇다면 성경이 존재할 필요가 없지 않은가?
자신이 응답받으면 되는데, 그런데 자신의 응답이 다른 사람에게는 합당하지 않는다는 것이다.
그분의 하나님은 어떤 분이며 나의 하나님은 어떤 분이기에 같은 문제를 다르게 말씀하실 수 있단 말인가?

너무 신기한 것은 악의 존재가 하나님의 형상을 도적질하고 있다는 사실이다. 하나님을 성경에서는 직임에 관계성에서 3분법으로 나누어 주셨다.
그랬더니 악도 그들의 존재를 삼분법으로 나누어 있다는 사실이다.

성부 - 아버지
성자 - 아들
성령 - 아버지의 영

사단 - 악의 우두머리-악의 아버지
마귀 - 악의 아들
귀신 - 악의 아들 심부름꾼

이렇게 악은 여러 모양으로 성도들을 유혹하고 수렁에 빠트리기 위해 노력한다.
성경을 보면 악의 변천사가 나온다.
구약은 그것을 뱀이라 칭하고 신약은 그것을 독사라 칭하고 마지막 환란이요 재림의 때에는 그것을 용이라고 칭한다.
(뱀-독사-용)
수없이 변하여 우리를 유혹하는 악을 우리는 항상 같은 모양으로 충분히 대적할 수 있다고 말하고 있으면서 정작 악이 우리를 대적해 오면 좌절이라는 이름과 실망이라는 이름과 할 수 없다는 것으로 주저앉고 만다.
그래서 우리는 악의 모양을 정확히 분별하여 주님의 말씀으로 싸워 이겨야만 승리할 수 있다.
그렇다면 성경은 악의 모양을 어떻게 표현하고 있는가?

1) 악의 모양

요1서3:8 처음부터 범죄한 자-(그는 하나님의 성산에서 범죄하였다)
요8:44　　처음부터 거짓말을 하는 자, 그 속에 진리가 없게 하는 자
요1서3:12 처음부터 살인한 자-(가인이 동생 아벨을 죽임)

요14:30   이 세상 임금
행13:10   의의 원수
눅13:10   질병을 18년 간 묶어둔 자
눅22:31   성도를 밀 까부르듯이 까부르는 자-요동치게 하는 자
히2:14   사망 권세자
엡2:2   공중권세 잡은 자
딤전3:7   올무를 놓고 빠지길 기다리는 자
살전2:18   복음전함을 막는 자
벧전5:8   우는 사자처럼 성도를 삼키는 자
계12:9   밤낮 참소하는 자
계16:14   전쟁을 일으키는 자...등

이렇게 여러 모양으로 활동하고 있다.
그런데 이 마귀는 세상 끝에 와서는 물속에서도 살고, 땅 위에서도 살고, 공중에서도 활동한다는 사실을 우리는 알아야 한다.
우리는 어떠한 존재인가?
육을 지니고 있기에 땅속을 알지 못한다.
물속에서도 우리는 존재할 수도 없다.
더군다나 공중을 잡을 수도 없는 것이 인생이다.
그래서 우리에게는 예수그리스도가 안 계시면 세상을 이길 힘도 능력도 없다는 것이다.
이것을 인정해야만 그분을 주로 모시고 우리는 세상을 이길 능력의 성도로 살아갈 수 있다.

2) 마귀가 시험하는 방법

- 선악과로 시험한다-먹음직, 보암직, 탐스러움(마4장 참조)
- 일평생 사단이 인생의 세가지 문제를 가지고 쫓아다니며 우리를

시험한다
- 하나님의 아들이신 예수님에게도 이 시험은 반드시 통과해야 할 문제였다
- 능력과 표적으로, 거짓 기적으로, 불의의 모든 속임으로 – (살후2:9참조)
- 우상을 섬기게 함으로-(계9:20)
- 666 짐승표를 받게 함으로(계13:16)

이렇게 사단은 하나님의 자녀들을 끊임없이 괴롭히고 악의 구덩이에 넣기 위해서 불철주야 뛰고 있다는 사실이다.

근세기에는 밤이면 더욱 극성을 부려 사람들을 멸망의 길로 가게 하는데 밤을 사용하고 있다는 점이다.

세상이 발달하면 발달할수록 악은 더욱 치밀한 계획 속에 밤을 사용하고 있다는 사실을 안다면 소름 끼칠 것이다(미개국은 대략 밤 문화가 없다는 사실).

그렇다면 하나님이 악의 종말을 어떻게 말씀하고 계시는가?

3) 사단의 종말

요1서3:8   처음부터 마귀일을 멸하시기 작정하심
마25:41   왼편에 있는 자들은 영원한 불에 들어간다
계20:3   예수그리스도께서 오심으로 일단 무저갱에 1000년 동안 갇히고
계20:10   불과 유황으로 세세토록 밤낮 괴로움을 받게 됨

하나님 아버지는 성경을 통하여 결론을 내주셨기에 우리는 감사하다. 이 결론은 거저 우리에게 오지 않는다는 사실을 알아야 할 것이다. 우리가 이기는 방법도 성경을 통하여 알아야 한다.

4) 사단을 이기는 방법

이 악의 존재를 이기는 방법을 아버지께서 우리에게 허락하셨다는 것이다. 이 어찌 기쁘지 않은가?
답이 없는 것같이 답답하고 힘든 것은 없다.
그런데 아버지께서는 그 답을 성경에 기록하셨다는 것이다.

    마4:4   말씀으로 이기신다,
              그래서 말씀을 모르면 사단에게 넘어갈 수밖에 없다
              몰라도 이길 수 있다면 성경을 기록하지 않으셨을 것이다
    고전7:5 부부가 분방하지 않으므로
              신랑이신 예수님과 떨어지지 말아야 한다, 죽든 살든 주님과
              함께 살아가는 것이 마귀를 이기는 것이다
    고후2:10 서로 용서함으로
              모든 악은 용서가 없음으로 분노로 생기게 되어 있다
              용서는 모든 악의 모양 다툼과 전쟁과 분노를 마비시켜
              버린다
    살후2:9 진리를 사랑하므로
              가장 좋은 방법이다, 진리만이 전쟁의 최고의 병법임을 우리는
              알아야 한다. 진리는 말씀의 온전하신 뜻을 말씀하시는 것이다
    엡6:10 하나님의 전신갑주로
              모든 것은 말씀밖에 악을 이길 수 있는 것은 없다.
              이 정답을 우리는 이마에 또는 손목에 기호삼아야 할 것이다.

우리는 사단의 존재와 우리의 존재와 하나님의 역사 하심을 안다면 능히 세상을 이길 힘이 능력으로 나타날 것이다.
절대로 결코 세상을 다스릴 권세는 하나님께로부터 나온다는 사실을 우리는 명확히 알아야 할 것이다.

창세기 말씀을 풀어간다는 것은 결국 사단을 이기는 지혜를 배운다는 사실이다.
세상에 지도자가 된다는 사실은 용맹스러워야 한다.
용맹이란 전쟁에 능한 자를 말한다.
그렇다면 사단의 출현을 통하여 하나님이 세상의 병법을 어떻게 기록하고 계신지를 이제부터 자세히 정확히 알고 깨달아야 할 것이다.

2. 사단과 선악과

사단의 등장과 함께 나타난 것이 선악과이다.
선악과의 형체는 사람의 안목의 잣대로 본다면 그것은 "보암직" "먹음직" "탐스럽다." 하와는 안목의 잣대로 본 그대로 죄를 가지고 들어와 남에게 전가하는 역할을 한다.
사람은 일평생 세상을 보는 순간 이 모양이 죽을 때까지 떠나지 않을 것이며 이 먹음직, 보암직, 탐스러움이 인생 전부인지도 모른다.
과연 우리는 이 세 가지 문제점을 이 땅에서 이기고 갈 수 있을까?
한평생 이 문제를 안고 얼마만큼 이기느냐에 따라 그는 어떠한 지도자가 되느냐가 될 것이다.
이 문제에 관심의 척도에 따라 인생이 달라질 수 있다는 것을 우리는 알아야 할 것이다.
창세기의 서두는 깊이 관심 있는 자에게 세상이 주어질 것이다.
훗날에 세 가지 문제점이 통과된 자가 바로 아브라함이다.
또한, 신약에서는 예수그리스도께서 공생애를 준비하기 위해 기도할 때 찾아오는 문제이다.
그것을 이기신 아브라함이 믿음의 조상이 되었고, 그 문제를 사단으로부터 물리치신 자가 예수그리스도시다.

그렇다면 왜 하나님은 선악을 존재하지 않게 하실 수 있음에도 불구하고 우리 앞에 그것을 두셨느냐는 질문이다.
예수님을 믿든 안 믿든 간에 많은 사람 사이에 이야깃거리가 되는 문제다. 주님은 왜! 왜! 내 옆에 선악을 두셨단 말인가?
나 또한 너무 많이 고민한 문제가 아닌가?
하나님의 답은 늘 간단하다.

인간은 선과 악이라는 법을 정하지 아니하면 결코 자기가 죄를 지었다는 사실을 알지 못한다.
죄를 알지 못하는 그것이 교만과 아집으로 작용한다는 사실도 관심하고 싶지 않은 것이 사람들이다.
하나님 아버지의 목적은 사람은 연약한 피조물이며 땅에서 나와서 땅의 것만 찾는 어리석은 존재임을 알고 전지전능하신 하나님 아버지께 구하기를 원하신다는 것이다
어떠한 자녀가 자기 인정과 함께 속히 주님을 찾느냐는 것이다.
제일 싫어하시는 것은 교만이다.
주님 없이 세상 살아갈 수 있다는 교만, 그리하여서 교만이 패망의 선봉이라고 말씀하시지 않았는가?
땅의 것은 어리석은 것이며 죽는 것이며 짐승의 것이라고 알고 하나님의 자녀는 땅의 것에 만족이 아니라 하늘나라 내 아버지의 집에 거하는 만족을 위해 살기를 원하신다는 것이다.
이 사실을 믿는 자는 하나님 아버지의 자녀이고 믿지 않는 자는 땅의 속한 짐승으로 표현하기도 하신다.
결국은 사람을 만들고 선악을 두시되 사람의 마음속에 주님과 함께하는 4대 강줄기를 두시고 어떠한 사람이 그 심령에 강줄기의 소리를 작동시켜 주님의 음성을 듣고 사람의 모습으로 주님 앞에 평생 다

가오느냐, 또한 그 다가오는 모양 가운데 많은 비바람과 태풍이 오지만 어떠한 인물을 내세워 그들이 그 문제를 이기고 주 앞에 가는 모습의 예표를 우리에게 선사하고 계신다.

우리는 지혜가 부족하여 방법을 내 식대로 찾는 자가 많지만, 그것은 실패의 모습으로 가기 때문에 성경의 한 인물을 내세워 우리를 깨닫게 하신다.

그 방법이 하나님이 주시는 진리의 방법이라는 사실을 우리에게 말씀하고 계시는 것이다.

그것을 따라가는 사람은 순종의 사람이라 하고 믿음의 사람이라 한다. 말씀을 따르지 않는 사람을 불순종의 사람이라고 말씀하고 계신다.

어찌하였든 세상은 하나님이 두 가지 모습을 주셨다는 사실 그것은 곧 선과 악이다.

선택은 여러분들이 하시고 대가도 여러분들이 치러야 한다.

그 불순종의 어미 하와를 통하여 그가 불순종의 죄악에서 하나님 아버지의 구원의 특별한 사랑 하심을 배우고 익혀 자신이 구원함에 이르도록 따르는 것이 성경이다.

구원의 방법에서 하나님은 남편인 아담을 등장시키셨다는 것이다.

3. 아담과 하와의 관계성

인류 최초에 생령을 받은 사람은 아담이다.

하나님의 관심은 누가 하나님의 생령을 받아 사람으로 살아갈 것이냐가 문제인 것이다.

아담-사람, 붉다의 뜻을 가졌다.
하와-생명(호흡, 휴식, 살아있다에서 유래)

이 둘 관계를 잘 조명하여 우리의 삶을 승리로 이끌기 바란다.
가정에서는 부부요,
교회에서는 목회자와 성도요,
기업에서는 지도자와 직원이요,
나라에서는 대통령과 백성임을 직시하고 보시길 바란다.

> 롬5:12 이러므로 한 사람으로 말미암아 죄가 세상에 들어오고 죄로 말미암아 사망이 왔나니 이와 같이 모든 사람이 죄를 지었으므로 사망이 모든 사람에게 이르렀느니라

그렇다면 우리는 교회 관계성으로 보아야 하지 않는가?
교회와 목회자를 보기 이전 예수그리스도와 교회(신부) 관계성을 보아야 왜 우리에게 이 문제를 던지셨는가 의문이 풀어질 것이다.
성경은 나와 관계가 없다는 그것은 성경이 아님을 깨달아야 한다.
하와가 죄를 끌어들여 죄 가운데 거함에, 이 말은 여자가 또는 세상 신부가 신랑이신 예수그리스도를 우리의 죄 가운데 들어오게 하사 우리의 죄를 전가하는 과정을 설명하고 있지 않은가?
죄 없으신 예수그리스도, 단지 죄 가운데 있는 인생들을 구원하기 위해 이 땅에 오셔서 모진 고난과 고통을 겪으시며 죽음에 거한 우리를 사망에서 부활로 인도 하시는 과정을 성경은 뜻을 드러내고 있다. 그래서 주님은 십자가의 보혈의 피로 우리를 죄 가운데서 구원 하심이 신약에서 성취됨을 알 수 있다.
스스로 죄 가운데 들어가서 스스로의 법, 무화과나무 잎으로 옷을 삼았던 사람, 즉 다시 말해서 율법의 옷에 스스로 들어가서 죄인임을 드러낸 우리를 예수그리스도의 육체의 십자가 사건으로 율법이 아닌 사랑의 가죽옷으로 입혀주신 예수그리스도를 말씀하고 계신다.
이 얼마나 놀라운 일인가?

이것을 깨닫지 못한 이스라엘은 어느 때까지 예수그리스도를 외면할 것인가?

또한, 이 문제를 세상의 문제로 본다면 누군가가 공동체의 지도자가 되기 위해서는 예수님처럼 사람을 얻기 위해 희생의 대가를 치러야 얻을 수 있다는 사실을 알아야 하지 않는가?
이 세상에 치르는 대가없이 이루어지는 것은 결코 없다.
내가 피땀 흘리지 않은 것은 결코 무형 탑이 될 것이며 희생의 사랑이 없이는 아무것도 얻을 수가 없다는 것이다.
그것을 몸소 실천하시며 하나님의 아들이라 할지라도 그 과정을 거쳐야 된다는 것을 우리에게 알게 하시는 하나님.
하물며 우리 인생이 하나님의 아들 예수그리스도보다 더욱 대단하단 말인가?
그렇지 않다면 사랑의 희생을 치르라고 명백히 말씀하고 계신다.
인생의 기업들도 대표가 치르는 값이 있다.
그 값 때문에 그 공동체의 대표적 명의를 가지게 된다.

다시 성경으로 돌아가서, 첫 아담으로 오신 예수그리스도, 죽으러 오신 예수그리스도, 둘째 아담을 살리러 오시는 예수님(재림예수), 그분에게 너무 중요한 이름이 있다.
이 이름과 나와 반드시 관계성을 이루어야만 형통한 삶을 살 수 있다.

    예수-   천하 모든 인간에게 구원의 이름으로 오심(행4:12)
               그 이름을 믿는 자에게는 자녀의 권세를 주심(요1:12)
               하늘에 있는 자들과 땅에 있는 자들과 땅아래 있는 자들로 모든 무릎을 예수의 이름에 꿇게 하시고(빌2:10)

제4장

가인과 아벨

1. 에덴의 가족

> 창4:1-2 아담이 그 아내 하와와 동침하매 하와가 잉태하여 가인을 낳고 이르되 내가 여호와로 말미암아 득남 하였다 하니라 그가 또 가인의 아우 아벨을 낳았는데 아벨은 양치는 자였고 가인은 농사하는 자였더라

죄의 결과로 우리에게 현실로 드러난 환경은 가족구성이다. 결론적인 것은 죄를 지은 우리에게 하나님 아버지의 마음 부모의 마음을 먼저 알아야 사람들은 회개라는 것을 한다.
그 상황에 부닥치지 않은 사람은 아무리 이해한다 해도 이해할 수 없게끔 만들어진 것이 사람이다.
그래서 사람은 내가 체험하고서야 비로소 "맞아"라고 이야기 한다.
그렇지 아니하면 어떻게 알아 해봐야 알지라고 핑곗거리를 너부러지게 놓는 것이 인생의 모습이다.
이제 아담의 가족구성을 통하여 어떠한 예배, 즉 제사가 하나님이

기뻐하시는 제사인지 그것을 정확히 보시고 우리도 그와 같은 좋은 제사를 아버지 앞에 드려야 하지 않는가?
먼저 가인과 아벨이라는 두 모형의 제사를 보기로 하자.

가인-대장장이-작살, 창에서 유래, 애도의 노래의 뜻
아벨-생기, 분뇨-거름더미에서 유래

이름 자체에서만도 가인은 남을 해하는 뜻을 지니고 있다. 창은 공격용이다. 작살 또한 공격용이다. 죽이는 도구, 고통을 주는 도구, 그러나 아벨의 이름은 정말 낮은 자의 이름이다. 남의 거름더미가 되어 주는 자, 채소나 어떠한 과일나무에는 늘 거름이 있어야 한다. 봄이면 시골풍경에서 분뇨, 즉 거름더미가 온 들판에 널려있다. 이것을 보고 사람들은 농촌의 향기라고 우스갯소리로 하는 경우도 있다.
이처럼 농사를 짓기 위해서는 반드시 필요한 거름, 그러나 아무도 알아주지 않는 거름더미를 보면 꼭 주님이 우리 위해 하신 십자가 사건이 연상되기도 한다.
인류의 거름더미가 되셔서 초석이 되신 예수, 그 거름더미가 인류를 구원으로 아름답게 하셨다는 사실을 알아야 할 것이다.

내가 또한 세상의 지도자가 되기 위해서는 먼저 나 자신이 그 분야에 밑거름이 얼마나 준비되었는가?
나 자신도 준비되지 못한 자가 어찌 다른 사람의 거름을 요구하리오. 그것은 거짓이요, 가증이며, 남을 속이는 것이다.
하나님은 우리에게 정확히 그 거름더미를 준비하라고 가르치시며 세상을 정복하고 다스리라는 권세를 허락하셨다.
드러내지 않는 희생의 모습, 그것이 아벨의 이름이다.

그렇다면 하나님은 왜 이 둘을 등장시켰단 말인가?
이 둘의 모습을 보고 어떤 모습으로 하나님께 제사드려야 하는지 깨달으라는 말씀이다.
가인의 제사는 말씀 그대로 농사이다. 농사란 내 노력으로 주어지는 일이다. 한국교회 130년의 역사는 농사를 지었다고 해도 과언은 아닐듯하다. 무엇인가 열심히 살아왔고 섬겼는데도 불구하고 갈수록 무너지는 것은 한계가 왔다는 점이다.
한계라는 단어는 사람에게 존재하는 단어다.
하나님은 한계가 없으시다. 아벨의 제사는 나 자신을 드리는 것이다. 무엇인가 다른 도구에 의해 쓰이는 것이 아니라 나 자신부터 주님께 온전히 드려야 만이 그것이 거름더미가 되어 삼십 배, 육십 배, 백배의 소산을 얻지 않는가?
나를 내려 놓은 자가 신령과 진정의 제사를 드리는 것이 아닌가?
대한민국, 성민 코리아가 아벨의 제사였다면 정말 대한민국은 벌써 기독교 국가가 되었을 것이다.

이 말씀이 또한 하나님의 자녀가 지도자가 되는 데 필요 적절한 말씀이라면 지도자가 되기 원하는 사람은 자신을 공동체에 내어 주어야만 진실한 사람을 얻을 수 있다는 사실이다.
이것이 하나님이 가인과 아벨의 등장을 통하여 우리에게 말씀하시는 것이며 또한 나를 내어놓은 제사가 진정한 제사라는 사실을 드러내신 것이다.
본 장을 통하여 하나님은 제사에 실패한 가인의 모습을 보여준다.
아벨의 모습이 중심이 아니라 가인의 모습이 중심이라는 사실은 실로 우리의 모습이 가인의 모습이 아닌가 싶다.

오늘 우리는 어떠한 예배를 드렸는가?
목사님이 전하시는 하나님의 말씀이 가시가 되어 분했는가?
그 말씀이 내가 아는 사람이 들었으면 하는가?
설교 말씀이 반항심이 생기고 교회가 보기 싫은가?
설교 말씀이 내 것으로 여기고 싶지 않고 오늘 무슨 말씀을 하시는지 방황하고 있는가?
설교를 듣긴 들어도 나의 신앙생활에서는 열매가 없다면 그 또한 가인의 예배가 아닌가? 결국, 그 예배는 저주의 예배가 될 수 밖에 없음을 알아야 한다. 가인의 제사가 그러한 것이다.
분하고 반항하고 대꾸하고, 이런 모습으로 예배를 드린다면 우리는 빨리 내려놓아야 할 것이다.
그리고 나를 죽여 예배의 거름더미가 되어 나를 통하여 하나님의 일을 행하심이 옳은 것이 아닌가?

가인이 육적 예배였다면 아벨은 영적 예배를 드린 성도를 의미한다.
가인에 대하여 하나님의 비밀이 있다.
비록 육적으로 예배를 드렸다 하더라도 하나님을 향한 예배이기에 세상이 그를 건드리지 못하게 하는 것이 하나님의 섭리임을 우리는 알아야 한다. 하나님을 안다는 사실이 이 얼마나 엄청난 결과를 가져오는지 놀라운 사실이 아닌가?
세상이 이 비밀을 안다면 누가 예수를 안 믿겠는가?
알지 못하여 저들은 멸망하는 짐승으로 추락하는 것이다.
성경을 교훈 삼아 냉정하고 이성적으로 판단하여 나는 지금 아벨의 제사인가 가인의 제사인가 분별하여 가인이라면 빨리 아벨로 돌이키시길 바란다.

제5장

족 보

1. 아담의 족보

하나님은 구약이든 신약이든 족보를 매우 중요시하고 계시다는 사실이다. 과거 우리나라는 양반의 집안은 족보가 존재하고 종의 집안은 족보가 없음을 알 수 있다.

족보를 보고 또 다른 말로 뼈대 있는 집안, 가문이 존재하는 집안 이라고 불리기도 하고 그 집안에 대하여 평점은 매우 높다.

그것의 증거는 바로 자녀의 결혼 환경을 보면 알 수 있다.

어느 부모든 자녀를 두고 가증이 여기는 것을 귀하다고 행하는 자는 하나도 없다.

현 세상에서도 삼성가냐 현대가냐 따지는 것도 결론적으로 족보를 이야기하는 것이다.

하나님이 4장과 5장을 통하여 아담의 족보를 이루어 갈 자가 누구인지 명확하게 드러내고 계신다.
아담은 이 땅에 죽으러 오신 예수그리스도의 예표이다.

2. 가인의 족보

아담의 장자 가인의 족보이다. 하나님은 성경을 통하여 족보 또한 육적맥과 영적맥 두 가지로 나누고 있다.
가인의 족보를 육적맥으로 본다면 성경이 쉽게 이해가 될 것이다.
가인은 동생 아벨을 죽이고 하나님이 다른 씨를 주실 때까지 자기만의 아담의 족보에 가입시킨다.
이 현상을 보기 위해서는 현존하는 이스라엘을 비유하시면 참으로 이해가 되기 쉬울 것이다.
이스라엘은 자기만이 성민 이스라엘 백성이라고 생각하며 구원은 이스라엘밖에 없다는 주장이 결국 예수님을 죽이는 사건까지 이끌고 오게 되었다.
진정으로 예수님을 보려고 하지 않는 이스라엘, 자기만이 만든 이스라엘 제사를 농사로 이끌어가는 민족.
자신이 죽어서 드려지는 제사가 아니라 남을 죽이고 내가 만든 것으로 하나님께 제사 드리는 이스라엘, 참으로 불쌍한 민족이 아닌가?
그들은 결국 깨닫지 못한다면 주님 오실 때까지 육적 신앙에 매여 살아갈 것이다.
그들이 진정한 하나님의 자손인가?
본문을 통하여 하나님은 육적맥을 쫓은 자는 어떤 결과를 가져올지 말씀하고 계신다.

가인의 족보에 에녹이 있고 라멕이 있다.

두 인물들은 육적 족보에도 있고 영적 족보에도 등장한다.
아주 중요한 인물이기에 자세히 보아야 할 것이다.
(여기서 백번 강조해도 지나치지 않은 것은 성경은 교회 안에 성도들이 읽는다는 사실에 영적으로 거듭난 성도와 육에 매여있는 성도를 두 분류로 나누어 놓고 그들의 결과를 우리에게 교훈 주심을 기억해야 한다)
육맥의 가인의 족보의 에녹이 낳은 후손은 라멕이다.
라멕의 뜻은 능력 있는 것(맛보다에서 유래).
가인의 후손인 라멕은 하나님의 진리를 맛본 것이 아니라 인류 최초의 간음을 맛본 자다.
하나님은 아담에게 한 여자를 주시고 연합하여 한 몸을 살라고 명령하셨건만 라멕은 그 말씀에 불순종하여 두 여자를 취하는 악한 모습이 성경에 그려지고 있다.
그 두 아내와 자녀로 인하여 고통스럽게 부르짖는 말씀이 성경에 기록하고 있다.

> 창4:23 라멕이 아내들에게 이르되 아다와 씰라여 내 소리를 들으라 라멕의 아내들이여 내 말을 들으라 나의 창상을 인하여 내가 사람을 죽였고 나의 상함을 인하여 소년을 죽였도다
>
> 가인을 위하여는 벌이 칠 배일찐대 라멕을 위하여는 벌이 칠십칠 배이리로다

육적으로도 두 가정을 품을 때 고통이 따른다는 사실을 우리가 모두 알고 있다. 이 말씀이 영적으로 본다면 하나님의 생령을 받은 자 중 최초로 두 마음을 품고 세상과 하나님을 겸하여 섬긴 자가 나타나고 그가 고통의 아우성을 우리에게 듣게 하신 하나님의 의도를 잘 기억해야 한다.

제5장 족보 87

예배의 법도가 하나님의 죄 가운데 7배의 역할을 한다면 하나님 아버지보다 세상의 어떤 것을 사랑한 죄는 77배라고 강하게 어필하고 계신다.

이토록 하나님께서 간음에 대하여 강하게 말씀하고 계심에도 불구하고 어느 때까지 교회가 간음 때문에 신음해야 하는가?

하나님의 법을 두려워한다면, 진정 하나님을 사랑한다면 교회로부터 간음을 버려야 할 것이다.

가혹하도록 그 벌의 강함을 드러냄을 보고도 그 간음의 길로 간다면 하나님의 형벌을 벗어날 수 없을 것이다.

3. 셋의 족보(또다른씨)

> 창4:25 아담이 다시 아내와 동침하매 그가 아들을 낳아 그 이름을 셋이라 하였으니 이는 하나님이 내게 가인의 죽인 아벨 대신에 다른 씨를 주셨다 함이며

셋-(히-셰트)-대치된 (정리하다, 정돈하다, 세우다)

하나님이 여섯째 날 사람을 창조하실 때에는 하나님의 형상대로 사람을 창조하셨다. 그런데 아담이 가인과 아벨을 낳은 모양은 하나님의 형상이였지만 다른 씨를 주신 셋은 아담의 형상과 같은 자를 주셨다고 기록하고 있다.

그렇다면 성경은 두 형상을 우리에게 가르치시고 있다.

우리는 이 두 형상이 무엇인지 또한 알아야 하지 않는가?

여기서 하나님의 형상은 율법을 말씀하고 계신다. 아담의 형상은 오실 자의 표상이므로 예수그리스도를 의미하고 있다.

곧 그는 복음이라는 사실이다.

그래서 형상 자체가 다르다.
율법은 육의 형상을 지녔다면 복음은 영의 형상을 지녔다는 사실이다. 가인은 율법의 형상을 지녔다면 셋은 다른 씨 복음의 형상 또는 신성을 지녔다는 것이다.

> 고전 15:49 우리가 흙에 속한 자의 형상을 입은 것 같이 또한 하늘에 속한 자의 형상을 입으리라

그래서 근본 자체가 확연히 다르기에 하나님은 셋의 씨를 세상이 아니라 신성이신 하늘에 속한 씨이기에 다르다고 분명히 말씀하고 계신다. 맞다 우리는 태어남이 땅의 어머니 아버지가 있지만, 예수님은 어머니 외에는 진정한 아버지를 이 땅에 두지 않으시고 하늘에 계신 하나님 아버지를 아버지라고 부르신다.

놀라운 것은 가인이 아담의 장자임에도 불구하고 그 유명한 노아나 아브라함이나 예수님조차 다른 씨 셋의 씨를 지녔기에 그의 족보에 기록을 가지고 있다. 그렇다면 우리도 율법의 씨가 아니라 또 다른 씨를 가져야만 예수그리스도의 족보에 들어갈 것이다.

놀라운 것은 복음의 첫 장인 마태복음을 들여다보면 거기에도 족보가 나온다. 복음의 족보 시작은 아브라함부터 시작된다.

즉, 시험에 온전히 합격한 아브라함.

> 마1:17 그런즉 모든 대 수가 아브라함부터 다윗까지 열네 대요 다윗부터 바벨론으로 이거할 때까지 열네 대요 바벨론으로 이거한 후부터 그리스도까지 열네 대러라

아브라함-이삭-야곱-유다-베레스,셀라-헤스론-람-아미나답-나손-살몬-보아스-오벳-이새-다윗 = 열네대

솔로몬-르호보암-아비야-아사-여호사밧-요람-웃시야-요담-아하스-히스기야-므낫세-아몬-요시야-여고냐 = 열네대

스알디엘-스룹바벨-아비훗-엘리아김-아소르-사독-아킴-엘리웃-엘르아살-맛단-야곱-요셉-예수그리스도 = 열세대 = 열네대?

여기서 매우 중요한 부분이 있다. 그것은 모든 대수가 다 맞는데 바벨론 이후부터 예수그리스도까지는 열세 대 밖에 되지 않는다. 그런데 성경은 열네 대라고 기록하고 있다.
무엇이 잘못된 것인가?
나는 매우 큰 고민에 빠진 적이 있다. 왜냐면 그것은 대수가 맞지 않기 때문이다. 왜 그랬을까? 하나님이 대수를 잘못 세었을까? 아니면 마태가 잘못 기록하고 있는 것인가?
도무지 알 수가 없었다.
수많은 사람에 의하여 검증되고 기록한 복음서인데 어떻게 이렇게 되었을까?
이 질문은 진리의 성령님이 우리를 진리 가운데로 인도하지 않으시면 정답을 풀 수가 없다. 성령의 인도하심 그것이 바로 답이다.
답은 예수그리스도의 족보에 내가 들어가지 않으면 족보는 나와 관계성이 없다. 반드시 내가 들어간 족보가 완성을 이루는 것이요,
하나님 나라의 생명책에 기록되는 것이다.
이 놀라운 답을 여러분들은 어떻게 생각하는가?

나는 며칠 동안 잠을 이룰 수가 없었고, 이 놀라운 사실에 감격이 되어 주님의 말씀에 한참 동안 매료가 되어 정신을 못 차리고 몽롱한 가운데 산 적이 있다.
이때가 1995년도이다.

   주님 너무 감사합니다.
   이 위대한 사실을 허락하시고 그로 말미암아 예수그리스도의 족보에 참
   여케 하심을 감사드립니다.

이처럼 가인의 족보는 예수그리스도와 관계가 없음을 우리는 알아야 한다. 분명 아담의 자손이거늘 관계가 없다는 것이 얼마나 슬픈 일인가? 그래서 가인은 망한 자의 표상이다.
그런데 셋의 족보에 보면 여기서도 에녹이 나오고 라멕이 나온다.
가인의 족보는 에녹의 후손이 라멕이 되어 두 여자를 취한 결과 고통의 소리를 내어 살지만 셋의 에녹은 놀라운 축복을 받는다.

   창5:24 에녹이 하나님과 동행하더니 하나님이 그를 데려가시므로 세
          상에 있지 아니하였더라

죽음을 맛보지 아니하고 아버지 나라에 올라간 에녹, 그가 후손으로 라멕을 보게 된다. 그 라멕은 하나님의 온전한 진리의 맛을 보고 결국 노아를 탄생시킨다. 결과는 이렇게 엄청난 차이를 만들어 내고 있다.

육의 족보는 창상을 가져오는 아픔이 있지만, 영의 족보는 죽음을 맛보지 않고 또한 위대한 노아를 탄생시키는 결과를 우리 앞에 드러내기도 한다.

우리는 이 땅에서 어떤 결과를 가져올 족보를 만들 것인가?
위대한 지도자는 그의 공동체에서 죽음을 맛보지 않고 노아라는 세상의 물을 이끌어 가는 놀라운 지도자를 만들기도 한다.
하나님이 우리에게 원하시는 것은 셋의 족보를 이끈 자가 위대한 지도자라는 사실을 우리에게 말씀하고 계신다.

정녕 셋은 아벨의 죽음 없이는 드러낼 수 없는 모형이다.
아벨 희생의 죽음이 거름더미가 되어 셋이라는 거대한 족보를 탄생시키고 있지 않은가?
아벨의 죽음으로 셋을 만든 유일한 길은 그가 양치는 자였음을 기억하자.
목동은 교회의 지도자, 즉 성도를 양육하는 교회 지도자를 의미한다. 예수님의 모습이 아닌가?
늘 주님의 말씀을 가지고 양들과 함께하고 그들에게 말씀을 먹이는 자였기에 죽을 수 있는 힘도 있다고 생각한다.
말씀은 우리를 두려움에서 건져내신다.
말씀은 우리를 굳건하게 하시며 용기 있게 하신다.
그렇다면 이 땅의 지도자들 또한 하나님의 말씀을 가지고 교회나 공동체의 희생이라는 밑거름이 된다면 반드시 승리의 족보를 드러낼 수 있음을 성경을 통하여 알아야 할 것이다.

제6장

노아 홍수의 배경

1. 노아홍수의 시대적 배경

노아와 홍수의 배경은 하나님의 의도가 숨겨져 있다. 그 의도는 몇 가지 세상을 심판하기 위한 조건들이 있다는 사실이다.
첫째는 세상이 번성과 죄악의 관영함이 공존한다는 사실이다.
둘째는 하나님의 아들들의 출현을 직시해야 할 것이요, 그에 따르는 딸들을 연구해야 할 것이다.
셋째는 그 땅에 네피림이 존재한다는 사실이다.

이 내용은 기록된 대로 사실임을 우리는 인정해야 하며 하나님이 심판의 의지가 담긴 내용이라는 현실을 담아 기록하고 계신다. 여기서 우리가 깊이 생각하고 넘어가야 할 문제들이 있다. 이 말씀을 하나님의 뜻을 드러내어 이해하려면 몇가지 생각을 해야 할 것이다.

먼저 성경은 하나님을 믿는 자들이 본다는 사실이다.

즉, 교회 안에서 육적인 성도가 있어 기록된 문자로만 이해하는 자가 있다면 영적인 성도는 하나님의 온전한 뜻의 의도를 캐낼 것이다. 왜냐면 보화는 감추어져 있기에 의도는 항상 책의 깊은 곳에 숨겨져 있다. 내가 이 책을 쓰는 의도는 기록된 내용이 아니라 감추어진 하나님의 의도를 찾고자 하는 것이다.
세상의 학문도 시험을 치르기 위해서는 반드시 글쓴이의 의도를 시험에 출제한다는 것이다.
인생도 그러할진대 거룩하신 하나님의 일을 우리가 어찌 깊은 뜻을 깨닫지 못하고 안다고 할 수 있을까?

> 요4:34 예수께서 이르시되 나의 양식은 나를 보내신 이의 뜻을 행하며 그의 일을 온전히 이루는 이것이니라
> 요6:38~39 내가 하늘로서 내려온 것은 내 뜻을 행하려 함이 아니요 나를 보내신 이의 뜻을 행하려 함이니라 나를 보내신 이의 뜻은 내게 주신자 중에 내가 하나도 잃어 버리지 아니하고 마지막 날에 다시 살리는 이것이니라

예수님은 끊임없이 내 삶이 아니라 나를 보내신 내 아버지의 삶을 산다고 고백하고 계신다. 예수님은 하나님의 뜻을, 우리는 예수님의 뜻을 깨달을진저 그렇다면 노아홍수 심판의 문제점의 뜻을 보기로 하자.

첫 문제는 세상이 번성하였다는 사실이다.
세상이 번성함이 왜 문제가 되냐는 것이다. 하나님은 우리보고 다스리고 번성하라고 말씀하셨는데 이 질문의 문제는 먼저 크게는 세상이 번성할 때 죄가 관영한다는 사실을 우리에게 먼저 알리신다.
그렇다, 아마존에 죄가 관영하다고 이야기하지는 않는다.

문화가 발달한 도시일수록 죄가 관영함을 우리는 시대를 보면서 알 수 있다. 영적인 문제에서는 교회에 관한 것이다.

사람이 땅 위에 번성함이란 성도들이 세상 것으로 가득 채워져 있을 때라는 의미도 있다. 즉 교회가 세상으로 채워져 갈 때 교회의 현상은 죄가 관영하여 사람의 생각이 악하다는 것이다. 하나님은 당신의 성전에 세상의 모습들이 들어옴을 악하다고 하신다. 그곳은 거룩한 곳이기에 거룩한 주님만 섬겨야 할 장소임에도 불구하고 육을 위해 살겠다고 발버둥 치며 탐욕을 부리는 우리들의 모습이 악하시다고 한다.

아들들이란?

하나님의 말씀이 곧 아들이시다. 쉽게 표현하자면 교회 목회자 또는 지도자들을 의미한다. 말씀을 전파하는 자, 낭독하는 자, 뜻을 드러내는 자, 양을 치는 자, 예수님이 성경에 유일하신 남자로 예표가 된다. 모든 성도는 신부로 의미하기도 한다.

그렇다면 예수님의 말씀을 누가 전하고 있는가?

목자, 즉 목사가 아닌가?

요즘 교회 모습은 하나님의 아들들 즉 목사가 성도들의 구원과 관계없이 당신을 따르기만 하면 모두 성도로 삼는 것이 문제인 것이다. 예수님을 믿으려고 교회 온 것인지, 목사님이 좋아서 온 것인지 구분이 안 되는 성도들도 다수 있는 것 같다.

성경에서 딸들이란?

교회가 딸들이다.
성도들이 딸들이다.
그 딸들이 신부가 되는 것이다.

그래서 먼저는 아들들이 존재하고 아들이 딸들을 아내 즉 신부로 삼는 것이 성경적인 것이다.
아들들 즉 목사가 먼저 존재하고 그 존재 속에서 교회를 개척하여 딸들을 신부로 공동체를 이끌어 가는 것이다.
그럼에도 불구하고 요즘 시대는 그 딸들 사이에서 용사로 불림 받는 네피림 목사들도 많다는 것이 문제이다.

네피림-떨어지다, 추락하다
유래-타락자, 배신자를 뜻한다
용사-아담에서 유래가 되어 유명한 장군의 의미도 있다. 사람들이 보아서 꽤 용맹하면서 유명하기도 한 또한 많은 여자 즉 성도를 거느린 목사를 의미하기도 한다

하나님께로부터 떨어져 나간 그는 과연 목사일까?
겉으로 드러나지 않기에 모든 사람들은 목사라 믿고 추종하고 따르기도 한다. 그들의 추악한 모습이 드러날지라도 은혜로 믿겠다는 것이다. 대단한 믿음의 소유자가 존재한 것인가?
그 시대와 오늘의 우리 시대를 잘 비교하길 바란다.
지금 현존하는 세상은 특히 교회의 현상은 단일 교회가 아니라 여러 지교회 시대를 이루고 있다.
이 지교회는 성도 불리기에 매우 바쁜 모습으로 살아가고 있다.
그래서 자기만 좋다고 찾아오는 모든 성도를 신부삼아 그들의 자식을 낳고 살아가고 있다.

그런데 이 때가 바로 언제냐는 시기는 창세기 7장에 기록하고 있다.
때에 대하여는 7장에서 논하기로 하자.

그런데 하나님은 심판이 중요한 것이 아니라 구원할 자가 매우 중요함을 드러내고 계신다. 구원받을 자의 모습은 노아의 모습이다.

2. 노아

> 창6:9~10 노아의 사적은 이러하니라 노아는 의인이요 당세에 완전한 자라 그가 하나님과 동행하였으며 그가 세 아들을 낳았으니 셈과 함과 야벳이라

구원받을 자의 표상으로 노아를 지칭하고 있다.
노아는 왜 의인이요 완전한 자라고 했는가?
의인은 없나니 하나도 없다고 성경은 말하지 않는가?(롬3:10)
그런데 노아는 의인이라고 말하고 있다.
무슨 이유일까?

3. 방주의 식양

*주재료-잣나무(히-가르젠)-도끼-잘라내다, 분리시키다 유래
*소재료-역청(코페르)-송진, 속전, 속죄, 몸값, 대속, 구속의
    댓가
*창-상,중,하-삼층으로 함

방주는 크게는 광야교회를 의미하고, 작게는 나 자신을 의미하기도 한다. 그런데 그 교회는 반드시 하나님의 나라법에 의해 만들라고 아버지는 말씀하고 계신다.
그것이 하늘나라 식양 즉 하늘나라 법이라는 것이다.

첫 번째가 잣나무가 준비되어야 한다.
교회의 기둥은 성도이다. 성도가 교회의 공동체를 만들어 가고 있는데 그 자질은 세상과 분리할 줄 아는 자가 되어야 한다.
또한, 아버지 것에 대하여 세상과 자르는 결단도 있는 자가 성전건축할 재료가 된다는 사실이다. 그런데 요즘 우리는 장로가 되었든 권사가 되었든 안수집사가 되었든 결단력이 없다는 것이 문제이다. 도무지 교회와 세상을 분류하지 못하고 교회의 직분은 가졌지만 직분 맡은 자로서 구별된 행동이 없다는 것이 슬픈 일이다.

어느 날 내가 중국 선교를 한다는 소식을 듣고 만나기를 청하였다.
그래서 나는 그날 남편과 함께 강남에 갔더니 저녁 식사를 대접하겠다고 식당으로 인도하였다. 만나고 보니 그는 한 교회 장로님이었다. 식사 주문을 하는데 그 장로님이 그 식당과 매우 친밀한 관계임을 알 수 있었다. 마침 회사도 식당 맞은편이라서 아마 자주 오시는 모양인 것 같다. 놀라운 것은 그 식당에서는 그가 장로라는 사실을 모르고 있다는 것이다. 그럴 수도 있겠지만, 더욱 이상한 것은 아무렇지도 않게 당연한 모습으로 식당 주인은 장로님을 향하여 "사장님 술은 어떤 것으로 할까요" 아주 잘 아는 사이인데 그가 장로를 모를 리도 없으련만 결국은 장로 직분을 모른다는 사실이다.
늘 식사 때면 반주로 술을 즐겨드시는 모양이다.
그날 장로님은 나를 보고 어찌할 줄을 모르시고 얼굴이 붉어져서 환경을 감당하지 못하고 있는 모습을 보면서 매우 측은한 생각이 들었다.
일반 집사도 아니고 참으로 안타까운 현실이다.

그 외에도 너무 많은 성도가 자기 직분을 감추고 세상과 구별된 삶이 아니라 살기 위한 속이는 삶을 살고 있다는 것이다.
이 책을 읽는 지금 이 순간 자신을 한번 돌이켜 보자.
하나님이 주신 직분을 세상과 구별하는 데 사용하였는가?

아니면 세상인지 교회인지 구별도 되지 않고 숨긴 삶을 살았는가? 후자라면 지금 잠시 주님 앞에 회개하는 시간을 갖는다면 이 책의 의미가 더욱 돋보일 것이다.
다윗은 성도로서 하나님께 속한 삶을 드러내어 살았다. 골리앗에서 하나님을 드러낼 때 그는 전쟁을 각오해야 했다. 또한, 전쟁에 전능하신 하나님과 함께함이 사울에게는 질투의 대상이 되었다.
그 질투가 사울이 다윗을 죽이려는 행위를 한다는 것이다.
맞다 세상은 우리가 그리스도인이라는 사실 하나만으로 우리를 대적한다. 괜히 저 예수쟁이 하면서 미워하고 므든 미움의 타겟을 그리스도인에게 돌리고 있다.
그래서 교회에 다니는 성도들은 그것이 매우 부담스러운 것 같다.
그러나 그것은 매우 자연스러운 일이다.
세상과 하나님은 거스르는 관계요 대적의 관계이기에 그렇다.
육체의 소욕은 성령을 거스르고 성령의 소욕은 육체를 거스름이라고 바울은 말하고 있다.

두 번째로 잣나무의 간들을 막아야 하는데 그것은 역청으로 하라고 하신다.

역청이 하는 것은 잣나무의 칠이다. 역청의 칠은 송진의 의미와 같다는 것이다. 송진은 소나무가 내 몸을 찢어 진을 내는 것이다. 성도의 영육을 역청으로 칠하라고 하심은 자기 몸을 짜서 나온 보혈의 피 즉 십자가의 피로 안팎을 칠하지 아니하면 날마다 사단, 마귀, 귀신이 우리를 대적하여 오는 것을 우리 힘으로는 능히 이길 수가 없기에 주님의 보혈로 이길 수 있음에 우리보고 그렇게 하라 하시는 것이다.
그것은 세상 철학이요 사상이요 유행이요 문화이다.
나도 모르는 사이에 우리는 세상 안에 들어가서 그 행위를 하고 살

때가 많기 때문에 하나님은 주님의 보혈로 우리의 몸과 마음을 정결케 하라고 하신다.

세 번째로 방주가 되기 위해서는 삼층의 창을 가져야 한다.
창은 밖을 보는 역할을 한다. 내가 아닌 다른 반대편을 보는 역할이 창의 역할이다. 안목은 우리의 일생을 좌우한다.
우리가 무엇을 보느냐에 따라 삶이 달라지고 목표가 달라진다.
하나님이 우리에게 반드시 삼 단계의 눈을 가지라고 하신 이유가 있다. 그런데 그 삼 단계의 창은 인생이 다르다는 것이다.
그것을 드러내고자 한다.
방주에 삼단계 창이 있는데, 제일 하층에는 짐승을 담은 창이다.
두 번째 중층은 사람을 담은 창이다.
세 번째 상층은 하늘의 공간이다.
이것이 비밀이다.
결국은 내 몸이 성전이요 교회는 물론이요 나 자신에게도 삼 단계 층을 볼 수 있는 눈이 있어야 한다는 것이다.

방주의 그림을 보자
하층 창문이 있는 곳은 짐승이 있으며, 하층 창문에 보이는 것을 물 속에 환경과 물고기들뿐이다. 하층으로는 태양을 볼 수도 없고 하늘을 볼 수도 없다. 오로지 땅만 바라보고 가는 짐승의 본능으로 살아가는 사람들을 말한다. 그에게 창조는 없을 것이다.
중층 창문이다.
이 창문은 사람에게 허락하고 있다.
이 창문으로 보이는 것은 물도 보고 하늘도 본다는 사실이다.
세상과 하나님을 겸하여 볼 수 있는 창이다. 사람이 거듭나기 전까지 볼 수 있는 창, 말 그대로 두 가지를 다 볼 수 있는 창, 내가 원하면 하늘을 볼 수 있고 내가 원하면 땅과 물을 볼 수 있는창,
상층 창문이다.
이 창문은 오로지 하늘만 보는 창이다. 이 창문까지 와야 비로소 아버지의 심정을 알며 아버지의 뜻을 깨닫는 창이다.
그 창문으로 성경을 볼 때 하늘의 마음을 느낄 수 있으며 하늘의 섭리를 깨달을 수 있다.
이 창은 거듭남의 창이다.
바울이 삼천 층을 갔다는 것이 이것이 아닌가 싶다.
성령이 임하여 감동으로 쓰여진 성경이 열릴 때 하늘을 대면하는 것 같다. 그리고 하나님만이 알고 계시는 비밀을 공유한다는 사실이 얼마나 놀라운지 모르는 일이다. 내가 처음 삼천 층을 볼 때 너무 기뻐서 무엇이라 말할 수도 없고 내가 육의 사람인지 영의 사람인지 구분이 안 될 정도인데 아마 이것이 아닌가 나만이 생각해 본다.

지도자가 되기 위해서는 이 창을 열지 않고는 결코 지도자가 될 수가 없다. 왜냐면 세상을 창조하신 분의 섭리가 있는 창인데 그 섭리를 모른다면 이 땅에서 어떻게 지도자가 될 수 있단 말인가?
사실 세상에서도 지도자는 다른 차원이 높은 창을 볼 줄 아는 자가 지도자가 된다.
그렇지 않으면 그새 그 공동체는 무너지며 공동체 일원들이 지도자라고 인정을 하지 않을 것이다.
지도자는 나와 다른 사람이며 내가 모르는 그 무엇이 그는 알고 있을 때 또 다른 세상을 알고 그것을 모르는 자들에게 드러낼때 그는 그들에게 참 지도자라고 이야기한다.
그런데 어떤이는 4차원의 영성을 이야기 하는데 도데체 성경의 4차

원은 무엇이란 말인가?
성경은 하층을 율법의 차원이요, 중층을 복음의 차원이요, 상층을 재림(환난과 재림은 동시에 이루어 진다) 차원이라고 드러내고 있음을 우리는 알 수 있다.
항상 삼시대이다.
아브라함(율법)차원이요, 이삭은 복음의 차원이요, 야곱은 환란 재림의 차원이다. 또한, 노아를 통하여 드러낸 삼 시대는 함이 활동할 때는 율법의 시대요, 야벳이 활동할 때는 복음의 시대요, 셈이 활동할 때는 마무리 할 자이기에 마지막 환란과 재림의 시대이다.
이렇게 하나님은 전 성경을 삼 단계 창으로 구성하고 계심을 볼 수 있다.

방주의 식양(식양은 하늘의 법을 식양이라 한다)을 갖추어야만 우리의 방주는 물 위에 뜰 수 있는 즉 물에서 구원할 수 있는 유일한 도구로 사용하고 있다.
내 방법이 방주, 성전이 되려 하지 말고 세상 사상과 철학과 유행으로 방주를 만들려고 하지 말고 하나님이 원하시는 방주 곧 성전을 만들어 보길 바란다.
근세기 성전들을 보면 다 자기 교회 특징을 살려서 성전을 만들고 하나님의 식양을 보려 하지 않는다.
하나님은 창세기를 통하여 출애굽기를 통하여 열왕기를 통하여 성전 식양을 우리에게 가르쳐 주셨건만 우리는 관심이 없고 세상 누구 교회가 유명하더라 에 더 관심이 많으니 주님이 얼마나 슬프시겠는가?
성경은 더하거나 빼거나 하지 말라고 하셨다.
이제 제발 하나님의 식양에 관심을 가졌으면 한다.

방주시대-성막시대-솔로몬성전시대-수룹바벨성전시대

왜 이리 나누어 놓았을까?
거룩한 근심을 한번 해보는 것도 매우 은혜롭지 않은가?
특별히 노아의 방주를 보면서 현시대 교회의 목사나 세상의 지도자나 모두가 다 노아가 의인이 될 수 있었던 이유를 깨달아야 한다.

노아는 세상과 하나님과 구별된 신앙생활을 했다는 것이다. 또한, 그는 다른 사람과 안목이 달랐다.
하나님이 안목의 차원을 가르쳐 주었을 때 그것을 알아듣고 삼 단계 창을 만들었다. 다시 말해서 지도자는 삼 단계창을 다 들여다볼 줄 알아야 한다. 짐승에게 짐승의 눈으로 다가가야만 그들과 대화를 할 수 있을 것이다. 사람에게는 일반적 사람의 눈으로 다가가야만 그들과 교통할 수 있다.
마지막으로 하늘의 문이 열려야 한다.
그것은 하나님의 안목을 볼 줄 알아야 한다는 것이다. 그렇게 되어야만 하나님의 섭리를 깨달을 수 있다.
하나님의 섭리를 깨달은 노아는 결국 홍수시대에 많은 사람들은 사람을 죽이는 물을 만나 물속에서 다 죽었지만, 노아의 안목은 하나님의 안목으로 물 위에 사는 방법을 취하여 가족을 살리고 자신을 살아나게 한 유일한 장본인이기에 하나님은 그 물 위에 드러난 그 노아를 의인이라 칭하지 아니하였나 보다. 의인은 없나니 하나도 없다고 말씀하신 주님이 이제는 노아를 의인이라 말씀하신다.
그렇다면 하나님이 원하시는 의인은 예수님이 베드로에게 물위를 걸으라는 말씀처럼 물의 이상, 즉 물의 뜻을 깨닫는 자가 의인인가 생각해본다.

제7장

노아 홍수의 때

1. 홍수의 때

우리가 원하는 삶은 모든 것이 내 때가 되기를 원하며 내가 때라고 생각하는 것이 하나님의 때일 것이라고 생각하다가 그것이 맞지 않으면 화가 나서 푸념을 하며 살아가는 것이 인생이다.
그런데 하나님을 알고 나니 특징이 한 가지 있다.
그것은 때란 하나님께 속하였다는 사실이다.
다만 우리가 착각 속에 살 뿐이지 오로지 하나님 아버지는 당신의 때에 모든 것을 이루심을 볼 수가 있다.
그 때를 잘 깨닫는 자가 진정한 지도자가 될 수 있지 않는가?

창7:4 지금부터 칠 일이면 내가 사십 주야를 땅에 비를 내려 나의 지은 모든 생물을 지면에서 쓸어 버리리라
창7:6 홍수가 땅에 있을 때에 노아가 육백 세라
창7:10 칠 일 후에 홍수가 땅에 덮이니

이 세 가지 언약을 자세히 깊이 높게 넓게 깨달아야 할 것이다.
이 세 가지가 성경 66권을 풀어나가는 핵심의 역할을 감당하고 있다.
우리는 평생 물과 깊은 관계성을 가지고 있다. 물과 사람이 어떤 관계성을 가지고 있는지 그 답을 성경을 통하여 허락하셨다.
그러니 그 답을 세상에서 찾는다면 그것은 진실한 답이 아닐 것이다. 나를 만드시고 내가 사는 세상을 창조하신 하나님이 말씀하시는 물과 나의 관계성은 어떠한 것인가?
지금부터 말씀에 기준하여 뜻을 드러내고자 한다.
인간은 물이 없이는 살 수 없는 존재이다.

세상 흐르는 물도 물이 있는 곳에 번영이 있다.
우리나라는 한강의 기적이라고 부른다.
이집트는 나일강의 기적이라고 부른다.
나라의 번영과 물은 동행하는 삶을 살아가고 있다.
우리 인체에서도 대략 70%로 물이다.
사람도 물이 없으면 결코 살아갈 수 없다.
물은 세상에서 재물도 물이라고 한다.
그 재물 또한 번영한 곳에서는 반드시 존재하고 있다는 사실이다.
전기하나, 차비하나, 그 어느 것 하나 돈과 관계 없는 것이 없다.
육체적 의미에서도 물은 우리의 삶에서 끊을 수 없는 존재이다.

이보다 더 귀한 물은 영생할 수 있는 하늘의 물이다.
하나님의 말씀을 물이라고 한다.
인생에서 우리가 살아가면서 물의 중요성을 알고 있듯이 하나님이 굳이 말씀을 물이라고 하는 것은 우리의 영원한 생명과 관계가 있기 때문이다.

그렇다면 7장에서 중요한 3가지 안을 주시면서 우리보고 깨달으라고 하신다.

첫째안은 물로 심판하시겠다는 것인데
기록된 말씀대로는 실제로 그 사건이 있음을 우리에게 드러내심을 알 수 있다.
지금도 아라랏산을 연구하겠다는 연구가들이 꽤 많은 것 같다. 보이는 노아사건은 그들에게 맡기고 필자는 왜 하나님이 물심판을 허락하셨는지 자세히 깊이 들어가고자 한다.
이 사건을 보면서 예수님이 베드로에게 물 위에 걸어오라고 명하신다. 베드로 사건 또한 어처구니가 없는 일이 아닌가?
우리가 어떻게 물 위를 걸을 수 있단 말인가?
잘못 해석하면 기독교는 무슨 신비주의를 추구하는 어리석은 종교, 샤머니즘에 속한 종교 같다고 젊은이들은 말하고 있다.
그래서 그렇게 생각하는 사람은 성경은 알지만 그대로 망한다.
하나님께서 모세에게 명하신다.

> 출34:27 여호와께서 모세에게 이르시되 너는 이 말들을 기록하라 내가 이 말들에 뜻대로 너와 이스라엘과 언약을 세웠음이니라 하시니라

하나님이 원하신 것은 뜻이라는 사실이다.
성경에 물로 심판하시겠다는 뜻, 예수님이 물 위를 걸으라는 뜻, 노아시대도 물 위에 뜬 방주에 탄 사람만 구원을 받는다.
물 심판 때 물 속에 있는 자들은 다 죽는다.
가만히 생각해 보자, 무슨 이유일까?
주님이 원하신 것은 말씀의 이상을 즉, 뜻을 깨달으라는 것이다.

우리 찬송가에도 "생명줄 던져 생명줄 던져 물 속에 빠져간다, 생명줄 던져 생명줄 던져 지금 곧 건지어라" 라는 찬송이 있다.
이 찬양 또한 물 속에서 있으면 죽는다고 한다. 물 속에서 나와야 한다는 사실 그것은 무엇이냐 물은 기록된 말씀을 물이라고 하며 기록된 말씀은 육적맥이라고도 한다.
육의 것만 추구하는 자가 되지 말고 감추어진 하늘에 속한 영적인 것을 추구해야 우리는 영원한 천국을 갈 수 있음을 알아야 한다.

그렇다고 기록된 말씀을 무시하라는 것이 아니다.
육을 알았으면 깊이 아버지의 의도를 알았으건 하시는 것이다.
육이 없이 어떻게 영혼을 담을 수 있단 말인가?
육에 속한 성도들에게 하나님은 말씀하신다.
이제 육에서 나와 영의 사람이 되라고 말씀하신다.

또한, 하나님은 공의의 한시적 법을 두셨다.
작게는 그것이 칠일이요, 기독교 역사로는 7,000년의 역사를 한시적 법으로 드러내시며 아담부터 예수까지 사천 년으로 예수부터 서기 이천 년을 넉 달 농사 기간(이방인의 충만한 수가 차기까지)으로 말하고 있다.
이제 6일이 끝날 때는 노아가 등장할 때라고 어필을 하신다.
그래서 노아가 방주를 지을 때가 육백 세며, 7일 후에 홍수가 쏟아진다고 기록하고 계신다.
또한, 칠일이면 사십 주야, 즉 사십, 사백, 모두 땅의 숫자 동서남북 4를 의미한다.
칠일에 땅끝까지 복음의 확산을 의미한다. 확산과 함께 이때 물의 심판도 하시겠다는 것이다.

사람들은 누구나 할 것 없이 지금은 지구의 끝 시대라고 말한다.
과학자들조차 지구의 시간이 많지 않음을 말하고 있다. 교회에서는 세말, 세상 끝이라고 말하고 있다. 이제 추수기도 끝나고 타작마당에 도래하지 않았나 싶다. 타작에는 반드시 옳고 그름이 있음에 그 판단에 타작이 시작된다.
그 옳고 그름이 올바로 드러날 때 바로 그날이 칠일이라는 사실이다.
칠일에는 우리의 소리가 아니라 주님의 음성이 들리는 시간이다. 그래서 우리는 주의 품에 안식하고 주님이 당신의 하나님 곧 예수그리스도라는 것을 드러내는 날이기에 여호와의 날, 인자의 날, 주의 날, 그날은 일하는 날이 아니고 큰 빛이 드러나는 날이기에 안식 속에서 큰 빛을 만나 팔 일에 부활하여 새로 탄생하는 것이다.
그래서 팔일 만에 할례를 받고 팔일 만에 새로 영적 태어남이 이루어진다.
칠일에 현상 속에는 홍수가 쏟아진다는 사실이다.
세상은 영적, 육적, 모든 물이 홍수로 밀려오는 시대를 우리는 살고 있다.
TV시대, 라디오 시대, 모든 미디어 시대가 발달한 지금 정보가 부족한 것이 아니고 정보가 넘치는 시대에 중요한 것은 그 홍수가 칠일 후에 쏟아진다는 것이 비밀이다.
하나님은 우리에게 때와 시간은 허락하지 않으셨지만 중요한 것은 징조를 가르쳐 주셨다.
징조를 보고 우리는 복음의 전신 갑주를 입고 늘 깨어 있어야 할 것이다. 그런데 중요한 것은 홍수가 중요한 것이 아니라 홍수 속에 깊은 샘물이 터진다는 사실이다.
성경에 부각시켜 놓은 것은 홍수로 죽는 자들이다.
성경을 보면서 홍수 하면 심판이 떠오른다.

대다수의 사람이 성경을 읽으면서 깊은 샘물에 대한 인식이 없다는 것이다.
홍수 속에 깊은 샘물,
말씀이 풍성한 시대에 감추어진 진리 즉 보화, 주님이 원하신 것은 깊은 샘물이다.
여기에 사마리아 여인과 예수님의 대화를 잠깐 보기로 하자.

> 요4:10-12 예수께서 대답하여 가라사대 네가 만일 하나님의 선물과 또 네게 물 좀 달라 하는 이가 누구인 줄 알았더면 네가 그에게 구하였을 것이요 그가 생수를 네게 주었으리라
> 여자가 가로되 주여 물 길을 그릇도 없고 이 우물이 깊은데 어디서 이 생수를 얻겠사옵나이까
> 우리 조상 야곱이 이 우물을 우리에게 주었고 또 여기서 자기와 자기 아들들과 짐승이 다 먹었으니 당신이 야곱보다 더 크니이까

이 대화를 가만히 들여다보자.
우물가에서 물을 길러온 자가 있고, 물을 달라 하는 자가 있다.
물을 길러온 자는 물을 길어갈 준비가 되었으니 온 것이요, 물을 달라 하는 자는 우리나라 풍습으로는 두레박에서 떠서 마시면 되거늘 지금 대화는 무엇인가 이상하다.
그런데 거기에는 놀라운 일들이 있다.
하나님이 기록할 말씀은 바닷물을 먹물 삼아도 부족하다고 하셨는데 아무 이유 없이 이 대화를 기록했단 말인가?
나는 여기서 심히 놀라운 사실을 발견했다.
늘 그랬듯이 나는 성경의 의문이 있으면 그것이 풀릴 때까지 성경을 붙잡고 울며 기도하며 모든 사전을 동원하며 최선을 다한다.
깨달아 질 때까지 하나님께 자꾸자꾸 질문을 수없이 한다.

아마 주님이 하늘나라에서 매우 힘드실 것이다. 또한, 기쁘시리라 믿는다.

육 시쯤에 물을 길러온 사마리아 여자, 육 시는 예수님이 십자가에 못 박히시고 해가 빛을 잃을 때다 즉, 제자마저 다 도망가고 십자가에 함께한 자가 없을 그 시간 해는 하나님이요 말씀이다. 말씀이 빛을 잃었다는 것은 이 세상은 말씀이 홍수인 것 같은데 정작 강대상은 말씀보다 세상 철학, 사상, 유행이 점령하고 설교는 15분 설교를 강요하며 백성들은 그 말씀 다 아니까 간단명료하게 하라고 지적한다.

인간의 간증만 강대상을 채우고 있는 이 시대를 말씀하시는 것이 아닌가? 이때 아무도 찾지 않은 우물가 성경에서 우물은 교회를 나타내고 있다.

마지막 때는 강대상을 찾을 성도가 얼마나 되겠는가?

우리나라도 역시 지금 현 상황에서는 부흥보다는 냉정한 판단에 의하면 삼분지 일이 떨어져 나가는 시대이다.

진실한 하나님을 찾기보다는 나의 행복과 나의 부귀와 나의 가정을 목표삼고 오는 자들이 얼마나 많은가?

그런데 주님은 이러한 시기, 많은 사람이 찾는 시기가 아니라 사마리아 여자 혼자 온 시기, 하박국 선지자처럼 외양간에 송아지가 없는 시기에 단 한 사람 사마리아 여인이 와서 예수님께로부터 생수가 있다는 말씀을 듣는다.

자기가 먹던 그 물은 항상 있고 예수님이 찾는 물은 없다고 하는 여인 고백의 소리가 있다.

자기가 먹는 우물은 조상 야곱이 준 우물이요 사람과 짐승이 함께 먹는 우물이라고 고백한다.

맞다. 우리는 육천 년 동안 기록된 말씀, 하나님의 자녀나 이 말씀을 도용해서 자기 이익으로 차지하던 짐승, 곧 이단들과 함께 먹던 우물이다.
이 여인은 주님이 말씀하시는 물이 어떠한 물인지 깨달은 것이다.
얼마나 명쾌한 대답인가?
이 여인은 예수님 만날 자격이 있는 여자요, 늘 깨어 있는 여자라는 것이다.
후로 남편에 대하여 나오는데 자세한 것은 후에 또 기록하겠지만 중요한 것은 이스라엘은 그 당시에 간음하다 걸리기만 해도 그 자리에서 돌매질로 죽임을 당한다. 그런데 어떻게 해서 이 여인이 다섯 남편에 현 남편을 이야기할 수 있단 말인가?
예수님이 여섯 남편 있는 여자가 뭐 대단하다고 여기에 기록하고 있단 말인가, 왜 주님이 어떤 심정으로 이 말씀을 기록했는지 생각해 보자.
일단 지금은 물에 대하여 기록하고 있으니 물에 대한 이야기를 하기로 하자.

지금 우리가 사는 이 시대가 바로 물은 홍수지만 먹을 물이 없는 시대이다. 우리는 지금부터 그 감추어진 생수를 달라고 주님께 간구해야 하지 않는가?
생수만 우리를 살릴 것이요 넉 달 농사기간에 즉, 은혜시대 기록된 말씀은 6일 물이 포도주가 되지 않은 시대이다.
우리는 지금부터 여섯 항아리 가득 채운 돌 항아리가 포도주로 바뀌어진 시대임을 기억해야 한다.
나아만을 어린아이처럼 여전하게 한 것도 일곱 번째 물이다.
비가 올 것을 약속한 것도 일곱 번째 조각구름이라는 사실을 우리는 알아야 하지 않는가?

어찌하였든 성경은 칠일에 홍수가 난다고 기록하고 있다.
그리고 그 홍수 속에 깊은 샘물과 하늘의 창들이 열린다고 말씀하신다.
깊은 샘물은 감추어진 보화라는 사실을 다시 한번 상기시키며 그 보화를 지금 찾지 아니하면 결국 우리는 물에 빠져 죽을 수밖에 없을 것이다.
이 사실이 얼마나 급하시면 예수님은 베드로에게 물 위를 걸으라고 명하셨겠는가?
이제 세상 끝자락 마지막 때임을 안다면 우리는 빨리 말씀의 뜻을 깨달아야 할 것이다.
이것이 하나님 아버지의 뜻이요, 주님의 뜻이다.
그 뜻을 행하는 사람이 주님을 기쁘시게 한다는 사실을 우리는 알아야 할 것이다.

제8장

까마귀와 비둘기의 사역

1. 하나님의 사역

본 장에서 홍수를 냈던 물을 어떻게 하시는지 자세히 보아야 할 필요가 있지 않은가?
육체의 물이 가득했던 이 땅을 바람으로 그 믈을 감하신다고 기록하고 있다.
여기서 하나님의 사역 속에 사용하시는 도구가 바람이다.

> 히1:6-7 또 맏아들을 이끌어 세상에 다시 들어오게 하실 때에 하나님의 모든 천사가 저에게 경배할찌어다 말씀하시며 또 천사들에 관하여는 그는 그의 천사들을 바람으로, 그의 사역자들을 불꽃으로 삼으시느니라

히브리 기자를 통하여 하나님은 또한 바람으로 사용할 자는 천사라고 기록하고 있다.
여기서 우리는 천사를 두맥으로 보아야 할 것이다.

천사에게는 보이는 천사와 보이지 않는 천사가 있다.
천사란 하늘에 일을 담당한 자를 천사라고 한다.
먼저 보이는 천사에 관하여는 이 땅에서 필자는 목사님들이라고 말하고 싶다. 기독교의 모든 바람은 목사들에 의해 분다.
멘토가 되었든 제자반을 만들던 어떠한 프로그램을 만드는 것도 목회자들이 하고 있다.
그것이 교회의 바람이 되어 온통 전 지역으로 확산됨을 우리는 알 수 있다.
또한, 하나님의 일을 모든 성도는 보이지 않는 천사가 말씀을 가르치시는 것이 아니라 보이는 목사님들을 통하여 전능하신 하나님 말씀을 가르치시고 있다.
이렇게 보이든 보이지 않든 하나님의 일들은 바람처럼 불어서 우리 곁에 오기도 하고 증상을 나타내기도 한다.

> 유1:12 저희는 기탄없이 너희와 함께 먹으니 너의 애찬의 암초요 자기 몸만 기르는 목자요 바람에 불려 가는 물없는 구름이요 죽고 또 죽어 뿌리까지 뽑힌 열매 없는 가을 나무요
> 유1:13 자기의 수치의 거품을 뿜는 바다의 거친 물결이요 영원히 예비된 캄캄한 흑암에 돌아갈 유리하는 별들이라

멸망하는 목회자를 성경은 이렇게 기록하고 있다.
말씀이 없어 바람에 흔들리는 모습을 그리며 준비되지 못하여 자기의 수치를 뿜어내는 목회자, 자기의 부요를 위하여 몸을 탐욕을 부리는 자, 이러한 자들이 악한 바람의 주인공이 된다.
정신 차려야 되지 않는가?
성경은 선지자들은 부를 쌓아 놓은 법이 없다.
늘 고난을 자처하며 고난속에 주님과 동행하는 삶을 살아가는 것을

볼 수 있다.
오죽 힘이 들면 엘리야는 죽기를 자처하겠는가?
사도바울은 사십에 한 대 감한 매를 다섯 번이나 맞는다.
성도들의 돈으로 호텔에서 밥 먹는 것이 매사가 되어버리는 시대, 무조건 나쁘다는 것이 아니라, 상황에 따라서 할 수 있겠지만 그렇다고 스스로 환경을 만들어 한다면 그래야만 훌륭한 목회자라면 그것 또한 바람에 실려가는 물 없는 구름일 것이다.
여기서 물 없는 구름은 말씀이 담기지 않은 말을 이야기 하는 것이다. 한국 교회가 목회자가 만든 바람 때문에 부흥도 했지만, 그 바람 때문에 지금 문이 닫혀가고 있다.

"주여 종들이 물을 담게 하소서, 그리고 아버지의 뜻을 알게 하소서, 주님에게 기쁨을 주는 마지막 추수꾼이 되게 하소서, 육체의 탐욕을 버리게 하소서, 십자가를 지게 하소서"

이렇게 이제부터 칠일에 말씀, 말씀의 뜻이 바람이 불어 전 세계에 확산되기를 원하는 마음으로 이 책을 필하기도 한다.
이제부터 본능적으로 먹었던 육체의 말씀보다는 감추어진 아버지의 뜻을 드러내어 그 말씀대로 행하는 것이 옳은 것이 아닌가 싶다.
중요한 것은 하나님은 하늘에서 결론을 내리시고 금방 행하시지 아니하신다. 천사를 통하여 바람이 먼저 성도들을 만나게 한다는 것이다
그리고 행하신다.
그렇다면 하나님이 원하시는 지도자, 즉 세상을 다스릴 지도자는 바람의 흐름도 잘 느껴야 할 것이다. 이것이 하나님 아버지의 뜻이다.
그것을 깨달은 자가 거룩한산 아라랏산에 머무를 것이며 내 자신이

거룩산이 되며 우리 교회가 거룩한 산이 된다면 그 다음 세상은 다른 모습으로 나타나는데 그 세상을 만나는 방법을 또한 우리에게 허락하셨다는 것이다.

2. 까마귀, 비둘기 사역

하나님은 모든 것이 거룩한산 아라랏산에 머물 때 세상 탐색을 시작하신다. 그 사역에 까마귀와 비둘기를 사용하심을 성경을 통하여 우리는 알 수 있다. 그 당시는 하나님이 진실로 그리하셨다. 왜냐면 그분은 만물의 창조자이시고 다스리는 분이기에 능히 할 수가 있다.
그러나 지금 우리에게 그것을 말한다면 이해가 되겠는가?
잘못하면 기독교가 샤머니즘의 종교로 전락할 수 있다.
그렇다면 왜 그렇게 말씀하셨을까?
그것이 하나님의 의도요 뜻이다. 지금부터 분석하여 드러내고자 한다.

까마귀-(히-오래브)-해가지다, 방황하다, 멀리 떠나다,
   저녁이 되다 유래
   -죽은 시체를 먹는다, 어두움을 가지고 온다

까마귀는 육체 즉, 율법을 의미한다.
그래서 육체는 마지막이 있고 세상에서 늘 방황하고, 그 육체는 세상을 먹고 살며 하나님을 떠나서는 늘 염려와 근심 속에서 살아가고 있다. 성경에서 까마귀가 종종 등장하는데 그때마다 하나님은 그 속에 비밀을 감추고 계신다는 점이다.

 왕상17:3~4   너는 여기서 떠나 동으로 가서 요단 앞 그릿 시냇가에 숨고 그 시냇물을 마시라 내가 까마귀들을 명하여 거기서 너를 먹이게 하리라 하나님은 세상 끝 즉, 환란 때는 말씀이 고갈된다. 또한, 성도들도 말씀과 관계없이 세상과 짝하여 살아가는 시대의 모습이다.

말씀이 없는 시대에 하나님은 엘리야에게 말씀하신다. 너는 그릿(단절, 분류) 시냇가로 가라고 하신다. 세상과 단절된 곳으로 가라고 명하신다. 그리고 먹이시겠다고 약속하신다.

그 약속이 까마귀를 통하여 이루어진다고 말씀하신다.

여기서 까마귀란 (율법) 육체의 사람을 통하여 그 일을 행하시겠다고 말씀하시는 것이다.

하나님은 언제나 인생의 일을 사람을 통하여 하심을 우리는 알 수 있다. 지금 우리 시대에 까마귀를 아무리 기도하며 기다려 보아라 까마귀가 하나님의 특별한 섭리로 올 수도 있겠지만 그것은 하늘에 별 따기와 같을 것이다. 그것은 어리석은 짓일 것이다. 그것보다도 하나님의 거룩한 일 가운데 육체를 지닌 사람을 통하여 우리의 먹고 마심을 허락하신다는 뜻이 아닌가?

여기서 아주 재미있는 우리나라에 전해 내려오는 이야기를 하고자 한다. 양반 가문이라 말하는 어른들이 사는 집에 가보면 현관 앞에 또는 안방 앞에 삼족오가 그려져 있다.

삼족오란 발이 셋 달린 까마귀를 말하고 있다.

나는 이 삼족오의 뜻을 성령님의 인도로 알고 얼마나 기뻐하였는지 모른다. 그 집의 어른들에게 물어보니 집을 지켜주는 수호신이라는 정도지 다른 것을 알지 못하고 그저 문앞에다 놓았다는 것이다.

어느 강원도 스님에게 물어보았다.

"스님 삼족오가 뭘 의미 하는 것입니까?"

그 스님은 내 얼굴만 멀끄미 보고만 있으면서 황당해 하는 것을 보았다.

예로부터 우리 민족은 까마귀를 매우 신성하게 여겼다.
그런데 용의 문화가 들어오면서 그것을 짓밟기 위해 까마귀는 죽음을 부르는 저승 새로 인정하게 되었다. 까마귀는 공해가 있고 사상, 철학, 유행이 있는 곳에는 없다. 깨끗한 자연 속에서 존재하는 것이 까마귀이다.
그 스님에게 답을 들려주었다.

스님, 까마귀는 우리 기독교에서는 율법을 예표합니다. 율법이란 육체를 의미하기도 합니다. 우리 민족이 우랄 알타이 민족이 된 것을 아시죠, 우리 민족은 삼천리 금수강산이 우리 땅이 아닙니다.
우리는 터키 아라랏산을 통과하여 동방으로 떠난 민족 욕단족입니다. 우리는 그때 파미르고원, 텬산산맥, 알타이 산맥을 넘어올 때 하나님의 언약을 가지고 오면서 그 약속의 법을 믿고 험난한 여정을 견딜 수 있었던 것입니다.
그 예표가 바로 삼족오인데 다리가 셋인 것은 성부, 아버지의 법으로 성자, 예수님의 법으로, 성령, 영으로 오신 하나님의 법으로 즉 삼위일체 하나님을 인정하는 율법을 가지고 인생의 여정을 출발한 우리 민족.
그때는 하늘과 땅에 신이라고 불리는 분은 천지신명 하나님 한 분밖에 없었다. 우리나라는 불교가 들어오기 전에는 유일신 천지신명 하나님 한 분밖에 섬긴 적이 없다.
이때는 예수님이 오시지 않을 때임을 명심해야 할 것이다.
기브온 산당처럼 우리 민족은 산에서 신에게 제사를 올린 민족인데 이때 늘 흰옷을 입어야만 했다.
흰옷을 입지 않은 자는 제사에 참여할 수 없었다.
흰옷 입은 무리, 백의민족, 셈족 우리 아닌가?

그 후 불교가 들어오면서 잡신이 난무한 민족으로 바뀌기 시작했다.
우리 민족의 역사를 모르는 것이 불교는 당연한 것이 아닌가?
이렇게 이야기했더니 스님이 손목에 묶고 있던 묵주를 62년 만에 푸시는 것이라고 이후로 예수 믿겠다고 다짐하시고 지금도 신앙생활을 하신다.
또한, 신기한 것은 우리 민족의 명절 칠월 칠석이 있다.
이때 견우와 직녀가 만나는 명절이다.
이때 오작교가 되어준 것은 까마귀다.

감히 필자가 생각하건대 칠월의 명절은 주님의 장막에 들어가는 명절이 아닌가?
이 땅의 마지막을 의미한다.
이때 신부 성도가 신랑 예수님을 만나는 시기인데 그때 주님을 만나는 방법은 오로지 성경 외에는 만날 수가 없다.
율법이 오작교가 되어서 예수님을 만나게 하시는 모습.
이 얼마나 뜻있는 명절인가, 우리 민족은 어느 것 하나 뜻 없이 행하는 것이 없다. 하나님의 진리 안에서 움직임을 볼 때 흐뭇하고 기쁘다.
하나님의 법이 쓰여진 책, 그 책은 하라, 하지말라, 명령이 기록되고 있다. 이것은 법이다. 예수님이 오셔서 심판하실 책도 성경책이다.
거룩한 책, 이것은 율법이다. 법이 있어야지 선, 악을 판단하신다.

이 약속의 비유의 명절이 칠월칠석 아닌가라고 생각해 본다.
우리 민족은 하나님을 떠나서 결단코 살아갈 수 없음을 알아야 할 것이다.
본문에 첫 번째 세상의 현실을 율법으로 보라고 성경은 말씀하고 계신다.
두 번째 세상 점검은 비둘기이다

비둘기-(히-요나-거품이 일어나다, 술, 포도주에서 유래)

비둘기란, 성경에서 성령을 예표하고 있다는 사실을 모르는 성도는 없을 것이다.
예수님이 세례를 받으실 때에 하늘에서 비둘기가 임함을 볼 수 있다.

> 요1:32 성령이 비둘기 같이 하늘에서 내려오니

이것을 비둘기라고 보지 않고 모든 성도는 성령임함이라고 이야기하고 있다. 맞다 비둘기는 성령을 예표한다.
그런데 본 문장에서 비둘기를 삼칠일씩 세 번 보낸다.
여기서 아주 중요한 의미가 있다.

여기서 첫째 비둘기는 구약의 성령사건이요
구약 속에 성령은 머물지 않는다.
하나님의 명령에 따라 움직이고 사역을 마치면 돌아갔다.
그것이 구약의 성령사건이다.

둘째 비둘기는 성령에 의해 예수그리스도의 나타나심을 표하고 있다. 칠일이 지난 후 둘째 성령의 사역은 감람새잎사귀를 드러내는 것이다. 감람새잎사귀는 예수그리스도를 예표한다.
다시 말씀드리자면 예수그리스도가 감람나무라는 사실을 모르는 성도는 없을 것이다.

구약의 예언이 신약에 성취됨을 알 수 있다.
예수께서 세례받으실 때에 하늘에서 비둘기가 내려옴을 우리는 복음서를 통하여 알게 되었다.
이 말씀은 구약의 둘째 비둘기의 언약의 예언이 이루어짐을 드러내고 있다.

셋째 비둘기는 너무너무 중요하다.
왜냐면 지금 나와 관계가 심히 깊기 때문이다.
지금은 성부의 시대라고 하지 않는다.
또한, 성자의 시대도 아니라 한다.
지금 우리는 보혜사 성령의 시대 그 성령은 우리를 떠나지 않고 주님 오실 때까지 우리와 함께하시는 성령님이시다.
본문에서도 다시는 그에게 돌아가지 않았다고 한다.
맞다 보혜사 성령은 우리와 함께하시기에 우리를 떠나지 아니하심을 예언하고 계시지 않는가?
이 세 사건은 성경 전반에 매우 중요한 역할을 감당하고 있다 이를 보면서 성경을 본다면 더욱 깊이 깨달아 질 것이다.

제9장

무지개 언약과 포도주 사건

본 장에서는 매우 중요한 두 가지 하나님의 계획이 담겨 있다.
첫째는 무지개 언약이요
둘째는 노아 포도주 사건이다
이 두 사건을 하나님의 뜻은 무엇이며 의도는 무엇인지 왜 창세기 앞면에 이러한 문제를 다루셨는지 깊이 생각하며 하나님의 마음을 헤아려 성경을 읽는다면 놀라운 사실을 발견할 것이다.

1. 무지개 언약

사람들은 어린아이 어른 할 것 없이 무지개 하면 무엇인가 동화의 나라, 꿈의 나라, 행복에 나라를 꿈꾸며 좋아한다.
아마 무지개 싫어하는 사람은 하나도 없을 것이다.
무지개는 동심이 들어있다.
깨끗한 마음이 자리 잡은 아이들의 꿈의 세상, 그런데 성경에서는 놀라운 비밀의 사건이 있음을 알아야 한다.

우리들이 아는 무지개와 하나님이 말씀하시는 무지개는 어떻게 다른지 이제부터 필자와 함께 떠나보기로 하자.

창9:12 하나님이 가라사대 내가 나와 너희와 및 너희와 함께하는 모든 생물 사이에 영세까지 세우는 언약의 증거는 이것이라

창9:13~14 내가 내 무지개를 구름 속에 두었나니 이것이 나의 세상과의 언약의 증거니라 내가 구름으로 땅을 덮을 때에 무지개가 구름 속에 나타나면

창9:15 내가 나와 너희와 및 혈기 있는 모든 생물사이의 내 언약을 기억하리니 다시는 물이 모든 혈기 있는 자를 멸하는 홍수가 되지 아니할찌라

무지개에 관해 첫째는 무지개가 나와 하나님과의 언약이라는 사실이다. 사람들은 무지개를 매우 좋아하여 상표로도 사용하고 여러 모양으로 좋아하지만 정작 하나님이 말씀하시는 무지개의 의미를 모르고 있다는 사실이다. 그렇다면 하나님이 말씀하시는 무지개는 무엇을 의미하는가?

우리가 흔히 보고 기뻐하며 꿈을 꾸는 무지개는 구름 밖에 있다는 사실이다. 그래서 우리는 과히 관심치 않는다.
왜냐면 그 무지개는 약속이 없다는 것이다.
이 언약의 약속이 전해지고 수천 년 동안 우리는 보는 무지개는 수없는 비를 선사했다는 것이다.
무지개의 의미는 비가 내리지 않으면 나타나지 않는다는 것이다.
그런데 왜 비는 내리는 것인가?
그것도 비가 내린 후 무지개가 태양에 의해 얼마나 아름답게 하늘 공

중에 덮여있었단 말인가?

그런데 어김없이 비는 얼마 안 되어서 쏟아지고 또 쏟아지고 그러니 사람들은 하나님의 언약의 표로 무지개를 주었기 때문에 좋은 표라는 사실을 알지만, 그것이 약속이 이루어졌다는 것은 믿지 않는다.

> 나는 어려울 때 교회를 다니면서 주일학교 교사 선생님이 가르쳐주신 무지개를 보고 얼마나 실망을 했는지 모른다. 속으로 하나님은 한 번도 무지개 약속을 지키지 아니하시는 분 같았다.
> 들판이나 산에서 뛰어놀다가 무지개가 나타나면 무진장 좋았지만, 약속을 생각하면 실망스러운 적이 한두 번이 아니었다. 그러나 이제는 그 뜻을 알고 나니 너무 행복하고 하나님께 감사드린다.

하나님이 말씀하시는 무지개를 가만히 정확하게 다시 한 번 보기로 하자. 그 무지개는 놀랍게도 구름 속에 있다는 사실이다.
세상에서 본 적이 없는 무지개 감추어진 무지개, 우리가 본 것이 아니라 구름 속에 감추어진 무지개를 하나님은 약속하신 것이다.
그렇다면 보이지 않는 무지개가 어디 있느냐고 질문할 것이다.

"내가 구름으로 땅을 덮을 때 무지개가 구름 속에 나타나면" 이 말씀은 먼저 구름을 알아야 할 것이다.
구름이란 성경에서는 말씀을 의미한다.
구름의 구성은 물로 되어있다.
물은, 즉 말씀이다.
말씀 속에서 언약을 발견하라는 주님의 말씀이다.
성경 전체를 보면 구약 속에 오실 예수가 있고, 신약 속에 오신 예수가 또한 다시 오실 예수그리스도가 있음을 알 수 있다.
이것이 무지개 언약이다.

1) 구름에 관해

구름-히-아난-덮다, 모으다, 은밀하다, 마술하다 등 유래

구름은 환경에 따라서 변화무쌍한 모습을 드러내기도 한다. 어떤 바람으로 인해 모양이 달라지기도 하다.
구름은 기록된 말씀을 의미한다.
기록된 말씀은 누구에 의하여 강론이 되느냐에 따라 내용이 심히 달라지기도 했다.

> 출16:10 아론이 이스라엘 자손의 온 회중에 말하매 그들이 광야를 바라보니 여호와의 영광이 구름속에 나타나더라

구름 속에 나타나는 영광, 말씀 속에 나타나는 하나님의 감추어진 보화, 그것은 곧 하나님의 온전하신 뜻이라는 것이다.
기록된 말씀을 떠나서는 결코 영광이 없다는 사실 또한 알아야 할 것이다.

> 출19:16 제삼일 아침에 우레와 번개와 빽빽한 구름이 산위에 있고 나팔 소리가 심히 크니 진중 모든 백성이 다 떨더라
> 출19:20 여호와께서 시내산 곧 그 산꼭대기에 강림하시고 그리로 모세를 부르시니 모세가 올라가매

위 본문의 장면은 모세가 하나님께로부터 십계명을 받기 전 모습을 그리고 있다. 중요한 것은 모세가 어떤 모습일 때 십계명을 받았느냐는 것이다. 먼저 모세의 현상은 머문 곳에 구름이 빽빽하다는 것이다.
우리는 기록된 말씀을 우리의 육체에 얼마나 빽빽하게 담았는가?

그리고 하나님이 주신 십계명을 받을 준비가 되었는가 하는 것이다.
다시 말하자면 십계명은 내가 하나님의 말씀 성경 66권으로 다 채웠느냐는 질문이다.
그렇지 않았기에 십계명의 의미를 깊이 상고 하지 않는 것이 아닌가 싶다.
우리나라 기독교인들 치고 십계명의 중요성을 대단히 느낀다고 하며 다 외우고 사는 성도가 몇이나 되느냐 하고 질문하고 싶다.
오늘은 십계명 이야기가 아니니 다시 구름으로 넘어가고자 한다.

출40:33~34 그가 또 성막과 단 사면 뜰에 포장을 치고 뜰문의 장을 다니라 모세가 이같이 역사를 필하였더라
그후 구름이 회막에 덮이고 여호와의 영광이 성막에 충만하매

이 장면 또한 성막건축에 나타나신 하나님을 묘사하고 있다. 하나님이 허락하신 식양대로 모세는 성막을 세웠다. 하나님의 법대로 세운 성막, 그 성막에 있어야 할 것은 구름이 덮여야 한다는 것이다.
지금 전 세계 교회는 말씀으로 덮여있는가?
강대상은 온통 세상 사상, 철학, 유행을 갖다 놓고 주님의 말씀은 온데간데없는 시절이 왔다. 이 얼마나 비통한 일인가?
다시 생각하자, 주님 앞에 떳떳이 설 수 있는지 다시 돌아보아야 할 것이다.

마26:64 예수께서 가라사대 네가 말하였느니라 그러나 내가 너희에게 이르노니 이후에 인자가 권능의 우편에 앉은 것과 하늘 구름을 타고 오는 것을 너희가 보리라 하시니
계1:7 볼찌어다 구름을 타고 오시리라 각인의 눈이 그를 보겠고 그를 찌른 자들도 볼 터이요

본문에서도 주님은 구름 타고 오신다고 약속하신다.
즉 말씀대로 오시겠다는 것이요, 우리가 성경을 상고할 때 주님은 우리 안에 오심을 누구나 느낄 것이다.
늘 하나님은 모든 역사를 구름에 의해 나타나심을 우리는 알아야 할 것이다.
결론은 구름은 말씀이라는 것을 결코 잊어서는 안 된다.

2) 언약에 관하여

롬9:7~8	또한 아브라함의 씨가 다 그 자녀가 아니라 오직 이삭으로부터 난 자라야 씨라 칭하리라 하셨으니 곧 육신의 자녀가 하나님의 자녀가 아니라 오직 약속의 자녀가 씨로 여기심을 받느니라-
갈4:24	이것은 비유니 이 여자들은 두 언약이라 하나는 시내 산으로부터 종을 낳은 자니 곧 하가라 이 하가는 아라비아에 있는 시내산으로 지금 있는 예루살렘과 같은 데니 저가 그 자녀들로 더불어 종 노릇하고 오직 위에 있는 예루살렘은 자유자니 곧 우리 어머니라

여기서 두 여자는 교회요, 그 속에는 육적교회 하가와 영적교회 예루살렘은 자유의 교회라는 것이 무지개로 담아있지 않는가?
이렇게 하나님은 구름 즉 말씀 속에 약속을 담아놓으셨다.
누가 그 무지개를 꺼낼 것인가?
예배는 항상 무지개를 꺼내서 언약을 맺는 시간이다.
그럼에도 불구하고 그냥 왔다 참석했다고 도장을 찍고 가는 성도들이 얼마나 많은가?
언약이 없는 성도는 하나님의 자녀라 여김을 받지 못한다는 것을 알아야 한다.

이 또한 지도자가 되기 위해서는 뜻을 담은 그들만의 약속이 말씀이 있어야 할 것이다.
그 약속을 드러내는 것이 참된 지도자가 아닌가?
또한, 그 약속에 따라 일하는 자들이 그들의 공동체의 한 일원이 아닌가?

2. 노아와 포도주의 저주

이제 본격적으로 성도들의 포도주 사건으로 들어가고자 한다.
우리나라가 노아의 포도주 사건을 제대로 맛을 보지 않았는가?
모두가 다 포도주 사건은 매우 귀한 일이요 기쁜 일이라고 말하고 있다. 또한, 그 포도주 사건은 우리에게 성령강림 사건이라고 말하기도 한다.
그런데 성령 강림사건이라고 말한 것이 기독교 역사에 가장 큰 능력도 나타났지만, 이단도 가장 많이 만들어 낸 것이 포도주 아니었던가?
어떻게 포도주 사건을 다듬어야 할지조차 모르고 취한 시대가 우리에게 왔다는 사실을 우리는 알고 있는가?

결국, 그 귀한 성령사건이 즉 포도주 사건이 성도들은 취했고 취한 성도들은 신앙생활이 엉망진창이 되어 교회는 비어가고 있고 성도들의 행실은 감히 본받을 만한 모습을 세상에 비추어지긴커녕 이해 못하는 이단적 행실이 너무 많이 나타나고 있지 않은가?
본문의 말씀을 통하여 왜 저주가 임했는지를 자세히 알고자 한다.

> 창9:20~22 노아가 농업을 시작하여 포도나무를 심었더니 포도주를 마시고 취하여 그 장막 안에서 벌거벗은지라 가나안의

> 아비 함이 그 아비의 하체를 보고 밖으로 나가서 두 형제에게 고하매
>
> 창9:24~25 노아가 술이 깨어 그 작은 아들이 자기에게 행한 일을 알고 이에 가로되 가나안은 저주를 받아 그 형제의 종들의 종이 되기를 원하노라

기록된 말씀에 의하면 이럴 수는 없는 일이다.
그저 아버지 하체를 보았고 그것을 형제에게 고한 것이 그토록 아비가 자식에게 저주를 내릴 수 있단 말인가?
성경에 말씀하신 대로 라면 우리는 얼마나 이 많은 행위를 주위에서 보고 있는가?
자녀들이 아빠와 목욕을 해도 아이들은 이야기하지 않는가?
"엄마 목욕탕에서 아빠 oo 보았다."
그런 자녀의 모습을 보고 엄마 아빠는 웃으면서 흐뭇해 한다.
그것은 매우 자연스러운 일이거늘,
그런다면 하나님의 의도는 무엇인가?
그 질문 속에서 이 답을 찾아야 하지 않을까 싶다.

전 성경은 포도주 즉 성령사건의 중요성을 기록하고 있다.
이 문제는 사실 매우 다루기에 어렵다, 그러나 한번 시도해보려 한다.
먼저 노아의 포도주와 예수님의 포도주 사건을 우리는 비교해 보아야 한다.

노아-농사를 지어 포도주를 만들었다
가인-농사를 지어 땅의 소산으로 하나님께 제물을 드렸다

이 두 사람은 모두 농사를 지었다는 것이다.
농사는 땅과 관계가 있다.
하나님은 땅의 농사에 관계가 있는 것이 아니라 즉 육적인 것보다 하늘나라 영적인 것에 관심이 있으시다는 것이다.
그래서 두 사람은 망한 자의 모습으로 드러나고 있다.
노아가 물에서 구원을 받고 나니 하나님이 첫 번째 하게 하신 일이 포도주 사건이다.
이 일은 매우 중요하다.
노아는 기록된 온전한 말씀에서 하나님께 합격하여 포도주 시험에 들어갔는데 잘못한 것이 있다.
그 시험에서 불합격했다는 것이다.
하나님은 우리에게 모든 것에 합격하여 가장 좋은 것을 주기를 원하신다.
그런데 어느 것 하나 그냥 지나가시는 법이 없다.
모든 것에는 하나님의 시험이 있다는 사실이다.
시험에도 두 가지가 있다.
하나는 하나님이 복 주시기 위해 내리는 시험 이것을 테스트라고 한다.
하나는 마귀가 우리를 멸망시키기 위해 하는 시험 템테이션이라고 한다.

노아는 영적 시험에 잘못된 농사법에 의해 자식을 저주로 만든다.
당대에 의인이라 칭하던 노아도 성령사건에서 불합격했다는 것은 우리 또한 안전하지 않다고 경고하심을 깨달아야 할 것이다.

그렇다면 예수님의 포도주는 무엇인가?

요2:7~9   예수께서 저희에게 이르시되 항아리에 물을 채우라 하신즉 아구까지 채우니 이제는 떠서 연희장에게 갖다주라 하시매 갖다 주었더니 연희장은 물로 된 포도주를 맛보고 어디서 났는지 알지 못하되 물 떠온 하인들은 알더라

예수님의 포도주는 물로 만든 포도주다.
노아는 포도로 포도주를 만들었지만, 예수님은 물로 포도주를 만드셨다는 것이 정확히 다르다는 것이다.
이 말씀은 성경 말씀이 포도주가 되어야 하는 사건을 우리는 우리가 만든 포도로 포도주를 만들고 취했다는 것이다.
한국의 성령 사건은 어떠했나?
말씀은 깨달은 자들이 성령에 취한 것이 아니라 말씀도 모르고 그저 기도해서 내 마음속에 하나님에 심취해서 만들어낸 것이 한국의 성령사건이 아니었나 생각해 보자.

요16:13   그러하나 진리의 성령이 오시면 그가 너희를 모든 진리 가운데로 인도하시리니 그가 자의로 말하지 않고 오직 듣는 것을 말하시며 장래일을 너희에게 알리리라

우리에게 성령이 오시면 우리를 진리 가운데로 인도하신다고 성경은 약속하고 있다.
그렇다면 성령을 받은 자라면 진리가 그 안에 있어야 하지 않는가
진리란 하나님의 말씀만이 진리라는 것이다.
어떤 이는 교회 와서 예수님에 대하여 알지 믓한 자가 성령 받았다고 방언을 하며 귀신을 쫓고 병을 고쳤다고 난리도 아니다.
그런데 그런 사람이 하나님과 예수님에 대하여 알지 못하는 것이 문제인 것이다.
그래서 생겨난 것이 나는 말씀을 지식적으로 모르나 기도의 은사가

있어 하면서 밤새 기도하는 데 중요한 것은 진리의 말씀이 그와 함께 하지 않음이 문제인 것이다.
그렇다. 노아가 알지 못할 때 포도주 사건은 자식을 저주하는 엄청난 결과를 만들어 냈다.
우리도 성령에 대하여 준비되지 않은 1980~2000년까지 대략 노아처럼 성령사건을 경험했다.
그렇다면 우리가 어디에 있는지도 알아야 할 것이다.
또한 성경은 요한복음 15장 26절에서 "진리의 성령이 오실 때에 그가 나를 증거하리라"라고 말씀하신다.
그렇다. 성경의 모든 것은 예수가 그리스도라는 사실을 증명하기 위해 기록된 것이다.
그 예수를 알기 위해서는 나에게 진리의 성령이 오셔서 기록된 성경 말씀에 더욱 가까이 가야 하는 것이 아닌가?
말씀은 온데간데없으며 하나님이 나에게 말씀하셨다고 내가 복음을 기록하고 있는 것이 얼마나 많은가?
회개하자.
우리가 그럴 것을 아시기에 노아를 표상으로 만들지 않았는가?
의인이라 할지라도 성령을 알지 못하면 엄청난 실수를 범한다는 것이다.
우리가 노아보다 더 대단한 믿음을 가졌던가?
곰곰이 생각하면서 성경을 보면 어떠할까?

제10장

세자녀(세상나눔)

포도주 사건 이후에 하나님은 정확히 민족을 삼 시대를 구분하고 있다.
즉 이것은 삼위일체 하나님을 비밀로 나타내고 있다는 것이다.
이것이야말로 대단한 역사적 사건임을 우리는 알아야 한다.
하나님은 노아의 자녀를 통하여 성삼위 하나님께서 각자의 직무를 어떻게 행하실지 우리에게 가르치시는 매우 중요한 대목이다.
그래서 우리는 이 세 자녀를 전 성경을 통하여 어떻게 이끌어 오시는지 알아보기로 하며 필자는 몇 가지 깨달은 것을 기록하고자 한다.

1. 함

함은 히브리어로 카사크다
그 뜻은 흑암에 쌓이다, 어둡다, 검다이다.
하나님은 당신의 공의 속에 대 우주적 사건을 다루고 계신다.
아담부터 예수그리스도의 재림까지 아버지의 공의의 기간으로 정하시고 삼 시대를 구분하여 사역을 나누심을 볼 수 있다..

첫째는 성부 하나님 아버지의 시대이다.
이것을 성경은 구약시대라고 말하고 있다.
그것을 또한 율법의 시대라고 말하고 있다.

검은 것은 성경에서 "타락, 비진리, 사망, 사탄, 죄"를 의미하기도 한다.
율법은 육체가 있을 때만 필요한 것이다.
육체는 땅으로부터 왔다, 흑암 중에 존재한 것은 땅이다.
그래서 육체는 늘 죄 가운데 존재한다는 알고 그러기에 율법이 우리에게 늘 함께 할 수 밖에 없다.
율법은 죄를 정죄하여 심판한다.
그리고 율법은 인간에게 매우 무거운 짐으로 남겨져 있다.
율법이 정죄 되어야만 인간은 죄인임을 깨닫는다.
그리고 주님 앞에 고백한다 "나는 죄인입니다."
만약 율법이 없다면 사람들은 자기가 죄인임을 깨닫기는커녕 대단한 자라고 자만심에 빠져 살 것이다.
그렇게 되면 인간이 하나님의 거룩한 신을 의지 하겠느냐는 것이다.
그래서 죄를 지적한 함을 문명사회에서 제일 먼저 사용하신다.
함의 후손으로 유명한 곳은 "앗수르, 바벨론, 가나안, 시돈, 애굽, 리비아" 등 또한 말하자면 아프리카족들이 대개는 함족이다.
그들의 피부를 검게 하시고 율법을 그들의 몸에 새기신 후 문명에다 넣었다는 것이다.
우리에게 깨달음을 주시기 위해 사람의 피부를 삼 분류로 나누신 하나님을 볼 때 참으로 대단하지 아니하신가?

검은 자손 흑인부터 시작하여 문명을 발달시키지만, 백인이 등장하면서 무엇인가 백인보다 흑인이 발달한 문명을 지배하면 안 되는 것처럼 백인의 우월성을 드러내 보기도 한다. 그러나 백인 또한 하나님이 보시기에 하나님이 만드신 흑인의 피조물을 함부로 대하는 것도 사실이다. 백인의 너그러움보다 자기 우월성이 나타나고 백인에 대한 기대치가 실망성을 이루면서 흑인과 백인의 연합을 황인종이 드러내는 것이 아닌가?

하나님 앞에서는 모두 한 백성이다. 하늘나라 백성, 흑인종도 백인종도 황인종도 그저 색깔만 다를 뿐이지 모두 똑같은 생명을 지녔고 감성을 지니고 살아가고 있다.

하나님은 공의로운 분이기에 누구를 더욱 사랑하고 누구를 저주하지 아니하신다. 다만 하나님의 섭리를 드러내기 위해 인생의 피부를 색깔로 분류하여 어느 시대에 어떤 색을 사용하실 것인지 우리에게 드러내고 계시지 않는가? 그것은 흑인은 율법이요 백인은 복음이요 황인종은 율법과 복음의 마무리로 비유하여 우주를 경영하시지 않는가?

이 얼마나 위대한 경영인가,

문명의 처음 발상지인 이집트를 보아도 과거에는 엄청난 문명을 이루었다.
그것이 후에 나일강의 기적이라고 할 만큼 대단했다.
그들이 세상에서 승리한 것 같지만 결국 그들은 망하고 만다.
그 모습을 보면서 깨달아야 할 것이다.
육에 속한 사람은 결국 망하고 영에 속한 사람은 흥한다는 것이다.
그래서 하나님은 모든 백성에게 죽음이라는 단어를 허락하셨다.
육체는 다 죽는다.

그러나 영은 존재한다.
기억하자, 반드시 우리는 영의 사람이 되어야 한다는 것을.
이제 율법의 시대가 마치면 은혜의 시대 복음의 시대가 온다고 하나님이 야벳을 들어 쓰심을 볼 수 있다.

2. 야벳

이것을 큰 틀로 보면 신약의 시작이다.
예수님이 육신을 입고 오셔서 우리 가운데 거하신다.
그리고 함께 먹으며 함께 고난을 당하신다.
예수님이 오시고 죽으시고 넉 달농사 기간이 온다.
이때 예수님이 우리를 위해 육적 역사하심을 볼 수 있다.
귀신을 쫓고 병든 자를 고치시고, 먹이시고, 다 육을 만지시며 영을 위해 살라고 가르치신다.
우리가 자칫 잘못하면 이 모든 은사적 사건이 영인 줄 알고 있다는 것이다.
이 모든 것은 육체에 부어주신 하나님의 사랑이시다.

영이란?
하나님만 영이시다, 그래서 신령과 진정으로 우리는 예배를 드려야 한다.

야벳이란 뜻은 넓히시다, 확장하다, 은혜의 시대를 상징한다
법안에 두다 보니 전 세계에 복음이 나갈 수가 없음을 우리에게 알리신다.
율법을 계속 선포한다면 예수님을 믿을 사람이 과연 몇 명이나 될까?

사람들은 법을 싫어한다.
무겁다고, 힘들다고, 그래서 하나님은 우리에게 은혜시대도 주신 것이다.
이때 세상 끝까지 복음이 증거된다.
동, 서, 남, 북 사방 끝까지 가는 하나님의 말씀, 그래서 그들은 육적 땅을 정복해야 하기에 장대한 민족을 이루고 있다.
그들이 바로 유럽인들이다.
체격이 좋은 사람이 과거에는 농사를 잘 지었다.
땅 농사, 사람 농사, 지금까지 유럽, 즉 그들이 기록된 말씀을 가지고 아마존까지 가서 복음을 증거하게 되었다.
로마를 통하여 유럽선교가 이루어졌고 미국을 통하여 전 세계 예수가 증거가 되었고, 이제 마지막 셈족을 통하여 아시아 선교와 전 세계 복음의 마무리가 될 것이다.
자식들도 보면 함의 자식은 4이요, 야벳의 자식은 7이요, 셈의 자식은 5이다.
가장 번창한 족속은 야벳이다.

그러다 보니 유럽인들은 이해가 포괄적 삶을 살아가고 있다.
미국을 보아도 알 것이다.
모든 문화의 중심지로 세계를 끌어안고 가고 있다.
아버지의 하체를 덮는 야벳, 은혜는 용서와 관용과 희생과 화목이 있다.
미국이 전 세계의 경영을 주도하고 있는 것도 하나님의 섭리가 아닌가 생각해본다.
야벳은 이방인의 충만한 수가 차기까지 축복을 받는다.
그래야만 그들의 사명을 감당할 수 있기 때문이다.

사람을 어두운 법 가운데도 인도하시고, 또한 밝은 빛 가운데로 인도 하셨던 하나님, 그래서 흑인과 백인의 모습으로 두셨던 것이 아닌가 생각해본다.

법 가운데 두자니 확장이 안 되고 은혜 가운데 두자니 세상 말로 버릇이 없어지고 틀도 갖추지 않으려는 사람들을 보면서 마지막 마무리 할 자를 선택하시는데 그것이 셈족이다.

성경 전체는 그래서 셈족의 중요성을 더욱 부각 시키지 않나?

3. 셈

셈이란 높은 지위, 왕권 성도를 의미한다.
이 백성은 율법과 복음을 잘 연합시킨 족속이다.
셈족의 대표는 현 이스라엘 민족을 말하기도 하며 감추어진 한국과 몽골을 의미하기도 한다.
이 민족은 그냥 만들어진 사람이 아니다.
모진 고통과 훈련 속에 다져진 백성이다.
셈족을 둘로 나누는데 하나님은 이것을 세상이 처음 나누어졌다고 기록하고 계신다.

> 창10:25　에벨은 두 아들을 낳고 하나의 이름은 벨렉이라 하였으니 그 때에 세상이 나뉘었음이요 벨렉의 아우의 이름은 욕단이며
> 창10:30~31　욕단의 아들이며 그들이 거하는 곳은 메사로부터 스발로 가는 길의 동편산이였더라 이들은 셈의 자손이라

두 민족 벨렉과 욕단

벨렉은 지금의 아브라함의 자손 이스라엘을 의미하고 있다.
그 이스라엘처럼 혹독한 훈련을 받은 자가 어디 있는가?
하나님이 계신 민족이라 하면서 너무 많은 고통을 겪은 백성이다.

하나님의 셈족에 대한 의도를 알지 못하면 이스라엘이 이해가 되지 않을 것이다.

또한, 욕단족속인 대한민국, 성민 코리아라고 불리는 우리 또한 어떠한가?

수많은 외세로부터 침략을 받고 고통과 고난 속에 꿋꿋이 살아온 한국 지금의 아시아의 중심부에 속하고 있지 않은가?

중국 원난성에 한 역사학자가 아시아의 DNA를 조사한 결과 중국 한족은 아프리카 함족이고, 한국과 몽골은 유전자가 그들과 다른 유전자요 흡사 이스라엘 유대인과 같다는 보고서를 읽은 적이 있다.

단군신화에도 있듯이 우리 민족은 모진 고난 속에 창설된 나라이다. 얼마나 혹독했으면 그 쓰디쓴 쑥과 마늘을 먹었다고 기록하듯이 모진 아픔과 고통에서 건져진 이 백성 대한민국, 왜 그리도 훈련해야만 했는가?

육적 맥으로 나타낸 이스라엘

영적 맥으로 나타낼 한국

이 두 민족의 특징은 외세로부터 모진 고난과 고통을 겪은 백성이라는 것이다, 두 나라 또한 매우 작은 나라이지만 두 나라 역시 세상의 중심 자리에서 영향력을 드러내고 살아가는 민족들이 아닌가?

말씀으로도 율법과 복음이 하나가 될 때 완성이라고 하셨다.

혹여 이스라엘과 대한민국이 정녕 형제로 만나는 그 순간이 하나님의 뜻을 이루시는 때가 아닌가 싶다.

영, 육간에 온전히 하나가 될 때 왕권 성도로서 새 하늘과 새 땅, 천년왕국의 소유자의 예표가 아닌가 싶다.

황인종의 백성 한국을 통하여 마무리하실 주님을 생각하면 얼마나 기쁜 일인가 대한민국은 시대적 사명을 하나님께로부터 받아서 역사를 이어온 백성이다.

지금까지 전 세계를 유대인들이 드러냈고 그 중심에 있다면 이제부터는 대한민국이 세계 중심에 설 것이다.
그것은 사람의 생각이 아니라 하나님의 섭리라는 것을 알아야 한다.
필자는 오늘도 이 지면을 통하여 전 세계 모든 백성에게 이야기하고 싶다. 육적으로 보아도 한국을 연구하지 않은 백성은 망한다고 큰소리로 외치고 또 외치고 미국을 향하여 야벳은 들을 지어다 한국을 연구하라! 그리고 함께 동거하라.
야벳과 셈은 떨어지는 자가 아니라 연합하는 사이라는 것을 잊지 말아야 할 것이다.
그것이 보이는 시대를 오류 하지 않을 것이요 또한, 보이지 않는 영적 의미에서도 왕권 성도가 되기 위해서는 한국의 기독교를 연구해야 할 것이다.
그것이 미국의 미래인 것이다.
정말로 미국이 진정한 크리스챤이라면 진정한 연합을 이루어야만 할 것이다.
그것이 하나님의 비밀이다.
귀 있는 야벳이여 깨달을진저 마지막 세상의 지혜는 한국을 겨냥해야 할 것이다.
서기 이천 년이 넘어선 지금 한국은 급속도로 전 세계 한류열풍을 드러내고 있다.
바람은 무서운 것이다.
바람은 문명을 만든다.
미국이 퇴보할 것이냐, 아니면 더욱 진행할 것이냐는 성경을 자세히 보면 답이 있다는 사실을 알아야 한다.
한국은 결코 망하지 않는다.
기도하는 민족이요, 끊임없이 하나님을 연구하고 예수를 그리스도라

증거하는 나라이기에 새로운 준비가 감추어져 있다.
또한, 우리나라는 결코 방심해서는 안 될 것이다.
정신 차려 마지막의 사역이 무엇인지 깨닫고 준비하고 열정으로 나가야 할 것이다.

> 창9:26 셈은 하나님 여호와를 찬양할찌어다 마지막 노래, 새노래 부르자 육적으로 셈족이요, 영적으로 셈의 모형을 가진자가 진실로 기쁨의 찬양을 할것이다

신기한 것은 근래에 세계적으로 K-POP이 바람이 불어 요동치고 있다는 것이다, 언제부터 한국노래가 대단했단 말인가?
대단해서가 아니라 한국을 알리려는 하나님의 의도가 아닌가 싶다.
문화에 복음을 실어 나르실 것이라는 생각이 머리를 떠나지 않는다
다시 말해도 과하지 않은 것은 대한민국은 하나님이 쓰시도록 준비하고, 깨어 있어야 하며 야벳은 반드시 셈과 동역 하기를 바랄 뿐이다.
지도자들이 모든 구성에 세 가지 구성을 가지고 간다면 또 다른 지혜를 만날 것이다.

제11장

바벨탑

우리는 어려서부터 신기한 것이 성경에 바벨탑이 나오는지도 모르면서 바벨탑 하면 무너지는 탑이라고 생각한다.
노아 홍수 이후에 사람들이 사건을 만들어 놓은 것이 바벨탑 사건이다.
왜 굳이 다른 일들도 많을 텐데 바벨탑을 문제로 삼았을까?
물 심판 후 인생의 교만을 하나님은 드러내신 것이며 그 탑을 통하여 무엇이 교만인지 우리에게 인지시키시기 위하여 말씀하시는 것이 아닌가 싶다.
이 탑을 연구하면서 이상한 점을 발견할 수 있었다.
타 종교에 보면 그 종교 건물 앞에는 늘 항상 탑이 놓여 있다.
그리고 사람들은 애타게 간청할 것, 간절한 소망이 있을 때 그 탑을 돌고 있다, 그들의 신에게 응답받기 위해 쉼 없이 그 탑을 빙빙 돌고 있다.
그렇게 해서 이루어진다면 세상에 이루지 못할 것이 무엇인가?
중요한 것은 탑은 무너진다는 것이다.

하나님은 본 장의 바벨탑을 통하여 인간이 세운 이 세상의 모든 탑은 무너진다는 사실을 우리에게 말씀하고 계신다.
온 세상에 바벨탑을 등장시키고 그것이 무너질 탑이라고 우리 마음 속에 넣어두신 하나님의 의도를 생각하면서 본 장에 왜 무너질 수밖에 없는지 우리에게 그 해답을 주실 것이다.

1. 바벨탑

바벨탑은 히브리언어로 "발랄" 이라고 한다
그 뜻은 혼란이며, 뒤죽박죽되다, 혼돈되다, 사악하다, 망령되다에서 유래가 되었다.
그 탑은 바벨론 평지 시날땅에서 세운 것으로 성경은 기록하고 있다.
바벨이라는 단어를 그 지역 사람들은 "신의 문, 하늘의 문" 이라는 의미로 사용하기도 한다.
사람이 자기들의 열심히 만든 그 탑을 통하여 "신의 문, 하늘의 문" 이라고 했다면 그들은 신과 상관없이 나의 노력으로 무엇인가 만들어 낸다면 그것이 신으로 가는 문이라고 교만함으로 생각한다는 것을 단적으로 보여 주고 있다.

정확히 하나님이 기록하신 바벨탑을 분석하여 보기로 하자.
인생은 평생 바벨탑을 쌓으며 살아간다. 어떤 이는 명예의 바벨탑, 어떤 이는 물질의 바벨탑, 지식의 바벨탑등 여러 바벨탑을 가지고 평생을 쌓아가며 살아가는 것이 인생이다.
그러기에 하나님은 바벨을 우리에게 문제로 던져 주셨다.
그리고 그 탑은 망하는데 왜 무너질 수밖에 없는지 자세하게 기록하고 있다.

바벨의 중요한 재료는 돌, 벽돌과 역청과 진흙이다.
이것을 가지고 인생들은 탑을 쌓아간다고 말씀하신다.
그 목적은 흩어짐을 면하기 위해서 한다는 구실이 있다.

중요한 것은 그들에게 틀이 있었다는 것이다.
그것은 돌과 진흙이었다는 것이다.
그런데 그들은 재료 자체를 바꾼 것이 문제가 된다.

*돌-반석, 그리스도를 의미한다
*진흙-흙으로 만든 인생을 의미한다
여기까지는 모든 분들이 많이 아시는 부분이다.
그런데,
*역청은 히브리어로 호메르다
뜻은 끓어오름, 거품, 수렁, 웅덩이, 송진의 뜻이며 포도주 거품에서도 사용된다.
*벽돌은 히브리어로 라반이다
뜻은 하얗게 하다, 희게 하다, 순결하게 하다.
돌이 아닌 것을 돌로 만들기 위해 불에 구운 것이 벽돌이다.

사람은 누구나 성장하여 이성을 깨닫고 나면 하는 것이 나의 탑을 만들어 간다.
본능적 사고력을 가지고 모양과 크기가 다르다는 것 뿐이지 누구 할 것 없이 모두가 다 가정 탑, 명예 탑, 물질 탑, 자기만의 바운드 탑, 여러 가지 이렇게 평생을 만들어 가며 살아가게 되어있다는 것이다.
그런데 그것은 하나님이 우리를 만드심에 있어 우리의 본능을 잘못되었다고 하시는 것이 아니라 그 틀을 벗어난 것이 잘못되었다는 것이다.
잘못된 바벨탑을 보면서 반대로 잘 된 인생의 탑을 준비하는 것도 좋은 결과라고 생각한다.

시날평지에 있는 하나님의 백성들이 쌓은 탑은 먼저 돌 대신 벽돌을 쓴 것이 잘못되었다.
우리 인생의 중심에 돌이신 예수그리스도가 중심이 되어야 한다는 것이다.
분명한 푯대는 예수 그리스도, 이것이 우리가 만든 돌, 벽돌이 되어서는 안 된다는 것이다.
그런데 애굽에 있는 차원이 다른 땅에 거하는 이스라엘 백성들은 평생을 벽돌을 굽고 살았다는 것이다.
그 이야기는 우리 또한 세상에 살면서 세상에 종노릇하면서 비진리를 진리라고 믿고 그것을 추구하고 살아오지 않았는가?

예수님은 이런 분이실 거야, 비슷하기만 하여도 되겠지가 아니라 반드시 이런 분이셔 라고 명쾌한 답이 있어야 한다.
성도들이 신앙생활 하면서 확고한 말씀을 가지고 살아가는 성도가 몇이나 되겠는가, 확고하다고 생각하면 저 사람은 너무 강해, 사랑이 없어, 독선적이야 라고 표현하는 것이 너무 많다.
진리는 독선이다.
왜냐면 타협이 없기 때문이다.
그것이 옳다면 왜 타협을 할까? 그것은 자신이 없기 때문이다.
하나님이 세상을 구하시는 것이 맞지만 불의와 타협을 해서 구하라고 하지 않으셨다.
죄에서 구하기 위해서는 죄에 오셔야 하지만 그들과 하나가 되라고는 아니하셨다.
구하기 위해서 죄에 들어간 것과 그들과 하나가 되어서 구한다는 것은 결국 본인이 그 속에서 죄 가운데 죽고 말 것이다.
그래서 두 서너 번 권고했을 때 듣지 아니하면 발에 먼지라도 떨어버려야 하는 것이 아닌가?
예수님은 타협이 없기에 생명을 내놓으신 것이 아닌가?
세상을 사랑하시지만 세상에 연합하지는 아니하신다.
이것이 분명해야 할 것이다.

즉 하나님의 진리의 말씀에 의해 진흙인 사람이 주님과 연합할 때 비로소 각자의 인생의 탑이 쌓아지는데 진리는 외면하고 내가 만든 진리가 옳다고 하면서 비진리를 가지고 탑을 세운다면 그것은 하나님이 허락지 아니하실 것이다.

또한 진흙을 대신하여 역청으로 사용한다는 것을 알 수 있다.
진흙은 사람을 이야기 하는데 우리가 마음과 뜻과 정성을 다하여 주님께 연합함이 되어야 하는데 내가 있어야 할 자리에 역청 즉 포도주를 대신 한다는 것이다.
즉 다시 말해서 바벨탑은 반석이신 예수그리스도와 성령으로 탑을 쌓으라는 것이다.
그렇다면 그 포도주는 합당한 것인가?
진리의 성령사건이 일어나야 하는데 말씀이 진리가 되어서 그 말씀에 의지하여 인생의 탑으로 살아가야 하는데 말씀대로 살아가는 것 같은데 말씀이 아닌 내가 만든 진실로 삶의 틀을 세워 살아간다는 것이다.
내가 만든 진리는 비진리라는 것이다, 비진리에 포도주가 온다면 악령사건이 일어날 것이다.
사람이 만든 비진리에 포도주 사건이 일어난다면 그 바벨탑을 하나님은 좋아하실까?
그것은 망령된 일이요 하나님과 반대되는 일이다.

사실 우리 성도들은 하나님의 은혜로 감사하며 주의 뜻대로 살겠다고 다짐한다.
그런데 정작 주님의 뜻은 온데간데없고 내 뜻이 중심에 있다는 것이다. 그리고 내가 결정하고 내가 선택한다.
평생을 그렇게 살아가는 것이 성도들이 아닌가?
그리고 후회하고 회개하며 나아가며 주님을 평생 찾고 살아가고 있다. 그렇다면 반대로 산돌이신 예수그리스도와 진흙인 나를 주님께 드림으로 연합하여 인생을 살아간다면 얼마나 좋을까?

그리스도인들이여 이제는 내 생각 버리고 주님과 연합하여 인생라이프를 그려가길 바란다.

또한, 세상의 지도자가 되길 소망하시는 분들이 있다면 진정 무너지지 않는 그리스도의 탑을 쌓아라.
그것이야말로 영원히 무너지지 않을 것이요, 예수님께로부터 생명의 면류관과 상급을 받지 않겠는가?
말로 주여 주여 하지 말고 진정한 성경의 예수그리스도를 마음의 중심에 모셔라.
그리고 그분은 매사에 모든 일을 어떻게 계획하고 실천하시며 이루시는지를 성경을 통하여 배우시길 바란다.
예수그리스도가 떠난 비진리의 탑은 100% 망한다.

이것이 인생의 탑의 결론이다.

이제 지구 상의 모든 교회 또한 비진리를 버려야 하지 않겠는가?
대단한 것처럼 보이는 교회법을 버리고 하나님의 법을 따른다면 주님이 좌정하실 교회가 나타날 것이라고 믿는다.
그것이 예수그리스도를 가장 기쁘게 하는 것이 아닌가?
바벨탑의 요점은 인생의 탑을 내 생각과 내 뜻대로 행하지 말고 성경에 말씀하신 대로 주님의 진리의 말씀대로 살아간다면 무너지는 바벨탑이 아니고 세상을 승리로 이끌 것이다.
세상을 정복하고 다스리고 충만케 하시길 기도한다.

제12장

아브람 등장

하나님은 바벨탑이 있는 이 세상 속에 드디어 어떤 사람이 하나님에게 합당한 믿음의 사람으로 초대되는지 본 장을 통하여 드러내신다. 다시 말하자면 하나님이 창조하신 세상의 지도자는 어떤 사람이 되어야만 그 땅을 정복할 수 있고 또한 하나님이 주시는 복을 누릴 수 있는지 한 인물을 등장시키시고 우리에게 본을 보라 하신다.
그분이 바로 아브람이다.

1. 순종하는 아브람

먼저 아브람이 하나님에 대한 태도를 보기로 하자.
하나님은 아브람에게 쉬운 문제를 주지 않았다.
우리가 그저 읽기는 쉬워도 그 환경에서 순종한다는 것은 매우 힘이 든 상태이다.

순종에는 3가지 명령이 있다.

지도자의 자격요건 세가지
본토란-예레츠-확고하다란 뜻이다
친척-몰레테드-출생, 기원
아비-조상, 양육자

이 말씀은 네가 땅으로부터 출생한 땅의 본질과 땅의 조상, 선배, 부모, 앞서간 자, 양육자 등 그들의 모습을 다 버리고 확고한 마음으로 하나님을 따르라는 것이다.
그런데 그것이 쉬운가?
모든 사람은 앞서간 선배들의 모습을 보기 위해 열심히 책을 읽고 경험담을 듣기도 한다.
세상 과학자들이나 유명인들이 말하는 것이 대단히 옳다고 생각하며 살아가기에 그 습성을 버린다는 것은 매우 힘든 일이다.
그런데 하나님은 오늘도 우리에게 그것을 요구하신다는 점이다.
그것을 버리지 않고는 절대 하나님의 뜻을 깨닫지 못하기에 더 좋은 것을 주시려고 말씀하심에도 불구하고 예수를 믿는다 하면서 성경의 지혜보다는 세상의 지혜를 택하는 것이 성도들이다.
나 또한 성경을 볼 때 주석 등 많은 책을 갖다놓고 이해하려고 해도 되질 않았다, 오히려 성경을 보며 원어의 뜻을 보고 그것을 놓고 기도한다.
도저히 깨달을 수가 없으니 성령님이 나를 도와주세요, 라고 기도한다.
그러면서 성경을 읽고 또 읽고 하면서 묵상하면 얼마 후에 성경이 말씀하고자 하는 뜻이 보이기 시작한다.
누가 그랬는데 하고 생각하고 성경을 보니 그들이 말한 사고방식이 나의 머리에 박혀 벗어지질 않는다.

성령의 의지하여 성경을 보라.
그러나 반드시 히브리인의 관점에서 성경을 보아야 할 것이다.
성경 안에서 예수그리스도, 주님만 보자, 그러면 주님이 보이실 것이다.

그런데 하나님의 복의 절대적 조건이 이 세 가지 순종의 조건이라는 사실을 우리는 알아야 할 것이다.
이 절대적 순종 뒤에 따라오는 하나님의 복을 보기로 하자.

첫째는 큰 민족을 주시겠다는 것이다
큰 공동체의 지도자가 되기를 원하신다면 이 조건이 수반되어야 할 것이다.
사업이든 교육이든 문화이든 무엇인가 다른 사람의 지도자가 되기를 꿈꾼다면 그리스도인의 마음으로 사람을 얻어야 할 것이다, 사람이 연합하여 공동체를 이루지 아니하면 누군가의 앞서 지도하는 지도자가 결코 될 수 없다.
많은 사람, 즉 백성이 수효가 나에게 있어야만 어떠한 조직을 이끌 수 있다. 그 조직속에서 하나님의 명령을 따라야 할 것이다.

둘째는 이름을 창대케 하신다고 약속하신다
그것은 많은 사람 가운데 명예를 주신다고 하신다.
세상은 흔히 말하고 있다. 물질보다 명예를 택하라고,
명예가 있는 곳에는 물질이 따른다고 말하고 있다.
그토록 중요시하는 것이 명예이다.
명예는 또한 가문을 세우는데 놀라운 역할을 한다.
그래서 양반 가문은 그 명예를 위해 목숨을 거는 경우가 종종 있다.

셋째는 복의 근원이 된다는 약속이다

인생 가운데 복을 싫어하는 사람은 한 분도 없을 것이다.
세상 말로 어떻게 보면 사람은 복에 미쳐있는지도 모른다.
그것이 잡신이 되었든 귀신이 되었든 복만 받으면 된다고 생각하고 귀신 앞에 엎드려 비는 사람들이 너무 많다.
그처럼 사람이 살아가는데 복이 얼마나 중요한지 모른다.
더군다나 하나님은 나에게만 복이 아니라 나를 축복하는 자를 복 주고 나를 저주하는 자를 저주한다고 답을 주셨다.
굳이 내가 저주할 필요조차도 없다는 것이다.
모든 복의 근원이 된다고 약속하신 하나님
이 약속을 믿는다면 우리는 하나님의 명령을 따라야 하지 않는가?

아브람은 이 절대적 명령에 순종하는 모습을 볼 수 있다.
지금의 이라크지역에서 수리아를 통해 예루살렘으로 온다는 것은 그 시대에 엄청난 일이다.
차를 가지고 운행할지라도 너무 힘든 여정인데 걸어서 그 식솔을 거느리고 나라를 움직인다는 것은 고난의 길이 아닐 수 없다.
죽음을 각오한 순종, 이 어찌 말로 표현하리오.
사람들은 이야기한다, 지금 은혜시대에 무엇을 말하는가?
은혜란 내가 최선을 다했을 때 부족한 부분을 채워주시는 것이 은혜가 아닌가?
어떻게 아무것도 하지 않는 자에게 그것을 허락한단 말인가?
사람도 이해가 안 되는데 하나님은 짐승이 아니라 바보가 아니라 우리보다 더욱 인격을 갖추신 위대하신 분이다.
은혜를 잘못 판단하지 않기를 바란다.
아무것도 요구하지 않고 은혜만 있다면 이 지구상에 성경은 굳이 필요치 않을 것이다.

드디어 아브람은 가나안 땅에 도착했다.
가나안 땅을 통과하여 머무른 곳이 있다.

세겜-상수리나무 페허
어깨-예수님이 죽으신 곳
모레-점치다(비진리가 판치는 곳)
상수리나무-힘센 수양
우두머리 단단한 나무-예수그리스도를 의미

종합해 보면 예수님이 죽으신 땅, 그곳이 아브람이 도착할 때 영적 상태는 비진리의 포도주에 취해 악령에 의해 교회 안에 점치는 것을 말하고 있다.
지금 우리나라 또한 30여 년 동안 비진리의 포도주에 취해 진리보다 비진리가 더욱 판을 쳐 교회가 엉망이 된 상태의 환경을 말한다.
얼마나 많은 가짜 은사가 판을 치고 성도들의 돈을 강도짓하며 아무 양심도 느끼지 못한 체 교회는 돈을 모으고 왔단 말인가?
정말 통탄할 일이다.

처음 개척하고 얼마 안 되어서 어느 부부 안수집사 내외가 우리 교회를 왔다.
그런데 그 교회로부터 많은 전화를 받고 은행 지점장으로부터 전화를 받고 하는 모습을 보았다.
왜 그러느냐고 물으니 그 교회는 예언하는 전도사를 죽 세워놓은 자리에 한 사람을 놓고 예언한다고 한다.

그리하여서 어느 집사님이 자식들 몰래 집문서를 가지고 온 것이다. 그것으로 교회는 대출을 받으려고 하고 자녀들은 알고 난리가 난 것이다.
우리 하나님이 이렇게 가정을 파괴하면서 헌금을 하라고 했단 말인가?
실로 통탄하지 않을 수 없다.
그런데 그것 또한 우리에게 닥치는 믿음의 환란이었던 것이다.
그것을 아브람도 이 환경을 통과한다는 것이다.
이때 하나님의 자녀는 무엇을 하는지 자세히 보아야 할 것이다.
아브람은 단을 쌓는다.
벧엘의 단, 하나님 집의 단.
그것은 그럴수록 하나님의 법도를 지켜 올바르게 예배드린다는 것이다.
아브람은 좌로나 우로나 흔들리지 않고 하나님께 예배를 드리며 여호와의 이름을 부르니 그의 삶을 남으로 이동시키심을 볼 수 있다.
남으로 가다 보니 결국 애굽에 우거하는 아브람, 하나님은 세상에서 우리를 시험하여 인도하심을 알아야 한다.
어떤 이는 이것이 아브람이 불순종하여 애굽에 갔다고 이야기한다.
그것은 전혀 다른 생각이다.
아브람 자체가 늘 하나님께 순종하는 사람이었다.

하나님이 아브람을 점점 세상으로 인도하여 드디어 세상 시험을 치르게 하신다.
예수님도 성장하여 주님의 사역을 시작하기 전에 비로소 세상 즉 사단으로부터 시험을 하는 모습을 복음서를 통하여 볼 수가 있다.
이제 그 시험이 무엇인가, 드려다 보기로 하자.

2. 먹음직한 시험

> 창12:11~12   그가 애굽에 가까이 이를 때에 그 아내 사래더러 말하되 나 알기에 그대는 아리따운 여인이라 애굽 사람이 그대를 볼 때에 이르기를 이는 그의 아내라 하고 나는 죽이고 그대는 살리라

하나님의 응답에 따라 애굽 즉 세상에 내려가는 아브람
어찌 아내가 어떠한 일을 당할 것이며 아브람 스스로가 어떠한 일이 올 것을 알면서도 그 길로 갈 수밖에 없는 아브람
세상 그 무엇보다도 하나님의 명령을 더욱 소중히 여긴 아브람이다

왜 먹음직한 시험을 아내로 선택하셨는가?
부부는 한몸이다, 나눔이 없다, 그저 하나라는 것이다.
우리나라 속어에 보면 남자들이 맘에 들거나 예쁜 여자가 지나가면 "저 여자 따먹고 싶다."라고 말한다. 우리는 쓸데없는 이야기라고 하면서 듣고 있다.
인간이 만들어 놓은 그 말이 가만히 들여다보면 그냥 말이 아니었던 것이다.
나와 하나가 된 사람을 내어 놓는 다는 것이 얼마나 고통스럽겠는가 그것은 생명과 관계가 있다는 것이다.
또한 우리 삶에서 옷도, 집도 없어도 어느 정도 견딘다.
그러나 당장 음식이 없으면 배고픔에 정신을 놓기도 한다.
다른 것보다 배고픔을 견디지 못해 먹는 것을 도적질하면 오히려 사람들은 불쌍히 여긴다.
이토록 먹는 것은 무엇과 타협할 수 없음을 우리는 안다.
그런데 아브람은 하나님의 말씀에 순종하기 위해 이방 왕 바로에게

아내를 빼앗긴다.
만약 아브람이 불순종하였다면 하나님이 바로에게 나타나실까?
여러분들은 하나님께 불순종하는데 응답이 그렇게 기가 막히게 떨어집니까?
하나님은 이 시험에서 바로를 통하여 오히려 큰 축복을 주심을 알 수가 있다.
이 시험은 모든 사람에게 동일하게 온다는 사실을 기억해야 한다.

나 또한 목회를 들어와서 이 시험을 통과했다.
지도자가 되기 위해서는 하나님이 허락하신 시험에 통과해야 할 것이다.
우리 남편은 예수를 모르는 가정이요,
시아버님의 형제 중 두 누이동생이 있는데 둘 다 무당이다.
모태 신앙자가 그런 가문으로 시집을 갔다.
다행히 훗날에 시어머니는 권사님이 되셨고,
시아버님은 안수집사로 소천하셨다.
그러나 남편은 도무지 믿음이 들어갈 기미가 보이지 않았다.
세상은 수없이 남편을 요구했다.
세상을 놓을 수 없는 남편의 심정도 이해하지만, 나에게는 내 남편의 신앙이 더욱 절실했다.
말로 할 수 없는 상처가 많았지만, 주님의 사역 때문에 나는 모든 것을 내려놓을 수밖에 없었다.
내 남편은 그저 내가 가는 목회 길에 시험의 도구로 사용되었다는 사실을 알고 나니 불쌍하기도 했다.
오히려 아프게 하면 아프게 할수록 더욱 기도했다.
주님의 사역을 초등학교부터 나는 준비했다.
주님과 남편 사이에서 나는 여전히 주님을 선택했다.
그리고 남편에게는 모든 것을 용서했다.
그 용서는 쉽게 되지 않았다.

어느 날 예수님께 기도했다.
"주님 저희 기도를 허락하신다면 저의 가슴에 사랑의 지우개를 주세요 그 지우개로 모든 상처를 지우려 합니다"라고 기도하였더니 너무 신기하게도 그날부터 처녀때 남편과 연애하는 기분으로 사랑하기 시작했다. 지금도 주님께 늘 감사하다.

남편이냐, 아내냐, 예수님이냐?
이 질문은 반드시 주님께서 여러분에게 하신다는 사실을 기억해야 한다. 그렇다고 그들을 버리라는 것은 결코 아니라는 것이다.
지금은 그 남편이 나의 가장 가까운 내조자가 되었다.
교회 청소 한번 나를 시키지 않는다.
교회 방송시스템을 담당하고 있다.
모든 심방에 참여하고 있다.
이 모든 것에 그저 주님께 감사할 따름이다
이 시험에 모두 합격하시길 바란다.

제13장

보암직 시험

하나님은 아브람을 등장시켜 그를 통한 하나님의 시험속에 하나님의 유업을 갖을자가 누구냐의 관심이 매우 많으심을 드러내고 계신다.
그 가운데 선악과의 두 번째 보암직을 시험하고 계신다.
아브람도 어김없이 하나님께로부터 그 시험을 치르게 된다.

> 마4:8~10 마귀가 또 그를 데리고 지극히 높은 산으로 가서 천하 만국과 그 영광을 보여 가로되 만일 내게 엎드려 경배하면 이 모든 것을 네게 주리라 이에 예수께서 말씀하시되 사단아 물러가라 기록되었으되 주 너희 하나님께 경배하고 다만 그를 섬기라 하였느니라

예수님께서도 사단에게로부터 이런 시험을 받는다.
그렇다면 왜 이 말씀을 기록하고 계신가?
이 땅의 어떤 사람이든 간에 이 시험을 하나님 앞에 피할 사람은 없다는 뜻이다.
젊어서 아니면 나이 차서라도 반드시 이 시험을 하시는 하나님이라

고 본인은 깨닫고 이 싸움을 물리치고 여기까지 오게 되었다.
아브람과 롯을 보자.
아브람은 큰아버지인데도 불구하고 세상의 보암직은 조카에게 먼저 선택권을 준다.
아브람의 세상은 하나님이 먼저인 것이다.
그렇지 않고는 누가 어른이 되어서 그것도 딸려온 조카에게 세상을 준단 말인가?
그 세상은 좋은 것이 있음에도 불구하고 그것이 있어야만 어른으로서 자리도 지킬 수가 있으련만 아브람은 그 좋은 것이 세상임을 알기에 함부로 선택하지 않는다.
다만 조카에게 먼저 선택을 하게 하지만 조카 롯은 뒤도 안 돌아 보고 세상의 보암직을 어른에게 양보도 없이 선택 한다.
왜 좋은 것의 선택을 조카에게 미루었을까?
필자는 이렇게 생각한다.
아브람의 믿음 정도라면 벌써 영적으로 깊은 하나님과의 교통이 있을 것이다.
그는 보이는 세상이 아름다운 것이 아니라 어느 곳이든 하나님이 함께하는 곳이 진정한 보암직한 땅이 아니였던가?
영적인 사람과 육적인 사람의 차이는 여기에 있다.
세상은 탓을 참 많이 한다.
나는 이래서 안 되고 이것은 걸림돌이 되고 이것은 나를 슬프게 하고 여러 구실을 갖다 붙이는 것이 세상 사람이다.
그러나 하나님의 사람은 구실이 아니라 어느 곳에 있든지 주님과 함께라면 그곳은 보암직 하다고 분명한 확신이 있기에 그렇게 했을 것이다.
나는 그 아브람의 믿음이라고 믿고 싶다.

지도자는 남들이 보이는 부분만 본다면 결단코 훌륭한 지도자가 될 수 없을 것이다.
남들이 보지 못하는 부분과 신념이 있어야만 공동체 사람들이 자기들의 안목의 잣대를 낮게 여기고 지도자의 잣대를 높이 칭송할 것이다.

전 성경은 결국 보이지 않은 창조주 하나님의 약속을 누가 꺼내어 드러나게 할 것인가가 하나님의 주목을 받고 그의 유업을 주시겠다는 약속이다.

놀라운 것은 모양은 형편없지만 보이지 않은 약속을 믿은 아브람.
다른 사람이 보았을 때 그는 바보 멍청이의 선택을 했다고 볼 수 있다.
사람에 보여짐이 아니라 하나님의 약속을 깨달은 아브람은 하나님께로부터 귀한 또 하나의 약속을 받아낸다.

> 창13:14~16   롯이 아브람을 떠난 후에 여호와께서 아브람에게 이르시되 너는 눈을 들어 너 있는 곳에서 동서남북을 바라보라 보이는 땅을 내가 너와 내 자손에게 주리니 영원히 이르리라 내가 네 자손으로 땅의 티끌 같게 하리니 사람이 땅의 티끌을 능히 셀 수 있을 찐데 네 자손도 세리라

이 얼마나 놀라운 축복의 응답인가?
티끌 같은 무한한 축복을 원하신다면 모든 것에 영적 선택을 해야 할 것이다.
그 중심은 예수그리스도라는 사실을 반드시 명심해야 한다.

제14장

살렘왕 멜기세덱

본 장은 보암직한 세상을 마귀의 시샘으로 전쟁이 일어나고 그 전쟁으로 말미암아 샬렘왕을 등장시키시는 하나님.
어떠한 환경에서 전쟁이 일어나며 어떤 모습에서 샬렘왕을 만나는지 자세히 살펴보기로 하자.

1. 전쟁의 배경

본문에는 일곱 왕이 싯딤골짜기에서 싸움이 일어난다. 그렇다면 싯딤골짜기에 모인 왕들을 보자면 두 편으로 나누어져 있다.
한편은 소돔 왕, 고모라 왕, 아드마 왕, 스보임 왕, 소알 왕 이렇게 한편이 되고 다른 한편은 그돌라오매, 디달, 마므라벨, 아리옥 이렇게 네 왕이 있다.
그런데 전자를 후자가 이기고 있다는 것이다.

전자를 보면 타락한 땅이요 사상, 철학, 물이 많은 땅이요, 말의 권

세가 매우 강한 땅이요 명예를 위해 높이 올라가는 땅이요, 모든 것에 게걸스럽게 먹어치우는 땅이다
후자는 여신의 종으로 물질과 매우 긴밀한 관계를 맺고 두려움과 공포를 느끼고 있으며 최상으로 발달된 바벨로니아의 형을 가지고 있고 그들의 힘은 사자 같은 힘을 지니고 있다.

어찌하였든 두 편의 전쟁이 일어남은 사실이다.
그런데 이 전쟁이 일어난 장소가 역청구덩이가 있는 싯딤골짜기라는 사실이다.
역청 구덩이란?
발효시키고, 들끓게 하고 법석거리는 것 그런데 그것이 포도주에서 유래가 된다.
포도주란 진리의 성령을 의미하는데 여기서는 망한 포도주 구덩이가 되니 결국 말씀이 없이 술에 취해 있는 모습을 이야기하고 있다.
진리의 성령이 충만한 것이 아니라 비진리가 악령의 의해서 충만함을 나타내기도 한다.
과거 우리나라도 성령사건이라고 하면서 악령사건을 가지고 교회를 장악하는 것을 볼 수 있었다.
지금도 마찬가지로 그런 교회가 종종 있다.
그렇다면 그것이 악인지 선인지 어떻게 분별하는가?
그 모습이 성경에 기록하신 대로 하나님 보시기에 선한 것은 성령사건이요, 하나님 보시기에 악한 것은 악령사건이라고 나는 정의를 내리고 싶다.
역청구덩이가 생길장소를 구체적으로 하나님은 기록하고 계신다.
그곳은 싯딤이다.
싯딤이란 평원 들판이란 뜻이며 채찍, 아카시아 나무에서 유래되었다.

거칠 것이 없는 평원 은혜시대를 말하고 있다.
(예수님이 십자가에 못 박히실 때 또한 인자이신 주님이 다스리던 은혜시대이다) 복음의 주님, 은혜의 주님을 기다리던 백성이 그 아름다운 곳에서 예수님을 채찍에 때리시고 가시면류관을 씌우시고 모진 고통을 준 자리, 예수그리스도를 발견했지만, 그 발견속에서 아픔을 준 자리, 우리나라 또한 지금 예수그리스도의 은혜라고 하면서 각양 좋은 선물을 주님께로부터 최고 많이 받은 나라가 우리나라다.
놀라운 것은 늦게 복음은 들어왔지만 전 세계 전무후무한 포도주 사건을 경험한 나라이다.

그럼에도 불구하고 지금 우리나라 교회의 모습은 어떠한가?
돈에 사악한 모습이 드러나고 강대상은 추악한 음란으로 더럽혀지고 말로 할 수 없는 주님을 배척하는 것들이 교회를 덮고 있다.
말씀은 사라지고 인간의 추악성만 더욱 많이 드러나서 예수님의 심장을 오늘도 창으로 찌르고 있지 않은가?
이때를 조심하라는 것이다.
이때 소돔 왕과 고모라 왕이 그들과 함께 구덩이에 빠져 마귀에게 잡힌다.
하나님 말씀의 진리를 따라가는 것이 아니고 누구 목사님이 신령한가? 누가 예언을 잘하나, 누가 병 고치기를 잘하나, 주님은 온데간데없고 그들의 환상 속에서 답을 찾으려고 하는 어리석은 백성들이 말씀은 지금 우리나라 대한민국 각 교회에게 매우 중요한 대목이 아닌가?
그래도 믿음의 자녀인 롯은 하나님의 사자 아브람을 등장시켜 꼭 구해오게 하신다.
그래도 롯은 건질 만한 자임은 분명 했던 것 같다.

나 또한 과거에 싯딤 골짜기에 역청구덩이에서 허탄한 경험을 많이 해 보았다.
그래도 끊임없이 주님 붙잡고 있었더니 나를 버리지 아니하시고 그분의 비밀을 깨닫게 하시며 그곳에서 나를 건져 주셨다.
아직도 많은 사람이 은혜시대라 떠들면서 진리의 말씀은 없고 자기 심령대로 지절거리며 귀신도 하고 무당도 하는 그 짓거리들이 난무하고 있다.
하나님의 자녀라면 빨리 예수님의 십자가 팔지 말고 정신 차려 그것에서 나와야 한다.
예수님의 채찍의 마당을 우리는 우리의 탐욕 때문에 성전을 더럽혀서는 안된다.
이스라엘은 깨닫지 못하여 예수님을 십자가에 못 박았지만 우리는 이스라엘의 잘못된 모습을 알고도 우리 또한 그 잘못된 행위를 따라간다면 이스라엘보다 더욱 나쁜 자임은 분명하다.
지도자가 그 공동체가 지니고 있는 진리를 저버리고 술에 취해 감정적으로 단체를 이끌어 간다면 그 단체는 얼마 가지 않아 해산할 수밖에 없을 것이다.
정신적 지주인 진리의 뼈대가 없다면 무엇으로 그곳을 이끌어 갈 수 있단 말인가?
오늘도 우리는 소돔과 고모라의 역청구덩이를 생각하면서 거울로 삼아 거듭난 행위가 드러나길 바란다.
이런 비진리와 악령이 교회를 장악할 때 누가 전쟁에서 이길 것인가?
잘 분별하여 이긴 자만이 샬렘왕 멜기세덱을 만날 수 있다는 것이다.
환란을 통과한 성도, 진리안에서 주님과 늘 동행하는 성도, 세상에 빠지지 않고 오직 주님만 바라보며 환경에서 이긴 모든 하나님의 백성만이 멜기세덱, 즉 살렘왕을 만날 수 있다.

2. 멜기세덱 십일조

아브람이 멜기세덱을 만날 수 있는 것은 전쟁에서 승리하였기 때문이다.

역청구덩이 전쟁
이것을 이기는 자만이 멜기세덱을 즉 평화의 왕을 만날 수 있다.
어떻게 보면 전 세계에서 대한민국 기독교에 하나님의 은혜가 있지 않나 싶다.
어느 누구나 역청구덩이 시대는 온다.
그런데 그 시대에 싯딤골짜기 역청구덩이에 빠지지 않고 나와서 주님을 만나는 성도가 있는가 하면 그렇지 않고 롯과 같이 구덩이에 빠져 잡혀갔다가 주님의 은혜로 빠져나오는 성도들이 있다.
그 빠져보고 잡혀보고 고난의 역청구덩이를 경험해야만 인생들은 아 그렇구나 하고 회개로 돌이킨다.
회개하고 돌이킬 때 주님의 은혜의 십자가를 만나는 것이다.
그 빠져나온 자가 바로 성령인지 악령인지 깨닫고 바로 서야 비로소 멜기세덱이 보이는 것이다.
이제 우리는 경험을 했다면 빨리 나와서 거듭난 신앙생활을 해야 하지 않는가? 그 경험도 못 한 다른 나라 성도들에게 보다 질 높은 신앙생활을 우리가 보여주어서 선교에 앞장서야 하지 않는가?
먼저 많은 백성에게 이 경험을 주셨다면 반드시 이유가 있을 것이다. 주님과 관계가 없는 백성이라면 그 경험 또한 허락지 아니하실 것이다.
이제 그 살렘왕을 하나님이 드러내시고자 하는 의도는 무엇인가?
여기서 하나님의 의도는 십일조의 의도를 가르치시고자 하는 것이 아닌가?

필자는 여기서 깊은 뜻을 깨달았다.

십일조에는 레위인의 십일조와 멜기세덱의 십일조가 있음을 알았다. 쉽게 이야기하자면 레위인의 십일조는 육적 십일조라면 멜기세덱의 십일조는 영적 십일조임을 필자는 알게 되었다.

십일조를 분명하게 나누어 보려고 한다.

1) 육적 십일조(레위지파 십일조)

민18:21 내가 이스라엘의 십일조를 레위자손에게 기업으로 다 주어서 그들의 하는 일 곧 회막에서 하는 일을 갚나니
이후에 이스라엘 자손이 회막에 가까이 말 것이라 죄를 당하여 죽을 까 하노라
오직 레위인은 회막에서 봉사하며 자기들의 죄를 담당할것이요 이스라엘 자손중에서 기업이 없을 것이니 이는 너희의 대대에 영원한 율례라

느12:44 그날에 사람을 세워 곳간을 맡기고 제사장들과 레위사람들에게 돌릴것 곧 율법에 정한 대로 거제물과 처음 익은 것과 십일조를 모두 성읍 밭에서 거두어 이 곳간에 쌓게 하였노니 이는 유다 사람이 섬기는 제사장들과 레위 사람들을 인하여 즐거워함을 인함이라

이 외에는 사무엘상과 역대하에 히스기야왕에 십일조 여러분들이 알다시피 대표적인 말라기 십일조 그 모두가 율법의 십일조다.

그것을 가지고 보이는 레위지파와 성전의 모든 보수 관리에 의하여 쓰여진다.

이 십일조는 굳이 필자가 더 설명하지 않아도 너무 잘 아는 십일조이기에 여기서 그만 쓸까 한다

2) 영적 십일조, 복음의 십일조-멜기세덱 십일조

이 책을 대하는 많은 사람이 이 무슨 소리인가 할 것이다.
이제부터 여러분들은 육적 복을 받으려고 드린 말라기 십일조는 머리에서 내려놓아야 할 것이다.
그렇다면 영적으로 십일조의 개념부터 다시 생각해보기로 하자.
필자가 깨달은 십일조는 먼저 창세기부터 등장했다는 사실이다.
아브람에 의해 이루어졌고 그 이후 이스라엘 백성이 출애굽하면서 하나님의 명령으로 유월절을 지내면서 십일조가 등장하게 되었다.

그 영적 십일조에 대하여 히브리 기자는 너무나 명확하고 정확하게 묘사하고 있다.
영적 십일조를 받으실 분은 의의 왕이요 살렘왕이요 곧 평강의 왕이라고 하신다.
필자의 생각은 그분은 십자가를 지신 예수그리스도를 의미한다고 생각한다.
그것을 깨달은 자들은 온전한 구원의 예수님께 십일조를 드리게 된다.
필자는 영적 십일조의 정의는 구원이라고 고백한다.
구원의 십일조를 깨달아야만 진정한 십일조일 것이다.

첫째 아브람에게 허락하신 십일조, 그는 전쟁에서 구원하신 하나님께 (오실 예수님을 기억하며) 감사의 십일조를 드렸다.

둘째는 모세를 통하여 하나님은 이스라엘 백성을 출애굽 시키기 위해 첫 번째 준비할 것은 유월절을 제정하는 일이다.

유월절은 그 해의 첫 달이 되게 하고 초태생 첫 것을 하나님께 드리라고 명령하신다. 또한 유월절의 절기를 지켜야 할 이유는?

> 출12:13~14　내가 애굽땅을 칠때에 그 피가 너희의 거하는 집에 있어서 너희를 위하여 표적이 될찌라 내가 피를 볼때에 너희를 넘어가리니 재앙이 너희에게 내려 멸하지 아니하리라
> 너희는 이날을 기념하여 여호와의 절기를 삼아 영원한 규례로 대대로 지킬찌니라

결국은 세상으로부터 구원하는 백성들에게 여호와가 그들의 구원의 하나님임을 알게 하시고 그것에 대하여 하나님께 감사의 표징으로 십일조 즉 모든 것에 첫 것을 하나님께 바치게 하셨다.
이스라엘 백성들이 애굽으로부터 출애굽 하기 위해서는 애굽으로부터 구원을 받아야 할 것이다.
그리고 또한 광야에서 예수그리스도의 구원이 없으면 살아갈 수 없음을 우리에게 명하시는 것이다. 여기 또한 구원에 관한 것이다.
이렇듯 성경에서 구원을 빼놓은 십일조는 없다.
우리가 이제까지 자세히 보지 않았기 때문에 그저 레위지파와 교회 수리보수에 관하여 들여진 십일조, 그 대가는 말라기에서 응답하셨다고 그렇게만 알고 온 모든 사람, 이제 하나님이 마지막 때가 되니 정확히 드러내시고자 하신다.
히브리 기자를 통하여 말씀하신 내용을 다시 한번 상기하기로 하자.
히브리서 7장에 의하면 첫째 삼절에 그는 아비도 없고 어미도 없고 족보도 없고 시작한 날도 없고 생명의 끝이 없어 하나님 아들과 방불하여 항상 제사장으로 있느니라 라고 말씀하신다.
예수님이 우리의 영원한 제사장이시다.

그분은 영원한 태초에 계신 분이시오, 그분은 하나님이시라고 요한
은 복음서를 통하여 또 기록하고 계신다.

> 히7:4- 이 사람의 어떻게 높은 것을 생각하라 조상 아브라함이 노략
> 물 중 좋은 것으로 십분의 일을 저에게 주었느니라

이 말씀 또한 차원이 높은 영적 십일조에 대하여 말하고 있다.
이 십일조는 세상에서 건져온 것을 노략물이라 하시며 좋은 것에 다
시 말하자면 아버지 것은 좋은 것이다. 그것 중에 또 십에 일 차원이
높은 십의 일이다.
레위기에서는 막대기를 통과한 십일조 즉 성도 중 환란에서 다시 건
져낸 십에 일이다
레위지파에게 준 십에 일에 그 십 분지 일에 다시 십 분지 일을 말하
는 것이다.
이들은 새 하늘 새 땅에 들어갈 자들이다.
이 멜기세덱의 십일조는 엄청난 비밀을 가지고 있다.
5절에 더욱 명확히 말씀하고 계신다

> 히7:5- 레위의 아들들 가운데 제사장의 직분을 받는 자들이 율법을
> 쫓아 아브라함의 허리에서 난 자라도 자기 형제인 백성에게서
> 십분의 일을 취하라는 명령을 가졌으나 레위족보에 들지 아니
> 한 멜기세덱은 아브라함에게서 십분의 일을 취하고 그 약속을
> 얻은 자를 위하여 복을 빌었나니
> 히7:8- 또 여기는 죽은 자들이 십분의 일을 받으나 저기는 산다는 증
> 거를 얻은 자가 받았느니라
> 히7:8- 또한 십분의 일을 받는 레위도 아브라함으로 말미암아 십분의
> 일을 바쳤다 할 수 있나니

히브리서 7장을 자세히 읽어보면 이 얼마나 십일조에 대하여 그 누구도 말하지 못함을 드러내고 있는가?
이제까지 레위인을 위한 십에 일조 그 십일조를 십으로 보았을 때 그곳에서 십에 일조를 또 뽑아 제사장에게 드리는 십일조를 지금 히브리 기자는 설명하고 있다.
영적 즉 멜기세덱의 십일조는 독자들이 히브리서를 통하여 더욱 자세히 보시길 바란다.
하나님은 창조에서 십일조를 등장시키신다.
그렇다면 우리의 어떤 공동체에서도 이것은 필요하다는 것이다.
그래서 세상도 그 십일조를 부가가치세로 측정하여 세상이 그것을 취하고 있다.
이것이 첫째는 하나님과 본인과의 과제를 풀어야 할 것이요
둘째는 공동체의 씨드머니로 준비되어야 할 것이다.
하나님은 성경을 통하여 늘 말씀하심이 다수를 원하지 않는다고 말씀하신다.
하나님을 진실로 찾고 찾는 자에게 그들의 하나님이 되어 주신다고 또한 성경의 말씀을 듣고 이행하는 자를 당신의 자녀로 삼는다고 말씀하고 계신다.
진실로 하나님 앞에서 십 분지 일의 양이 되고 또한 제사장의 십 분지 일이 되는 하나님의 자녀가 되시길 바란다.

제15장

횃불언약

하나님이 아브람에게 임하시어 나는 너의 방패가 되신다고 하신다.
또한 너희 지극히 큰 상급이라고 말씀하신다.
하나님이 우리와 함께 하심을 알 때 사람의 특징이 있다.
"여호와여 나에게 무엇을 주시려나이까"
이 말씀을 읽으면서 나 또한 웃음이 나왔다.
아브람도 나와 똑같구나, 어떻게 하든 하나님께 받을 것이 없나 늘 하나님께 드림이 먼저가 아니라 무엇을 받을까 하는 사람의 심리가 정확히 묘사되고 있다.
그런데 하나님은 책망하시지 않고 아브람이 무엇을 주시겠느냐고 하고는 자식이 없다고 말하고 있음에 그 질문에 대답을 하신다.
주시겠다고 그리고 증거를 보여 주시는데 그 자손이 하늘에 뭇별과 같이 많게 해주시겠다고 약속하신다.
그랬더니 아브람은 또한 그 증거를 달라고 달할 때 하나님이 말씀하시는 것은 그를 짐승과 횃불과의 관계를 드러내신다.
지금부터 우리 또한 그 내용을 자세히 들여다보면서 횃불언약이 왜

나한테 관계가 있는지 알아보기로 하자.

1. 횃불언약-히-불의 섬광, 불타는 화살, 타오르다에서 유래

지금까지 창세기 1장부터 하나님의 약속이 나타난다.
그 첫째가 선악과 언약이다, 그리고 무지개 언약, 이제 횃불언약을 우리에게 주신다.
축복에는 반드시 언약이 따른다는 것을 우리는 알아야 할 것이다.

본 장에서는 삼 년 된 암소와 삼 년 된 암염소와 삼 년 된 수양과 산비둘기와 집비둘기는 반드시 쪼개야 한다는 것이다.
그리고 그 사이로 타는 횃불이 지나가야 비로소 횃불언약이 이루어지는 것이다.
하나님의 유업을 얻을 자의 자녀, 하나님의 언약의 자식은 반드시 횃불언약 가운데서 태어난다는 것이다.

그 첫째는 하나님께 인정받기 전에는 우리는 다 짐승같아서 그 귀신의 영에 지배를 받고 살아가고 있다.
그래서 우리의 육신을 말씀으로 쪼개지 아니하면 하나님의 영을 받을 수가 없다.
짐승의 영이 존재하는 자에게는 허락하지 아니하신다.
아브람이 짐승의 몸을 쪼갤 때 귀신, 마귀, 사단이 반드시 찾아 온다.
그리고 그 육체를 방해하게 하는 것이 솔개가 내려앉는 모습을 우리에게 그리고 있다.
그러니 아브람이 그 악령을 쫓을 수밖에 없지 않는가?
나 또한 하나님의 자녀로 살기 위해서는 나 자신을 깨트려야만이 주님이 오신다.
그 증거로 우리는 죽어야 산다는 진리를 알고 있지 않는가.
내몸을 쪼개서 주께 드려야만 주의 영이 임하시는데 먼저 쪼갠 육체 사이로 반드시 불이 임해야 한다.
그 불은 우리의 죄를 태우는 불이다.
하나님과 성령은 더러운 곳에 오시지 않는다고 말씀하신다.
그래서 반드시 우리가 성령 받기 전에 회개의 영이 임하는 것이다.
회개의 영이 임하여 눈물로 우리 죄를 간청할 때 예수님의 보혈의 피가 우리 죄를 씻어주지 아니하신가.

이 말씀은 우리의 육체를 깨지 아니하면 결코 약속의 자녀를 낳을 수가 없다는 것이다.
이 증거로 기드온의 삼백 용사에서도 그것을 드러내고 계신다.
기드온이 미디안 군대와 싸움이 일어날 때 하나님이 일하심을 볼 수 있다.
그 전쟁에서 아무나 데리고 나가는 것이 아니고 반드시 물 시험을 하고 그 물 시험에서 건진 자들을 데리고 그들을 무장시킨다.
그 무장의 조건은 나팔, 빈 항아리, 횃불이다.

> 삿7:19-20   기드온과 그들을 좇은 일백명이 이경 초에 진 가에 이른 즉 번병의 체번할 때라 나팔을 불며 손에 가졌던 항아리를 부수니라 세 대가 나팔을 불며 항아리를 부수고 좌수에 횃불을 들고 우수에 나팔을 들어 불며 외쳐 가로되 여호와와 기드온의 칼이여 하고

기드온을 통하여 횃불언약이 또 실행되는데 이 횃불 또한 항아리 속에 있을 때 역사한다는 것이다.

미디안은 장사꾼이다.
세상 마지막은 모든 것이 장사로 마치기에 매매수단이 666표가 등장하는 것이다.
이것에 속하지 않고 이길 수 있는 것은 항아리인 우리 육체를 깨야 한다는 것이다. 육을 소중히 여기고서는 하나님의 일을 감당하지도 또한 주님의 말씀을 지킬 수도 없다.
내가 죽어야 주님이 내 안에서 산다.
그렇게 나 자신을 내려 놓을 때 불이 임하여 죄는 태워지고 하나님의 영이 나를 전쟁에서 살리심을 알아야 한다.
결국, 그 적군은 나의 힘과 능력으로 싸움에서 이기는 것이 아니고 하나님의 능력으로 스스로 자기들끼리 적군이 되어 스스로 도망치게 하는 것이 하나님의 병법임을 우리는 알아야 한다.

정말 우리가 세상 살아가는 동안 수많은 전쟁이 삶 가운데 일어나고 있다.
그 전쟁을 내가 능히 감당할 수 없다면 빨리 하나님을 요청하는데 내 생각 내 뜻이 아직 남아있다면 빨리 내려놓고 구원의 주님께 요청하자. 그러면 그 전쟁에 능하신 아버지께서 친히 인도하시리라 믿는다. 지혜가 있는 자면 우리는 깨달아야 할 것이다.

제16장

두여자 하갈과 사래

하나님은 아브람을 믿음의 조상으로 여길 만큼 대단한 인물로 등장시키셨다.
그런데 그 아브람이라는 한 남자에게 두 여자가 생기고 만다.
원하든 원치 않든 아브람은 본장에서 두 여자를 거느린 남자로 등장하는데 하나님의 의도는 한 남자에게 한 여자를 인도하심이 맞지 않는가.
왜 그리하셨을까?
이 기록된 말씀을 뜻 없이 본다면 예수 믿기 싫다.
왜냐면 세상 어느 여자가 두 여자를 거느릴 남자를 본받아야 하는가.
여자가 가장 견디기 힘든 것이 내 남편이 다른 여자와 정을 나눈다는 것은 도저히 용납할 수 없는 일이다.
옛말에 "돌부처도 여자를 보면 돌아앉는다고 말한다"
오죽하면 하나님도 간음한 자에게 이혼증서를 주라고 하셨을까.
그런데 왜, 왜, 그랬을까?
여러분은 궁금하지 않으십니까?

그래서 성경은 기록된 말씀만 안다면 오류를 범할 것이다.
주님이 늘 말씀하신 대로 아버지의 뜻을 깨달아야 우리는 거듭날 수 있다.
하나님의 말씀을 펼쳐감에 있어 왜 앞부분에 첫 여자 하와는 죄를 가지고 왔고 여기서 두 여자는 어떠한 이유로 등장했는지 자세히 살펴보기로 하자.
여기서 두 여자를 아내로 즉 신부로 볼 때 아브람을 신랑이신 예수그리스도의 그림자로 보아야 할 것이다.

성경에서 여자는 엄청난 비밀을 가지고 있다.

첫째-세상의 모든 성도는 여자이다.
　　　그래서 예수님만 신랑이시고 우리는 다 신부이다.
둘째-성경의 여자는 교회를 의미한다.

이것을 염두하시고 성경을 보시기 바란다.

1. 하갈-히브리어로 "도망하다"라는 뜻이다

그의 배경은 애굽사람이다. 즉 땅에서 난 여자라는 것이다.
교회로 말하자면 육적 성도라는 것이요, 육적 교회라는 것이다.
육적 교회는 주님을 위해 무엇인가 하는가 싶으면 드러내고자 하는 교만이 아주 교묘하게 드러난다.
단적으로 본다면 어느 교회는 건축헌금 낸 이름을 교회 벽에다 새겨 놓은 자들이 너무 많다.
그래야만 하늘나라 생명 책에 기록된 줄 알고 착각하고 있다.
오히려 헌금을 드리고도 기록되지 않을까 걱정스럽다.

기도원에 나무 한그루 심었다고 이름 팻말을 붙이는가 하면 어디엔가 교회에 내 이름이 부착되어야만 교회 기둥이 된 줄 아는 성도들, 죄송하지만 그들은 다 육적 하갈교회이다.(헌금과 교회경영에 대하여는 왕하12장과 왕하22장을 참조하시길 바란다)

예수님은 오른손이 하는 것을 왼손이 모르게 하라고 말씀하셨다.
하나님은 은밀히 보시는 하나님이라고 성경은 기록하고 있다.
왜 말씀은 기억하지 않고 세상 사람들이 기억하기를 원하는가.
형식에 의해 세워진 교회와 성도는 다 육적인 것이다.
그렇다고 육을 무시하라는 것은 아니다.
육이 있어야 영을 담을 수 있다는 것이다.
그래서 육은 항상 정결하고 반듯해야 한다.

육적 신부인 하갈의 모습을 보자.
주인의 은혜로 씨를 품자 교활하고 교만하다.
사람을 무시한다, 그리고 기존의 서열을 무시한다.
이것은 매우 잘못된 언행이다.
하나님께서 우리에게 특별히 주신 은혜로 어떠한 선물을 받게 되었는데 내 노력 없이 주신 은혜에 감사해야 하며 더욱 겸손해야 할 하갈은 반대의 행위가 드러나게 되었다.
진실로 하나님의 자녀이면 다른 사람을 배려 할 줄 알아야 하고 기존의 서열도 하나님이 세우심을 알아야 한다.
어느 단체든 기존을 무시하는자 보고 하는 말이 "들어온 돌이 박힌 돌 빼낸다"라는 것이 있다. 즉 주객이 전도되었다고 말한다.
우리 인생에 얼마나 많은 일이 있으면 그러하겠는가.
교회 나온 지 얼마 안 된 성도임에도 불구하고 교회에서 어떠한 큰일을 하고 나면 그 교회에 내가 없으면 안 된다는 식으로 우쭐하여 교만해진다면 이 얼마나 슬픈 일인가.

하갈교회는 결국 영적교회인 사래에게 쫓겨난다.
그렇다고 한번 신부로 삼은 주님께서 하갈을 버리시겠는가.
쫓겨난 하갈에게 아니, 내가 육적 하갈교회 였다면 쫓겨난 나에게 하나님이 기회를 주심을 볼 수 있다.
하갈이 그나마 여호와의 사자를 만날 수 있었던 것은 술길 샘 곁에 있다는 사실이다. 시험 들어 교회를 떠나는가 하면 하갈은 그래도 주님을 만나는 장소에서 있다는 것이다.
샘이란 교회를 의미한다, 술길이란 반석을 의미한다.
교회에 와서 주님 곁에서 울고 있는 하갈이다.
그나마 지혜로운 육적 교회였던 것이다.
하나님의 응답은 결국 주인에게 복종하라는 것이다.
다른 부차적인 말씀을 안 하신다, 왜 그랬느냐, 그럴 수도 있다, 그가 잘못했다, 등 다른 말씀에 토를 달지 아니하시는 하나님 다른 소리 하지 말고 질서 지켜, 답은 한 가지다 질서 속에서 인내하라고 가르치신다.
복종하였을 때 고통 중에 부르짖은 하갈의 기도를 들으심으로 그 자손을 번성케 하겠다고 약속하신다.

그러나 그 답은,

> 창16:12 그가 사람 중에 들나귀같이 되리니 그 손이 모든 사람을 치겠고 모든 사람의 손이 그를 칠 찌며 그가 모든 형제의 동방에서 살리라 하니라

좋은 응답 같으면서도 무엇인가 찜찜하다.
결국, 육은 영을 뛰어넘을 수가 없단 것이다.
그 이스마엘 자손은 지금까지 전 세계의 방랑자며 가는 곳마다 포악자요, 그들은 지금도 눈은 눈이요 이는 이라고 결정하고 복수심에 불타 살아가고 있는 족속 이슬람교도들 아닌가.
이미 그들이 그렇게 살 것을 하나님은 예언하고 계신다.
들나귀는 세상 영에 속한 사람이요 동방에서 산다는 것은 율법이 시작된 곳 죄악이 만들어진 동방, 그래서 그들은 평생을 율법 속에서 복음을 발견하지 못하고 파괴된 심령으로 살아가고 있다.
이 얼마나 정확한 예언인가.
그래도 주님을 두려워하지 않겠는가.
주님이 날 사랑한다는 것을 잘못 해석하지 마시길 바란다.
진실한 사랑은 인격을 갖추어야 한다. 그것이 법이 아닌가.
사래의 중요한 것은 뒤에서 다루기로 하자.
본문에 말씀처럼 하나님 아버지께서 드러내시고자 한 것은 바로 교회 안에서 육적신부와 영적신부를 드러내시는 것이다.
아브람이 두 여자 취한 것이 무슨 대단한 일이라고 기록하시겠는가.
다만 육적으로, 아브람처럼 원하든 원치 않든 하나님의 섭리를 벗어날 경우 아브람은 그 후처로 말미암아 엄청난 고난을 받을 수밖에 없다.
이스마엘에 대한 아픔을 겪지 않는가.

예를 들어 어느 남자가 조강지처가 존재함에 있는데 불구하고 다른 여자를 보고 그 여자를 통하여 자녀까지 낳았다.
훗날 이 아이와 이 후처에 대한 사회적 반응과 세상에 떳떳하지 않음을 보고 그 아비 슬플 것이다.

우리나라 고전 소설 허균의 "홍길동"과 같지 않은가.
그 죄를 후에 뉘우침으로 하나님은 그 죄를 용서하신다.
그러나 그 열매는 평생 남아있게 된다.
그것을 잊지 말아야 할 것이다.
하나님의 사랑을 오용해서 죄를 지면 용서한다고 하며 마음대로 악을 행한다면 훗날 얼마나 뼈아픈 모습을 가지고 가야 하는가.

하갈과 사래에 대하여 성경을 다시 한번 보기로 하자

갈4:22~26
> 기록된바 아브라함이 두 아들이 있으니 하나는 계집종에게서 하나는 자유하는 여자에게서 났다 하였으나
> 계집종에게서는 육체를 따라 났고 자유하는 여자에게서는 약속으로 말미암았느니라
> 이것은 비유니 이 여자들은 두 언약이라 하나는 시내 산으로부터 종을 낳은 자니 곧 하가라
> 이 하가는 아라비아에 있는 시내 산으로 지금 있는 예루살렘과 같은 데니 저가 그 자녀로 더불어 종 노릇하고
> 오직 위에 있는 예루살렘은 자유자니 곧 우리 어머니라

정확히 창세기의 말씀의 결론이 아닌가 싶다.
기억하자.
이 시대 최고의 지도자가 되기 위해서도 마찬가지이다.
그 공동체의 두 가지 개념은 반드시 가지고 가야 할 것이다.
그 공동체는 보여지는 이념이 있어야 할 것이요
또한 보이지 않는 자기만의 비밀의 이념 또한 있어야 할 것이다.
그 공동체의 숨겨진 비밀
영적 비밀이 없이 겉이 무너지면 바벨탑처럼 우수수 무너지고 말 것

이다.
이 진리 또한 아주 중요하기에 하나님께서 창조론의 창세기를 통하여 말씀하고 계심을 명심하자.

겉에 것은 마귀가 빼앗고 파괴하려고 전쟁을 일으키지만, 영의 것은 아무것도 빼앗아 갈 수가 없다.
그것은 나와 하나님과의 단둘만의 비밀이기에.

참된 지도자가 되기 원하는가.
그렇다면 하갈과 사래를 잘 기억하시길 바란다.
그리고 어떠한 경우라도 지도자가 먼저 질서를 깨는 경우는 없어야 할 것이다.
단 그 질서는 하나님 보시기에 합당한 질서에 관해서다.
내가 만든 질서는 주님이 원하시는 것이 아니라면 깰 수도 있다.
아니 깨야 할 것이다.

제17장

새이름과 할례

사람이 세상에 태어나서 제일 먼저 하는 일이 이름을 받는 것이다.
그 이름이 호적에 등록되면서 그가 그 땅에 존재함을 알리기도 한다.
또한, 이 땅을 마지막으로 내려놓고 하늘나라 갈 때도 이 땅에서 제일 먼저 하는 것이 호적에서 이름을 지우는 일이다.

이름은 이렇게 이 땅에 살아감에 있어 매우 중요한 역할을 감당하고 있다.
그 사람이 어떠한 존재가 되었든 그의 이름으로 그 사람의 높고 낮음이 나타나고 있다.
그래서 옛날 어른들은 귀한 집안 즉 양반의 가문일수록 좋은 이름을 지으려고 많은 돈을 쓰기도 한다.
이름은 그의 얼굴을 대신하기도 한다.
필자는 성경 속 이름을 보면서 이름은 그 사람의 인생을 나타내고 있다는 사실을 깨달았다.

성경 속에 다윗의 이름은 사랑이다. 그 이름 속에 그리스도의 사랑이 담겨 있다, 그래서 그는 사울을 악으로 갚지 않고 끝없는 용서를 한다.
다윗이 사울의 용서 속에는 그리스도의 사랑이 담겨있음을 알아야 한다. 그러므로 복음을 담고 있다는 것이다.
다니엘은 심판이라는 뜻을 담고 있다.
구약의 계시록 다시 말해서 심판서는 다니엘이고 신약은 요한계시록이다.
드보라 역시 별이란 뜻으로 사사시대에 여성지도자의 의미를 나타내고 그 외 여러 인물이 성경에 나타낼 때는 그 이름에 의하여 쓰임받는 것을 볼 수 있다.

사람들은 부모님이 지어주신 이름을 맘에 안 든다고 난리를 치면서 개명하는 사람들이 늘어나고 있다.
그런데 사람이 바뀌지 않았는데 이름이 바뀐다고 무슨 달라질 것이 있단 말인가.
성경은 사람이 이름을 개명한 것이 아니라 신으로부터 모든 시험에서 합격한 후에 하나님이 이름을 바꾸어 주어야 한다는 것이다.
어느 날 나도 생각 없이 이름이 너무 촌스럽다는 생각에 내 이름을 바꾸고 싶었다.
바꾸려고 기도하고 성경 속 이름으로 찾아냈지만, 다시 내 이름을 본 순간 너무 놀란 사실이 있다.
내 이름 속에는 내 운명이 다 들어있다는 사실을 깨달았다.
내 이름은 오, 희, 숙 (신하로서 입을 크게 벌려 말씀을 가지고 외치고 또 외쳐라) 라는 뜻이 있음을 알 수가 있었다.
그래서 내가 목사가 되었구나 생각하니 너무 감사하고 그보다 더 값진 이름이 없다는 생각이 들었다.
부모님이 지어주신 이름
이제는 부모님의 뜻도 알았고, 이제는 하나님 아버지로부터 합격하여 주님이 주시는 이름을 받기를 소원한다.

그것을 이룬 사람이 아브라함이다.
그가 원해서 받은 이름은 아니다, 하나님께로부터 인정받아 직접 선사하신 이름, 그 이름이 아브라함이다.

아브람이란, 창조자, 국조자라는 뜻이다
그가 아브라함으로 바뀐다, 그것은 열국의 아비라는 것이다.

사래란-공주 라는 뜻이다(사라는 열국의 어미로 바뀐다)

여기서 우리가 다시 한 번 하나님이 주시는 이름의 의미를 알아야 할 것이다.
우리가 하나님 앞에 존귀 자로 태어났다면 그 존귀한 자가 어떠한 모습으로 변해야 하는지도 알아야 할 것이다.
그 존귀한 자가 열국의 아비, 어미로 바뀐다.
그 뜻은 나 혼자 존귀한 자로 있는 것이 하나님이 원하는 사람이 아니라 진정 하나님이 원하는 사람이란 죄 많은 세상을 하나님 앞으로 인생들의 부모가 되어 부모 마음으로 인도하시라는 의도이신 것 같다.
우리가 여기서 또한 깨달을 것이 있다.
우리는 이 땅에 태어나면서 스스로 존귀한 자가 되기 위해서 학창시절을 열심히 배우고 익힌다. 나의 가장 친한 친구보다 내가 더욱 훌

룡한 사람이 되기 위해 좋은 대학에 가려고 발버둥 치고 사는 것이 우리들의 삶이다.

그리하여 열심히 노력한 바, 각 분야의 자기의 바운드를 남들이 탐내지 못하게 끊임없이 노력한다.

그리고 최고의 자리에서 모든 사람에게 명령하기를 원하고 그들이 복종하기를 원한다.

그런데 하나님 아버지는 최고의 존귀한 자가 되었느냐, 그렇다면 너 자신을 세상에 던지라는 것이다.

세상과 반대로 이야기하고 계신다.

우리는 존귀한 자가 되어 세상을 다스리려그 하지만 하나님은 존귀한 자가 되었느냐, 그렇다면 너 자신을 세상을 구할 지도자로 네 몸을 아비, 어미 마음으로 안고 가라 하신다.

진정한 지도자가 되길 원한다면 많은 백성의 어미, 아비의 역할을 얼마나 감당하느냐에 따라 그는 세상이 원하는 지도자가 될 것이다.

그런데 그 열국의 어미, 아비가 되기 위해서는 반드시 할례를 받아야 한다는 것이다.

창17:13~14
> 너희 집에서 난 자든지 너희 돈으로 산자든지 할례를 받아야 하리니 이에 내 언약이 너희 살에 있어 영원한 언약이 되리와 할례를 받지 아니한 남자 곧 그 양피를 베지 아니한 자는 백성 중에서 끊어지리니 그가 내 언약을 배반 하였음이라

먼저 할례의 뜻을 알아야 할 것이다.

할례란-(히)-물, 물라-자르다, 베어네다, 멸하다의 뜻이다

우리나라에서는 이 일을 고래를 잡는다, 포경수술한다고 말하기도

한다.
본문에 의하면 할례란 살과의 영원한 언약이라고 한다.
살이란 사람의 육체를 의미한다.
그래서 할례는 육체의 남자를 진정한 남자로 드러내는 것이다.
남자가 되기 위하여 그 남자를 둘러쌓고 있는 육체는 잘라버리는 것이 할례이다.
성경에서 남자는 진리를 말하고 있다.
그래서 성경 속 수양은 예수그리스도만 예표하고 있다.
그 진리를 모든 성도가 내 것으로 만들어 그의 말씀을 선포할 때는 그 또한 세상에 대하여는 남자가 되는 것이다.
우리가 신부로 존재하지만, 아버지의 종으로 진리의 성령이 오셔서 남자로 만들어 주신다는 사실을 알아야 한다.
그래서 노아 홍수 때 아들들이 많이 나타나는 것이다.

다시 말씀드리자면 할례란 예수그리스도의 말씀을 내 육체에 넣는 것이다.
그 육체에 주님의 진리가 없다면 그것은 할례가 아닐 것이다.
그것을 깨닫지 못한 이스라엘은 육체적 할례를 위해 오로지 그 일에 힘을 쓴다.
우리가 먼저 어려서 육체에 할례를 행하였다면 그 표면적 할례만 보지 말고 내 육체가 모든 언행이 말씀에 의하여 이루어져야 한다는 것이다.
그리고 더욱 거듭난 후에는 영적 할례가 이루어져야 하지 않는가.
나의 삶은 그리스도와 관계가 없는데 수술 한번 했다고 그것이 할례자로 드러낼 것은 아니라는 것이다.
진정한 내 육적 삶이 하나님의 형상을 닮기 위해서는 그분이 하라,

하지 말라의 명령을 따라 삶을 살다 보면 그 모양이 하나님 형상을 닮아가는 것이다.
구약의 할례 속에 언행이 바뀌다 보면 하나님이 사도바울을 통하여 가르쳐 주신 신약적 할례를 알게 된다.

> **롬2:28** 대저 표면적 유대인이 유대인이 아니요 표면적 육신의 할례가 할례가 아니라 오직 이면적 유대인이 유대인이며 할례는 마음에 할찌니 신령에 있고 의문에 있지 아니한 것이라 그 칭찬이 사람에게서가 아니며 다만 하나님에게서니라
>
> 또 그안에서 너희가 손으로 하지 아니한 할례를 받았으니 육적 몸을 벗는 것이요 그리스도의 할례니라

이 얼마나 더 명쾌한 답인가.
사도바울이 성령을 받고 진리의 성령이 그에게 임하니 성경의 모든 것 그 속에 감추어진 비밀을 알게 된다.
그 비밀이 자녀에게 주는 놀라운 은혜요 축복이요 기업이다.
하나님은 말씀 속에 진리를 감추어 놓으시고 찾으라고 하신다.
그러면 주신다고, 육체, 즉 기록된 문자만 브지 말고 아버지께서 왜 이렇게 기록하셨는지 의도를 깊이 생각하며 의문은 구하여 풀라고 하신다.
사도바울은 고린도교회를 통하여 말씀하시길 의문은 죽이는 것이요 영은 살리는 것이라고 기록하고 계신다(고후3:6참조).

> **골2:14** 우리를 거스리고 우리를 대적하는 의문에 쓴 증서를 도말하시고 제하여 버리사 십자가에 못박으시고 정사와 권세를 벗어버려 밝히 드러내시고 십자가로 승리하셨느니라

골2:20 너희가 세상의 초등 학문에서 그리스도와 함께 죽었거든 어찌
하여 세상에 사는 것과 같이 의문에 순종 하느냐

사도 바울이 기록한 위 말씀은 사람들이 예수께서 육체로 오셨을 때 그들이 원하는 것들이 이루어질 때는 다윗의 자손 예수여 라고 호산나 찬송을 부르지만, 예수께서 십자가에 고난 가운데 임할 때는 아무도 구원할 자라는 사실을 알지 못하고 대적하는 자가 되고 만다. 그러나 훗날 예수그리스도께서 육체를 버림으로 말미암아 내가 구원받았다는 그 진리를 깨닫고 전 세계에 주님의 복음이 확산되었다.

의문의 예수님의 육체
그 육체를 벗을 때 그리스도가 되어 나와 혈연관계가 맺어진다
다시 말씀드리자면 기록된 문자는 어려서 그분의 형상을 만나기 위한 초등학문이다.
초등학교에 가서 한단어, 한단어 배우고 후에 우리는 문장을 만들어 낸다.
우리가 귀신을 쫓아내고, 병을 고치고, 부자가 되고 이 모든 것이 육체에 관한 것이다.
영에 관한 것은 오직 하나님만 영이시다.
그분의 의도와 그분의 뜻을 알아내고 실천하는 것이 진정한 영적 삶이라는 것을 알아야 할 것이다.

오늘도 나의 고난을 견디며 무엇을 해야 주님을 기쁘시게 할 수 있을까?
날마다 내 삶이 주님과 동행하는 하늘나라의 일들은 무엇인가 거룩한 고민 가운데 거한다면 당신은 영적 사람일 것이다.

이와 같이 예수님의 육체는 율법이요 십자가 사건은 복음이다.
그래서 복음은 환란 가운데서 탄생한다.
주님의 십자가의 환란이 없이 어떻게 우리 곁에 복음이 올 수 있을까?
예수의 십자가까지 사람들은 예수에 대하여 의문에 싸였다.
그러나 그것이 나를 죄에서 건지신 그리스도의 사랑이라는 진리를 성령에 의하여 깨달으면서 우리는 그분에 대한 놀라운 사랑을 발견하게 된다.
그리고 육체에 순종하는 자가 아니라 진리의 주님 앞에 우리는 감사함으로 눈물을 흘린다.
이것이 할례이다.

하나님께서 진정 우리에게 원하시는 것은 기록된 말씀 가운데 숨겨진 비밀을 발견하라는 것이다.
그 비밀이 곧 보화이다.
그것이 나를 영원한 생명 가운데 인도하는 비밀 암호라는 것이다.
그것은 하나님 아버지 자녀만이 취할 수 있는 유일한 것이다.
그래서 진리는 성령이 오셔야만 우리에게 나타내실 수 있다.
육으로는 절대 뜻을 알지 못한다.
그것이 아주 중요해서 그것을 무지개 언약이라고 한다.
감추어진 것이 아버지의 마음이요 그 마음이 우리를 지상 최대의 복으로 인도하신다는 것이다.

이렇게 하나님은 할례를 가르쳐 주시면서 이름을 바꾸어 주는데 그 조건이 거듭나라는 것이다.
율법에 매이지 말고 진정한 복음을 깨달으면 너의 이름이 하늘나라 이름으로 바꾸어진다고 우리에게 말씀하고 계신다.
내가 바꾼 이름이 나를 변화시키는 것이 아니라 진리의 성령이 임하시면 우리를 진리 가운데로 인도하사 주님의 비밀을 알게 하시고 그 비밀을 아는 자녀에게 천국의 이름을 주시는데 그 증서로 우리 가운데 약속의 생명의 씨를 주시겠다고 본장을 통하여 말씀하신다.
그 자녀가 이삭이다.
이삭은 기쁨이요 웃음이다.
그리스도인의 진정한 기쁨이요 웃음은 진리의 성령이 임하시는 것이다.
그래서 성경을 보면 이것이 무엇인데, 말도 안돼라고 이해가 되지 않는다면 진리의 성령이 오지 아니하심이라는 사실을 알아야 한다.
성경이 행복한 것이 아니라 의문에 속한다면 그 의문을 푸시는 여러분 되시길 바란다.

진정한 지도자는 그 단체를 깨닫고 온 마음과 정성을 쏟는 구성원을 만들어 내는 것이 진정한 지도자가 아닌가.
모든 자들이 행복할 수 있는 단체가 되기 위해서는 그들이 그 단체를 진정으로 이해하게 만들어라.

제18장

천사와 소돔고모라의 운명

아브람이 아브라함이 되면서 하나님이 그에게 천사를 보내되 아브라함이 천사를 발견하는 장면이 성경에 기록하고 있다.
우리는 아브라함과 천사의 만남의 배경이 어떻게 설정되었는지를 알아야 본문을 말씀을 이해할 수 있다.

아브라함은 어디에 있느냐가 매우 중요하다.
그것이 이 장면의 비밀이기도 하다.
그것을 아는 성도는 그 또한 천사를 만날 수 있는 기회가 온다는 것을 알아야 할 것이다.
해석하기 전에 먼저 구약은 모든 것이 히브리어로 되어 있다는 것을 먼저 기억해야 한다.

마므레-좋은 음식을 먹은, 뚱뚱한, 채찍
상수리나무-우두머리. 힘센수양, 단단한 나무
오정-낮, 주간, 어느 한 날, 특별한 날, 운명의 날 의미

마므레는 성령 충만함을 나타낸다,
상수리나무는 예수그리스도의 의미를 나타내고 오정은 해가 머리 높은 곳에 떠 있음을 말하고 있다.
그렇다면 여기서 드러내고자 하는 것은 아브라함이 성령의 충만함으로 오실 예수를 기대하며 어둠이 없는 가운데 있었다는 것이다.
이렇게 준비된 자가 영안이 떠져 지나가는 세 사람이 천사임을 발견하고 그들을 영접한다.

여기서 잠깐,
이스라엘에서 내려오는 이야기가 있는데 그것은 지나가는 모든 사람이 나에게는 천사가 된다는 설이 있어 지금도 그들은 섬기기를 아름다운 풍습으로 여기고 산다.
하다못해 거지가 동냥할 경우에도 얼마나 떳떳한지, "내가 당신에게 선행을 할 기회를 주었는데" 동냥에도 상대성 의미를 두고 있다.
내가 거리에서 동냥하지 아니하면 당신은 선행할 기회를 얻지 못한다고 말하고 있다고 성지순례 가서 가이드의 말을 듣고 얼마나 웃으면서도 의미 있는 말인지 모른다.
세상은 똑같이 다 훌륭하다면 그것은 훌륭한 사람이 없다는 것이다.
무엇인가 비교급의 일들이 있어야만 다르다고 생각하게 되어있다.
부자가 있으면 가난한 자가 있고, 약한 자가 있으면 강한 자가 있다.
그 거지들의 이야기를 무시할 수 없는 것이 가난한 자가 있기에 어떤 이는 그들에게 그리스도 안에서 선행한다.
건강한 자가 약한 자를 위해 봉사하며 선행한다.
이 이야기는 여기서 그만하기로 하고,

아브라함은 영안이 뜨인 사람이다.

내 앞에 수많은 사람이 하루에도 몇 번씩 지나간다.
그 사람들 다 대접한다면 집안 살림은 형편없이 가난하여질 것이다.
분명 아브라함은 지나가는 사람들 가운데 특별히 보는 안목과 하나님의 감동이 그 마음에 자리 잡았기 때문에 그 사람들을 보자 동요되는 일이 있었을 것이다.
오늘도 우리 앞에 많은 사람이 스쳐 가지만 내 인생을 바꾸는 사람도 있다.
아브라함 그가 성령 충만 가운데 오실 자 예수그리스도의 품 안에서 있다는 사실이다.
오늘 우리도 다시 오실 예수그리스도를 기다림에 성령 가운데서 역사하시는 하나님의 섭리를 깨달아야 할 것이다.
또한, 아브라함이 만난 자는 날개 달린 천사가 아니라 사람으로 왔다는 것이다.
원래 천사는 하늘 천, 하늘에 일사, 일을 맡은 자를 천사라고 한다.
천사의 개념을 두 가지로 보아야 할 것이다.
이것 또한 보이는 천사와 보이지 않는 천사.
보이는 천사는 하나님의 거룩한 나라의 일을 하는 교회 목사들이요, 선지자들이요, 사명자들이다.
보이지 않는 천사는 우리를 영적 가운데 인드하고 만나주시는 분이다.
그런데 인생을 평생을 살아가면서 보이지 않는 천사에 의하여 믿음이 생기느냐고 나는 묻고 싶다.
하늘에서 누가 내려와서 거룩한 주님의 말씀을 가르치는 자가 어디 있단 말인가.
지금까지 모든 성도를 주님 앞으로 인도하는 자들은 한결같이 주의 종들이다. 보이는 사람이라는 것이다.

제18장 천사와 소돔고모라의 운명

그들의 거룩한 하나님의 진리의 말씀을 하나님의 말씀으로 듣지 아니하고 사람의 소리로 듣는다면 그에게는 울리는 꽹과리가 될 것이다.
내용 없는 나팔이 될 것이다.
그러니 환상 속에 너무 빠지지 말고 현실 속의 진리를 직시해야만 살아갈 수 있음을 알아야 한다.
또한, 천사는 사람들에게 꼭 전하는 것이 있다.
하나님의 말씀이다.
아브라함에게 온 천사, 그들은 아브라함의 대접을 받고 하나님의 하시려는 사역을 아브라함에게 먼저 알려주고 떠난다.
진실한 목회자는 하나님의 뜻을 깨닫고 먼저 알아 성도에게 가르친다. 이것이 목회다.

창18:17 여호와께서 가라사대 나의 하려는 것을 아브라함에게 숨기겠느냐

암3:7주 여호와께서 자기의 비밀을 그종 선지자들에게 보이지 아니하시고는 결코 행함이 없으시리라

요10:35 성경은 폐하지 못하나니 하나님의 말씀을 받은 사람들은 신이라 하셨거든

이렇듯 하나님은 당신의 것을 우리에게 비밀이 없이 다 주신다고 약속하셨다, 그런데 그 비밀이 성경 속에 있다는 것이다.
성경의 진리를 알고 나면 세상의 흐름을 깨달을 수 있다.
그 흐름은 하나님이 만드신 공의라는 것이다.
이것은 반드시 이루심을 믿어야 할지니라.
그래서 하나님의 공의를 알다 보니 하나님과 하나가 됨을 드러내신다. 그리고 그 드러내심이 하나님의 사역을 미리 알게 되는 것이다.

다른 것은 신이라는 것이 아니라 말씀이 곧 신이신데 그 말씀이 우리 안에 거하시면 바로 내가 곧 신이신 하나님과 하나라는 것 곧 혈을 이어받은 자녀라는 것이다.

그래서 강대상에서 나오는 하나님의 모든 진리의 말씀을 경청해야 할 것이다.
왜냐면 그 속에서 천사로서 나를 인도하시는 말씀이 있기에 그 천사를 알지 못하면 결국 본인만 손해일 것이다.

아브람이 한나라의 흥망성쇠의 비밀을 알 수 있던 것도 결국은 천사의 말을 들었기 때문이다.
다니엘도 마찬가지이다.
그가 나라의 심판을 하나님의 서책을 통하여 알게 된다.

> 단9:2　곧 그 통치 원년에 나 다니엘이 서책으로 말미암아 여호와의 말씀이 선지자 예레미야에게 임하여 고하신 그 년수를 깨달았나니 곧 예루살렘의 황무함이 칠십 년 만에 마치리라 하신 것이라

다니엘도 서책을 통하여 하나님의 섭리를 알게 되었고 알았기에 어떻게 다니엘이 준비해야 하는지도 알게 되었다.
하늘에서 누가 뿅 하고 떨어진 것이 아니다.
짠하고 내가 하나님이라고 하시지 않는다는 것이다.
오로지 내 앞의 환경 속에 천사를 발견함으로 붙잡아 섬김으로 비밀을 알게 되었다.

참으로 이상한 것은 세 사람이 함께 왔는데 두 사람은 소돔과 고모라

로 떠났고 한 사람만 남는데 여기서 놀라운 사실이 있다는 것이다.
비로소 한 분이신 하나님의 신성의 직임은 세 가지로 나누었다고 그 비밀을 말하고 있다.
19장 1절에서는 이 사람을 천사라고 기록하고 있다.
사람으로 왔다가 한 사람은 여호와로 예표가 되기도 하고 두 사람은 천사로 지칭하기도 하고,
성부 하나님께서 하시는 일은 모든 심판의 결정을 하신다는 것이다.
두 천사, 즉 두 사람은 소돔과 고모라로 하나님의 심판의 소식을 가지고 간다.
그 심판을 가지고 아브라함과 여호와께서 여섯 번의 의견 조율을 하지만 결국은 하나님이 원하시는 사람이 없기에 소돔성은 아브라함의 간구와 상관없이 멸망한다는 사실이다. 결국 아브라함의 간청은 아브라함의 의로 드러날 뿐 소돔성에는 큰 의미를 주지 못했다.
그러나 두 천사는 그 사역을 감당하러 친히 그들에게 찾아가심을 알 수 있다.
우리가 알아야 할 것은 주님은 우리에게 사람을 섬김은 곧 주를 섬기는 것이라고 가르치고 계신다.

아브라함에게 오신 사람이 곧 하나님의 사역을 알게 하시고 소돔성이 멸망할 것에 대하여 듣게 하시고 하나님의 의도는 세상을 심판하시는 것, 곧 마귀의 일을 멸하는 것이 하나님의 일이라는 것을 알게 되었다.
그러나 멸망하고 심판하는 것이 하나님이 아니라 당신의 백성을 마지막까지 건지고자 하셔서 여섯 번이나 양보하심을 심판하기까지 사랑하심을 우리에게 알게 하신다.

제19장

롯과 농담으로 여긴 사위

1. 아브라함과 롯의 배경

이 세상을 살아가면서 사람들은 두 가지 분류로 나누어지게 되어있다.
어떤 이는 빛 가운데 소망의 삶을 살아가는 자가 있는가 하면 어떤 이는 자신의 삶을 빛이 없고 어두운 가운데서 주님을 바라보며 그저 살아가는 인생이 있다.
오늘 하나님의 말씀 가운데 두 사람이 등장하는데 하나는 아브라함이요 하나는 롯이다.
아브라함은 마므레 상수리나무 수풀에서 사람을 맞이하고 롯은 성문 앞에서 사람을 영접한다.
아브라함은 떡과 송아지 고기와 버터와 우유를 대접한다, 그러나 롯은 무교병 즉 아무것도 넣지 않은 떡만 대접한다.
이것은 매우 중요한 일이다.
어떤 사람은 나라를 구하는 협상으로 나가지만 롯은 겨우 두 딸과 당신만 구원받는 너무나 연약한 지도자로 표기되어 있다.
이 이야기는 바로 말씀에서 성령의 진리를 찾아낸 아브라함과 아무 것도 깨닫지 못하고 그저 기록된 말씀만 바라보고 살아온 롯의 모습을 보여주고 있다.
아버지의 온전한 뜻을 깨닫지 못한 자의 모습은 후에 그 자손이 총회에 들어가지 못하는 저주를 하나님께로부터 받게 된다.

사람이 살아감에 있어서도 마찬가지이다.
어린아이처럼 기본만 아는 자에게는 큰 것을 맡길 수가 없다.
기본에 온전한 뜻과 섭리를 아는 자에게는 큰 것을 능히 맡길 수 있지 않은가.
예를 들어 땅, 철, 목재 이러한 보이는 것들로만 세상의 지도자가 될 수 없다.
우리나라 반도체가 세계시장을 장악하고 있다.
만약 우리나라가 어떠한 물질에 감추어진 것을 깨닫지 못한다면 반도체를 연구하지 않았을 것이고 또한 컴퓨터의 시장을 장악할 수 없을 것이다. 전 세계에 우리나라만큼 인터넷이 발달한 나라가 흔치 않음도 알 수 있다.
한국은 예로부터 보이지 않은 것에 유난히 관심이 많은 나라이다.
신을 믿어도 다른 나라처럼 어떠한 우상을 세워놓고 비는 것보다 물 하나 떠놓고 하늘에 계신 신에게 오로지 지성을 드렸던 민족이다.
앞으로도 한국은 잡히지 않고 만질 수 없는 그 어떠한 문화와 그 세계를 끊임없이 만들어 갈 것이다.
한국인 품성 자체가 그런 본질 가운데 태어났기에 조상을 잘 섬기는 국가가 된 것이다.
그러다 보니 조상 섬기기에 귀신을 섬기고 미신 만들어 내는 것 또한 탁월하다.
어찌하였든 하나님은 마지막을 마무리할 자로 셈을 선택하셨고 그 시대의 문화는 셈의 문화가 될 것이다.
이것이 성경적 예언이다.

그 기본만 외치는 롯에게는 그 소돔과 고모라가 악의 문화로 번져갔다.
그 음란의 악은 겨우 나만 구원받는 어리석은 결과를 초래한다.
롯의 두 딸도 심히 심각하다, 그들은 남자를 알지 못한 자다.
육으로 보면 매우 순결한 처녀임이 알 수 있다.
그러나 떠났고 성령으로 본다면 그들은 올바른 교육을 받지 못한 딸들이다.
왜냐면 남자를 모른다는 것은 예수그리스도 곧 진리를 모른다는 것이다.
그렇기에 그 사위들은 하나님의 심판을 농담으로 여길 수밖에 없다
그들에게는 진실이 없기에 그들 심령대로 살아가는 짐승과 같은 그런 삶이다.
또한, 그 딸, 즉 성도를 지키기 위해서는 나의 능력이 부족하면 하나님께 간청해야 하거늘 나의 힘으로 안 되니 환경에 따라 자식을 내어주는 부모가 바로 롯이 된 것이다.
그저 나의 믿음만 지키면 된다는 사고방식이 소돔과 고모라를 결국 죄의 웅덩이로 만든 것이다.
나만이었다면 예수님은 결코 십자가에 못 박지 아니하셨을 것이다.
롯은 하나님의 사랑으로 구원을 받는데 그 구원마저 하나님의 뜻을 따르는 것이 아니고 자기의 생각을 말하고 결국 그 자리에 머물러 어리석은 자가 된 것을 볼 수 있다.

창19:17 그 사람들이 그들을 밖으로 이끌어 낸 후에 이르되 도망하여 생명을 보존 하라 돌아보거나 들에 머무르거나 하지 말고 산으로 도망하여 멸망을 면하라

하나님께서는 롯에게 구원할 방법을 가르쳐 주셨다.
반드시 산으로 도망하라 하셨다.
산이란 하나님의 성전인 것을 모두 다 알 것이다.
하나님의 구원은 큰 구원이며 완전한 구원이거늘 겨우 자기 생각에 눈에 보이는 소알성을 택한다.
소알성은 역청 구덩이가 많은 싯딤골짜기 옆이다.

우리나라 기독교가 과거 30~40년 동안 포도주에 대부분 빠져 있었다. 그것을 축제 때 생긴 교회라고 한다.
그 축제를 즐기던 교회들이 요즘은 말씀으로 돌아가자고 외치고 있다. 그런데 그 말씀이 어떠한 말씀인지 구체적 방안을 내놓지 못하고 있다.
대중에 간혹 이름도 빛도 없는 목사님들이 이것이 하나님의 진리입니다라고 말하면 오히려 이단, 삼단 이야기하고 있다.
이 얼마나 기막힌 현실인가.
과거의 포도주를 만들기 전 그 율법의 말씀은 그들을 변화시킬 수가 없다.
술에 취한 자가 아니라 성령의 충만함을 입어 진리를 바라볼 줄 아는 사람이 되어야 한다는 것이다.
진리는 반드시 성령이 감동된 자에게만 허락된 것이라는 사실을 잊지 말아야 한다.
변하겠다고 소리치지만, 성령이 임하지 않았다는 증거가 과거의 술 취한 모습을 아직도 교회가 버리지 않고 있다는 것이다.

과거 6일에 일어난 사건이 지금은 교회에서 그다지 일어나지 않고 있다.
그러다 보니 지도자들은 발버둥을 치고 있으며 또 다른 기술이 없나 찾으며 돈을 쏟아붓지만 결국은 찾지 못하고 예전 상태로 뒤돌아 가고 있는 현실, 지금은 2000년이 넘은 7일 홍수의 시대에 임함을 알아야 한다.
예수님이 오시고 사흘이 되어 부활하는 시기가 온 것을 기억해야 하지 않는가.
7일째는 주님의 품 안 안식에 들어가야 한다.
나는 죽고 예수님은 살고 그래야만 팔 일에 부활의 날을 맞이할 수 있다.
귀 있는 자들은 들을지어다.
해질 때 즉 마지막 날 자꾸 술만 찾는다면 결국 성도들은 롯의 두 딸처럼 남자를 강간하는 사건이 일어난다.
지금도 전 세계가 얼마나 그 일이 행하고 있는가.
술에 취하고 성령에 취했다고 착각하면서 교회를 가르치려는 성도들 목사가 목사로 보이는 것이 아니고 성도가 가르쳐야 할 대상으로 여기는 이 세대는 참으로 울 수밖에 없는 것 같다.

술에 망할 자들을 성경을 통해 들여다보기로 하자.

창세기 9장에서 노아가 농사지은 술이 자식을 저주한다
레10:9 너나 네 자손이 회막에 들어갈 때 포도주나 독주를 마시지 말아서 너희 사망을 면하라 이는 너희 대대로 영원한 규례니라
잠20:1 포도주는 거만케 하는 것이요 독주는 떠들게 하는 것이라 무릇 이에 미혹되는 자에게 지혜가 없느니라
사28:9 이 유다 사람들로 포도주로 인하여 옆걸음치며 독주로 인하여

> 비틀거리며 제사장과 선지자들도 독주로 인하여 옆걸음치며 포도주에 빠지며 독주로 인하여 비틀거리며 이상을 그릇풀며 재판할 때 실수하나니

성경은 포도주에 빠지지 말라고 경고한다.
교회 타락의 현상이 바로 포도주 사건임을 깨달아야 할 것이다.
요한 계시록에서도 마지막 교회는 라오디게아 교회다.
즉 민중교회, 민주주의 교회다.
다수가 교회를 치리하는 시대, 성도가 교회를 다스리는 시대
그 보응의 대가를 어떻게 감당할 것인가.
남자 즉 목사는 늙은 여자가 되어서 진리는 없고 그저 성도들에 의해 세상만 가르치는자, 특히 교회에서 탈무드를 빼면 성경을 이야기하지 않는 목회자들 정신 차려야 할 것이다.
당신을 향해 예수님은 오늘도 울고 계신다는 사실을 깨달아야 한다.
어찌하여 아직도 지식의 근본은 성경이거늘 세상 것을 가지고 인간이 써놓은 책을 가지고 강대상에서 잘난 체를 하고 있단 말인가.
당신들의 교만이 얼마나 많은 성도가 알아야 할 말씀의 권리까지 빼앗고 있다는 것을 아는가.
교회가 교권을 세우지 못하고 성도들에 의해 움직여진다면 반드시 하나님의 심판이 따를 것이다.
그리고 민주주의를 찾고 있는 교회들은 결국 여자, 즉 성도 때문에 거룩한 총회에 들어갈 수 없다고 하나님은 우리에게 답을 주셨다.
이렇듯 소돔과 고모라는 포도주에 취해 전쟁을 치러야 할 힘조차 없다는 것이다.
그곳은 술 구덩이가 되어 모든 백성을 전쟁에서 죽게 만들고 있다.
만약 술 취한 자들이 전쟁에 나간다면 결과는 물어보나 마나 다 패배할 것이다.

겨우 도망친다는 것이 멀리 떠나지 못하고 그 옆 소알성이라니, 그러니까 그 모든 습성이 드러나서 딸들이 아버지를 강간하는 사건이 일어난다.
성도들이 하나님 아버지를 함부로 하는 것을 볼 수 있다.
우리가 언제 그랬느냐고 말할 것이다. 이 마지막 해질 때, 곧 예수님이 재림하실 때의 징조는 성도에 의해 아버지의 집이 운영된다는 것이다, 아버지의 치리의 권한은 사라지고 성도의 치리가 드러나는 시대, 그들은 반드시 총회에 들어가지 못할 것이다, 즉 아버지 나라에 들어가지 못할 것이다.

2. 농담으로 여긴 사위

> 창19:14   롯이 나가서 그 딸들과 정혼한 사위들에게 고하여 이르되 여호와께서 이 성을 멸하실 터이니 너희는 일어나 이곳에서 떠나라 하되 그 사위들이 농담을 여겼더라

하나님 말씀을 농담으로 여긴 자들 그들은 불구덩이에서 나올 수가 없음을 알아야 한다.

농담이란
히브리어로 차하크 즉 희롱하다, 조롱하다, 놀다, 춤추고 노래하다의 뜻을 지니고 있다.
그들이 어떠한 자들인지 성경을 통해 찾아가보기로 하자.

1) 말씀을 통하여 하나님을 아는 자들이다

> 출32:18~20
>   모세가 가로되 이는 승전가도 아니요 패하여 부르짖는 소리도

> 아니라
> 나의 듣기에는 노래하는 소리로다 하고 진에 가까이 이르러 송아지와 그 춤추는 것을 보고 대노하여 손에서 그 판들을 산 아래로 던져 깨트리니라
> 모세가 그들이 만든 송아지를 가져 불사라 부수어 가루를 만들어 물에 뿌려 이스라엘 자손에게 마시우니라

이스라엘 백성들이 시내산에 올라간 모세를 기다리다가 노래하며 춤추고 소리하는 모습에 하나님은 당신의 거룩한 율법의 돌판을 깨트리고 만다.

이 광경을 우리에게 말한다면 목사님이 하나님께로부터 영감을 깨달아 말씀을 준비할 동안 우리는 하나님께 영광 돌린다고 기뻐 뛰며 찬양을 올리는 우리의 모습과 무엇이 다른가?

십자가의 형상을 세워놓고 각자의 심령대로 찬양하며 고백하는 우리와 무엇이 다르단 말인가, 그들 또한 하나님의 거룩한 것을 알기에 모든 삶을 가지고 지도자 모세를 따르지 아니하였나, 내가 살던 땅을 포기하고 모든 것을 가지고 모세라는 지도자를 따라야 한다는 것은 보통 믿음이 아니다. 지금 우리 보고 모세 지도자가 나타나서 직업도 버리고 재산도 버리고 땅도 버리고 젖과 꿀이 흐르는 땅에 가자고 한다면 몇 명이나 따른다고 생각하는가, 이 모든 환경도 포기하던 이스라엘 사람들, 그런데 그들은 결국 잘못된 행동으로 말미암아 하나님께로부터 야단을 맞는다.

왜 그랬을까?

먼저 우리가 알아야 할 것이 하나님께로부터 율법을 받을 때는 주님을 영접하고 율법을 받기 시작한다.

지도자에 의하여 율법이 나에게 내려질 때는 묵묵히 그분이 하심을

기다려야 할 것이다.
내가 하나님의 법도를 배울 때에는 조용히 바우라는 말씀이다.
우리가 학교에 가서 선생님이 가르치시고 있는데 그 아이가 알지도 못하면서 시끄럽게 떠들고 선생이 좋다고 노래하면 그 선생님은 어떠한 모습일까.
배울 때는 겸손히 조용히 배워야 한다.
제일 우리 모습에서 보기 싫은 것은 알지 못하면서 아는 척 앞질러서 무엇인가 행하는 것이다.
그것은 지도자의 일에 큰 오류를 범하는 것과 같다.
모세의 형 아론은 하나님께 인정받은 자요 모세의 대언자로 쓰임을 받는다.
그럼에도 불구하고 처음 법을 대면하다보니 어떻게 하는지조차 모르니 교회 일꾼 즉 송아지 형상의 일꾼들과 춤추며 노래하는 것을 볼 수 있다.
분명한 것은 아론제사장은 결코 알고 행한 것이 아니라 무엇인가 주님을 기쁘게 해드리고자 했을 것이다.
그런데 그것이 하나님을 대노하게 만든 원인이 되었다는 사실이다.
이렇듯 신앙생활은 내가 원하는 대로 가는 것이 아니고 하나님이 원하는 대로 가야 하기에 우리는 늘 주님의 음성을 듣기를 간구해야 하는데 그 음성을 하늘에서 들으려니 평생 몇 번이나 듣겠는가.
주님의 음성은 성경 속에 있다.
우리는 아론의 모습을 보고 응답을 받기에 우리 또한 그러한 행동을 해서는 안 된다는 것이다.
배울 때는 겸손히 조용히 배워라.
그리고 행할 때는 목숨을 걸고 행하라는 하나님의 뜻을 깨달아야 할 것이다.

이렇게 하나님의 깊은 뜻을 깨닫지 못하면 나와 상관없이 하나님의 말씀을 농담으로 여긴 자가 된다.

> 행2:4~5
> 저희가 다 성령의 충만함을 받고 성령에 말하게 하심을 따라 다른 방언으로 말하기를 시작하더라 그때에 경건한 유대인이 천하 각국으로부터 와서 예루살렘에 우거하더니
>
> 행2:12~13
> 다 놀라며 의혹하여 서로 가로되 이 어찐 일이냐 하매 또 어떤 이들은 조롱 하여 가로되 새 술이 취하였다 하더라

사도행전을 통하여 사도 누가가 바라본 오순절 성령 사건이다.
오순절 날 그저 하나님께 기도한 주님의 제자이거늘 그들이 준비되지 않고 성령을 받다 보니 그 광경이 우습게 되었다.
알아듣지 못하는 말로 하는 저들을 보고 본 자들이 조롱하며 술 취했다 한다고 이야기한다.
이 말씀은 성경은 체험하지 않고서는 그것을 이해하기란 매우 힘들다.
그러니 내가 아니고서는 미친 사람처럼 보일 것이다.
과거의 우리나라도 방언으로 기도하고 울며 통곡하는 것을 본 무리가 교회에 가면 다 미친다고 이야기를 참 많이도 했던 것 같다.
그 광경을 본 무리도 모르기에 조롱한 것이다.
그 조롱이 하나님의 말씀에 농담으로 여긴 자라는 것이다.
무엇이든 우리는 자신이 체험하지 못하고 깊이 생각하지 않고 있는 어떠한 사건은 우리 자신이 헛웃음처럼 흘려보낸다.
그렇게 작정하고 하는 사람은 한 사람도 없다. 다만 나에게 깊은 관계성을 느끼지 못하기에 그냥 지나쳤을 뿐이고 그것이 후에 농담으로 여겨진 롯의 사위처럼 돌이킬 수 없는 사건으로 만들 때가 많다.

롯의 사위처럼 예수님의 재림 때도 마찬가지이다.
아무리 지금은 마지막 때요, 회개할 때요, 신부 단장할 때라고 외쳐도 사람들은 관심이 없다.
관심 없음이 농담으로 여긴 롯의 사위와 무엇이 다른가.
준비되지 못한 초대교회 사람들이 볼 때 하나님의 성령 사건이 "저거 뭐야, 저 사람들 미쳤나 봐"라고 이야기한다. 하지만 그들의 결과는 하나님과 상관없는 자가 되지만 기도하고 준비하는 그들에게는 그 사건이 하늘나라 생명이 면류관을 받는데 최고의 행위로 드러난다.
이 말씀이 우리 자신과 관계있음을 깨닫자.

2) 딸들과 관계있는 자들이다

여기서 롯의 딸들과 관계있는 사위들이 농담으로 여겼다는 것이다.
딸과 사위 관계는 혈연관계가 아니다.
남과 남이 만나서 서로 함께 살 것을 약속하면 부부가 된다.
딸의 가정으로서는 남의 자식이 딸 때문에 관계성을 갖게 된다.
이렇듯이 하나님 나라에 대하여 사위란 하나님의 말씀의 진리로 맺어진 관계가 아니라 딸, 즉 교회, 성도에 관하여 교회 오는 자들을 말하고 있다.
그러한 사람들은 하나님의 말씀을 귀담아 듣지 않는다.
말씀은 몰라도 교회 조직은 알아야 하고 말씀은 몰라도 사람 관계로 오고 싶은 사람들이 요즘시대는 더욱 많은 것 같다.
그래서 그들은 말한다.
나는 말씀보다는 찬양이 좋고 누구 권사가 좋고 기관이 좋고 하고 오는 사람들, 조금도 하나님의 속성을 알고자 조차도 안 하는 사람들, 이들은 어떠한 절박한 교회 상황이 펼쳐진다 해도 혈로 즉 예수님의 보혈의 피로 맺어진 자들이 아니기에 관계가 없는 것이다.

그래서 교회에 하나님의 관심이 무엇인지조차 모르고 평생 수십 년 교회생활 하다가 이 세상 정리하는 사람도 매우 많다.
그들은 결코 구원받을 수 없을 것이다.
왜냐면 성경에 기록하고 있으니까,
성경은 더하거나 빼거나 하지 말라고 하셨다.

> 암6:1 화 있을진저 시온에서 안일한자와 사마리아 산에서 마음이 든든한자 곧 열국중에 우승하여 유명하므로 이스라엘 족속이 따르는 자들이여

이 말씀처럼 유명한 목사가 되어서 많은 성도가 따르는 자인데 그가 세상 교회에서 너무 많은 것을 가졌기에 성도들이 어떠한 상황이든 관계가 없고 내가 만든 사마리아 교회에서 여로보암이 되어 제사 지내고 많은 열 지파를 거느리기에 늘 마음이 든든한 자, 백성의 수효가 너무 많아 감히 누구도 넘볼 수 없는 자, 그들이 사위라는 것이다.
왜냐면 하나님의 진리를 가르치면 그렇게 많은 사람을 데리고 있을 수가 없다. 사람들은 진리에 관심이 별로 없다, 그저 나만 부자 되고 나만 축복받으면 된다는 자기만의 진리에 빠져 살아가고 있기 때문이다.
내가 조금이라도 힘들면 진리의 말씀을 사모하는 것이 아니라 누구에게 기도 받지, 어느 교회에 가야만이 내가 축복을 받지 라는 생각으로 교회 생활을 한다.
언약을 가진 밧세바 교회 즉 맹약, 언약의 교회는 성도가 솔로몬, 사독, 나단 선지자, 브나야, 밧세바 총 다섯 명이다.
그들 인원은 적지만 하나님의 약속을 믿고 지켜 가고 있다.
결국, 수효가 많은 축제 때 만들어진 교회 학깃교회는 선택받지 못하고 그들이 만들어낸 아도니야 왕도 솔로몬에 의해 죽음을 맞이한다.

밧세바 교회만 선택받아 그곳에서 솔로몬 왕이 등극한다.
하나님의 말씀은 양심을 건드린다.
그것이 성도들이 교회 오기 싫어하는 요소이다.
그래서 그들에게 말한다, 절대 하나님의 자녀들은 부자가 되며 유명하며 전쟁이 없고 평안하다, 평안하다 하는 소리보다는 거룩한 근신의 소리에 귀를 기울여야 한다.
교회는 노래와 잔치가 매일 배설되고 예수그리스도의 재림과 하나님의 심판에 관하여는 관심이 없는 자들이라면 그들은 학깃 교회인데 나의 양심을 터치하지 못하는 말씀이라면 오늘도 주님 앞에 부족한 자의 모습을 보일 수가 없어 주님 앞에 교만한 자로 낙인찍힐 수도 있다는 것이다.

3) 하나님의 심판을 무시하는 자들이다

> 암6:6　대접으로 포도주를 마시며 귀한 기름을 몸에 바르면서 요셉의 환난을 인하여는 근심치 아니하는 자로다

마지막 때의 특징은 모두 술 취해 있다는 사실이다.
세상도 온통 술이 사람을 삼킬 것이요, 교회도 술이 성도를 목회자를 삼킬 것이다.
그것은 예정된 것이다.
아모스 선지자가 본 하나님의 이상은 말세 지말에 교회가 포도주에 잔뜩 취하고 몸에는 번지르르한 것으로 치장하고 하나님의 칠 년 대환란에 대하여는 아무 근심이 없다는 것이다.
사도 베드로는 깨어 근신하라고 외친다. 마귀는 우는 사자와 같이 삼킬 자를 찾는다고 말씀하고 계셔도 우리는 무방비 상태로 있다가 찢기고 고통만 당하게 된다.

성도들은 지도자가 겸비시키지 않았기에 그런 목회자 즉 지도자를 만나는 성도는 크게 패망할 것이다.

> **사람이 내 말을 듣고 지키지 아니할찌라도 내가 저를 심판하지 아니하노라 내가 온 것은 세상을 심판하려 함이 아니요 세상을 구원하려 함이로다 저를 저버리고 내 말을 받지 아니하는 자를 심판 할 이가 있으니 곧 나의 한 그말이 마지막 날에 저를 심판하리라**

이 기록된 말씀 중에서 주님은 우리를 구원하러 오셨다고 하신다.
주님에 자녀에게는 구원의 행위가 일어나지만, 주님과 관계없는 자는 구원이 아니라 심판이라는 것이다.
우리가 결코 알아야 할 것은 세상은 반드시 심판이 있다.
그래서 우리 삶 속에 하나님의 공의를 숨겨 놓으셨다.
입학이 있으면 졸업이 반드시 있고 태어나면 반드시 죽음이 있다.
아침에 해가 뜨면 저녁에 해가 지는 것이 삼라만상에 당연한 이치로 하나님은 우주의 질서를 그렇게 정해 놓으셨다.
교회에서 심판을 가르치지 않는다면 그들에게 미래에 대한 준비를 시키지 않는 것이다.
미래가 없는 교회는 아무것도 없다.
미래가 없는 학교는 학생에게 미래가 없다.
생각해 보라 학생은 배우고 시험을 치르고 그것에 합당한 직장에 들어간다.
어떻게 보면 돈을 벌기 위한 직장을 평생 공부로 대신하는 것이 아닌가?
미래에 대한 준비를 시키는 곳이 학교이다.
그렇다면 영적 미래를 준비시키는 곳이 교회가 아닌가.
심판은 두려운 것이 아니요, 믿는 자들에게는 반드시 심판이 있어야 할 것이다.
심판이 없으면 우리는 어떻게 환란의 세상에서 나갈 수 있단 말인가 너무 억울하지 않는가.
참고 참았던 것은 심판 때 주님이 다 드러내실 것을 알기에 견디는 것이요.
믿는 자들에게 심판은 구원의 선물이 있음을 기억해야 한다.
나는 늘 구원의 주님을 생각하면 감사할 따름이다.
그 소망이 나를 오늘 있게 해주신다.
그런데 심판을 농담으로 여기는 저들은 결코 용서받지 못할 것이다 지도자는 반드시 심판을 가르쳐야 할 것이다.
본 장을 다시 요약해서 기록한다면 말씀의 진리에 의해 신앙생활을 하라는 것이다.
말씀이 없는 교회생활은 망하고 말 것이다.
딸들과 관계있는 비진리, 그것은 성도와 관계있는 교회법일 것이다.
하나님이 교회를 이끄시는 것은 바로 진리, 하나님의 말씀만이 구원으로 이끄심을 믿어야 한다.
이제 그 교회법을 내려놓으라, 이 마지막 떠 내려놓을 기회를 주셨건만 아직 우리 교회는 그렇게 해요, 우리 교회는 성경과 관계없이 이렇게 해요 라는 말은 버리길 바란다.
딸의 사위가 되지 말고 신랑이 인정한 신부가 되어야 할 것이다. 그리고 선택받는 신부가 되어라, 그것이 최고의 축복일 것이다.

제20장

아비멜렉과 아브라함

아브라함이 두 번째 시험에 도달하게 되었다.
그런데 여기서 아브라함에게 같은 시험을 두 번이나 치르게 하시는 하나님의 의도는 무엇일까.
두 가지다 먹음직한 시험이다.
그 시험은 반드시 남방으로 향할 때 일어나는 현상이다.
첫째는 바로에 의한 시험이요
둘째는 아비멜렉에 의한 시험이다.
왜 이 두 시험을 성경에 기록하시고 우리를 향해 말씀하실까?
필자가 생각하는 것은 두 가지가 매우 뜻깊은 것이기에 깨달은 것을 기록하고자 한다.
첫째 바로는 태양이다, 태양은 곧 하나님이시다 이것이 영맥이요
육적맥은 바로는 세상 왕을 의미한다, 기록된 내용은 육맥이기에 세상 왕을 의미하고 있다.

성경에서 바로를 두맥으로 즉 영맥과 육맥 두 가지로 보지 아니하면

큰 비밀을 알 수 없을 것이다.
요셉도 바로에게 선택된 자라는 것을 기억해야 한다.

하나님 아버지의 속성은 율법이다.
육적인 먹음 직을 율법에 의해 시험에 합격했다면 이제 복음의 시험에 합격해야 할 것이다
그래서 애굽이라는 땅을 지칭하기도 한다.
애굽은 곧 세상이다, 세상에는 법이 필요하다.
여러 상황으로 보았을 때 바로의 시험은 율법의 시험이었다.
그렇다면 20장에서 아비멜렉의 시험을 자세히 들여다보기로 하자.

1. 아비멜렉

아비멜렉이란 히브리어로 "그 나라의 왕, 왕이 아버지시다."라는 뜻을 가지고 있다.
즉 아들의 의미를 가지고 있다.
장소는 가데스와 술 사이 그랄에 우거하였다고 한다.
아브라함이 아비멜렉을 만나는 배경이다.
가데스란 거룩한 땅을 말하고 있다.
술이란 반석을 의미한다, 반석이란 예수그리스도를 말씀하고 계신다.
그랄이란 고리, 지역, 무엇인가 연결하는 장소를 말하고 있다.
그렇다면 지금 아브라함은 율법과 복음의 연결고리의 장소에서 있다는 것이다.
그곳은 예수그리스도가 계신 거룩한 땅 복음의 땅을 이야기하고 있다.
아브라함은 율법의 땅에서 시험받고 또한 복음의 땅에서도 먹음직한 시험을 치르고 있다.

우리 또한 도의 초보인 율법의 땅을 넘어왔다면 고상한 복음의 땅에서도 시험을 치러야 한다는 사실을 하나님은 말씀하고 계시는 것이다.

본 장을 영적 해석이 없으면 아브라함은 바보 멍청이요 등신이요 마누라를 내주는 어리석은 자다.
그런 자를 하나님은 생각이 없어서 믿음의 조상으로 세웠을까.
우리가 아무리 똑똑하다 할지라도 감히 하나님의 지혜를 어떻게 따를까? 그래서 율법은 지키라고 하셨고 언약은 말씀의 뜻으로 이루신다고 분명히 모세를 통하여 출애굽기 34장에 기록하고 계신다.

본 장의 아비멜렉은 복음 시대의 지도자의 예표라고 한다면 사사기의 아비멜렉이 있다, 그 아비멜렉은 자칭 육신적 왕이 되어 자기 형제 70인을 죽인 사악한 악마의 탈을 쓴 지도자를 나타내고 있다.
사사시대란 지교회 시대요, 지도자의 시대라는 것을 먼저 알고 성경을 보아야 할 것이다.
또한 열왕시대도 많은 왕의 시대 곧 지교회 시대를 의미한다.
그때에 포도주에 취한 북이스라엘과 남유다로 나누어져 있다.
사사나 열왕시대를 자세히 볼 줄 알아야 우리가 살고 있는 21세기가 보이는 것이다.
하나님의 당신의 신성을 만상 가운데 두셨다고 말씀하신다.
그리고 모든 성경책은 태초부터 세말까지 두심을 알아야 한다.
다시 아비멜렉에 대하여 드러내고자 한다.
사사시대 아비멜렉은 너무 사악한 지도자이다.
하나님이 세우지도 아니하셨건만 본인이 자기 형제를 죽이고 왕의 아들 행세를 하고 있다.

그리고 백성을 고통 중에 다스리는 자가 아비멜렉이다.
그는 결국 한 여인의 맷돌 위짝으로 두개골이 깨지며 소년에 의하여 죽음을 맞는다.

창세기의 아비멜렉으로 다시 돌아가자.
그는 하나님의 음성을 듣는 자요 하나님을 두려워하는 자다.
그렇기에 하나님이 인정하는 지도자라는 것이다.

20:4   아비멜렉이 그 여인을 가까이 아니한 고로 그가 대답하되 주여 주께서 의로운 백성도 멸하시나이까
20:6   하나님이 꿈에 또 그에게 이르시되 네가 온전한 마음으로 이렇게 한줄을 나도 알았으므로 너를 막아 네게 범죄하지 않게 하였나니 여인에게 가까이 못하게 함이 이 까닭이니라

늘 주님의 뜻 안에서 있는 지도자는 나와 상관없이 타인에 의해 죄에 들어갈 수 있지만, 마지막은 항상 하나님이 죄악에 들어가지 못하게 붙드심을 볼 수 있다.
아브라함 또한 성정이 우리와 같은 사람이다.
복음을 따라 살려고 해도 환경이 자신의 아내를 빼앗을 수밖에 없는 상황이 올 수도 있다.
복음 속에는 반드시 환란이 옴을 깨달아야 할 것이다.
예수님의 육체가 복음을 만들기 위해 십자가의 환란을 겪을 수밖에 없지 않은가.
복음은 세상에 환란과 죄악 가운데 던져져 있다.
그래서 복음을 지키기란 매우 힘이 들기에 예수님이 친히 우리에게 보이셨지 않은가.
환란을 통과하지 않은 것을 복음이라고 하지 않는다.

세상의 환란을 말씀으로 이기고 나오면 나오는 과정 속에 예수그리스도를 만나게 된다.
교회의 지도자인 목사가 성도들을 교회 안에서 진리의 말씀을 가르치고 교회 안에 데리고 있으면 죄를 짓지 않을 텐데 육을 입고 있는 성도들이기에 세상에 나가서 세상의 일을 할 수밖에 없다. 성도들은 살아가기 위해서 돈도 벌어야 하고 자녀를 양육하기도 한다.
여러 가지 일을 해야 할 때 믿음을 지키기란 매우 어렵다는 사실을 안다.
복음의 시대에 신부를 세상에 내보낸 교회가 할 수 있는 일은 기도밖에 없을 것이다.
그럴 때일수록 하나님께 환경을 놓고 기도했을 것이라 믿는다.
남방의 그 환경을 허락하신 것도 하나님 아니신가.
환경을 탓하지 말고 아브라함처럼 하나님의 마음을 감동시켜 움직이게 하는 것이 현명한 것이 아닌가.
아브람의 기도가 하나님을 움직였고, 그 움직임이 놀라운 축복으로 오지 않았는가.
그 기도가 아내를 구할 수 있었고 오히려 양과 소와 노비를 취할 수 있는 부유로 대신 하나님이 갚아 주심을 볼 수 있다.

또한, 아브라함과 사라는 그 시험을 통하여 하나님께로부터 온전한 응답을 받는다.

> 창20:16 사라에게 이르되 내가 은 천 개를 네 오라비에게 주어서 그것으로 너와 함께한 네 수치를 풀게 하노니 네 일이 다 선해 해결되었느니라

은이란 성경에 구원을 의미한다.

금이란 온전한 믿음을 의미한다.
여기서 은을 주었다는 것은 구원받았다는 의미이다.
예수그리스도의 구원으로 우리의 수치를 면케 하심을 미리 말씀하고 계신다.
어찌하였든 그로 말미암아 사라의 태가 열려 생산케 하는 능력으로 말미암아 아들 이삭을 낳게 된다.
복음의 자식 그 기쁨의 자식을 주심을 알고 모든 것에 인내하자.
참고 견디고 인도하심에 따라 기도하며 간다면 결코 주님은 우리를 버리지 아니하심을 체험하게 된다.

또한, 지도자의 기도는 백성의 잘못된 행위를 중보의 기도의 위력이 나타난다. 결국 백성을 살리는 것도 지도자의 기도일 것이다.
또한 지도자의 섬김에 있어서도 죄의 용서뿐만 아니라 축복도 허락하심을 알아야 할 것이다.

제21장

이삭의 출생과 브엘세바

사람들이 모든 일에 최선을 다하는 것은 마지막에 기쁨을 누리려고 한다고 생각한다.
그 기쁨이란 열매일 것이다.
이 세상 누구도 슬프기 위해서 일하는 사람은 한 사람도 없을 것이다.
하나님은 성경을 통하여 우리에게 기쁨을 주는 대상은 어떻게 태어나고 어떠한 환경이 그를 반대하는지 정확히 기록하고 있다.
우리나라 속담에 "호사 담화"라는 말이 있다.
기쁜 일에는 반드시 화가 따른다는 것이다.
아브라함의 가정에 100년 만에 정말 하나님으로부터 주신 축복의 기쁨 즉 자식이 태어났는데 이 얼마나 기쁜 일인가.
그 기쁨은 말로 할 수 없을 것이다.
아브라함이 너무 가난해서 자식을 원하지 않았던 것도 아니고 하나님이 주시는 태의 복을 누리고 싶었던 것이 어느 만큼이냐면 종의 자식을 얻을 만큼 자식을 같고 싶었다.

결국, 본처에서 자식을 낳게 하신 하나님
온전한 믿음의 자식은 이토록 어렵다고 하나님은 말씀하고 계신다.
세상 자식은 순풍순풍 잘도 낳는다.
교회의 모습을 보면 알 것이다.
진리의 성령을 깨닫고 주님을 아는 제대로 신앙생활하는 성도가 교회에 몇 명이나 된다고 생각하는가?

우리 집안도 형제가 여섯이다.
할머니의 어머니 곧 증조할머니가 전도부인이었고 할머니가 예배당을 지으신 예배당 할머니고 어머니는 그 교회를 지키신 권사님으로 소천하셨다.
그래서 나까지 사대째 예수를 믿고 우리 자녀까지 하면 오대째 가문이다.
오대째 가문에서 목사는 나 한 사람밖에 없다.
열매가 너무 없어 슬프기도 하지만 나름 하나님의 인도 하심으로 여기까지 감사함으로 우리 형제들은 예수를 안 믿는 형제는 한 사람도 없다.
내가 초등학교 5학년 때 성경이 보이기 시작했고 말씀이 너무 좋아 수요예배조차 빠져본 적이 없다.
늘 떠들던 내가 어느 날 수요예배에 주일학교 교사이신 내 친구 아버지가 요셉에 대하여 말씀하시는데 내가 빨려 들어갔다고 할까 내 힘과 능력이 아니었다. 그 후 목사님의 안수로 목사가 되겠다고 다짐하고 40년의 세월을 훈련 가운데 살아왔다.
지금 목사가 되고 보니 훈련이야말로 값으로 살 수 없었다는 것을 알게 되었다.
그 훈련이 지금 이 책의 집필자로 만들어 주셨다.
그런데 우리 형제들은 각 교회에서 나름 교회나 목사님께 대단한 인정을 받고 신앙생활을 하는 직분자들이다.
놀라운 것은 그 직분자들이 한결같이 하나님의 온전한 뜻과 관계없이 하나님이시니까, 예수님이시니까, 교회이니까 그저 샤머니즘의 신앙으로 그렇게 살아가고 있는 것을 볼 때면 너무 가슴이 아프다.
아무리 외쳐도 이제까지 먹어온 음식 때문에 오히려 내가 이상할 뿐이다.

우리나라 교회 성도들 대부분이 다 그럴 것이다.
성경에 하나님의 법은 별로 상관치 않는다는 것이다.
그것을 얻기 위해서는 무엇을 하나님이 하라고 기록한 것에 대한지는 관심이 없다는 것이다.
그 율례와 법도를 지키는 것도 율법이라고 생각하며 그저 나에게 행복을 주는 것만 생각하는 것이 대부분이다.

환란의 주님, 재림의 주님의 대하여는 관심이 별로 없다.
있다 할지라도 난 천국 가겠지 라고 생각한다.
천국 가기 위해서는 하나님이 어떻게 하라고 하신 명령에는 별 관심이 없다.
교회에서 주일을 지키고 십일조하고 감사헌금하고 건축헌금하고 그러고 나면 다 천국 가는 줄 아는 이 세대를 어떻게 할 것인가.
두렵고 떨리기만 하다.
이스마엘은 육의 자식이라 종에게 쉽게 얻는다.
그리고 그에게는 약속이 없다, 그러다 보니 육적 성도는 영이 매우 거슬리게 되어있다.
이스마엘도 이삭을 희롱하지 않는가.
그는 구원과 관계가 없다는 것이다.
육의 자식이라 육으로 사는 동안에는 하나님이 지켜주신다.
그러나 영에 대한 약속은 전혀 없다는 것이다.

이삭이 태어나기도 너무 힘든 세월이었고 태어나서도 주위에 희롱과 조롱거리요 끊임없이 전쟁이 일어난다.
그 모든 전쟁에서 승리하는 이삭.

1. 이삭

이삭이란 웃음이란 뜻이다
이삭의 출생을 보면서 예수님의 출생을 같이 들여다보기로 하자.

사람이 부모를 선택하여 태어나는 것이 아니라 하나님이 보내는 선물이며 부모 또한 하나님이 허락하신 분에 의하여 태어남을 알 수 있다.
한가지 신기한 것은 출생에서 하나님의 의도가 숨겨져 있다는 것이다.
우리는 생명의 씨를 받을 때는 어머니 품 안에 있다.
그 품은 물로 감싸고 있으면 그 물속에 열 달을 담겨 있다가 나온다.
엄마 몸속에서 열 달 후에 나올 때 그 아이는 죽는다고 운다.
물속에 열 달 잠겨있던 아이는 세상에 나와서 사방의 바닷속에 100년의 대략적 삶을 지구에서 살고 죽을 때는 눈물을 이 세상에 뿌리고 간다.
그런데 그다음은 성경의 놀라운 비밀은 영원한 천국이 오기 전 새 하늘 새 땅 천 년 동안 왕 노릇 할 수 있는 그곳을 하나님이 선물로 남겨두셨다는 것이다.
세상의 존재는 새 하늘 새 땅부터 10%만 예표로 보여주고 있다는 것이다.
이 비밀을 세상 사람들은 알 수 있을까.
이것만 보아도 성경에는 무한한 비밀이 숨겨져 있다.
그래서 나는 좋다. 읽을 때마다 무엇인가 발견하곤 한다.

다시 이삭에게 돌아가 보기로 하자.
이삭과 예수님의 삶을 들여다보자면
이삭은 약속의 자녀이다.
예수님은 구약의 약속을 가지고 신약에 태어나셨다.
이삭의 출생은 사람의 능력으로 아니 하고 즉 여자의 죽은피의 자녀가 아니고 하나님이 약속으로 태어난 자녀이다.
예수님 또한 하나님의 약속대로 사람의 씨를 가진 것이 아니라 성령에 의해 태어났다.
이삭은 독자이다, 예수님 또한 독생하신 하나님의 아들이시다.
이삭은 희생의 제물로 드렸던 아들이다, 그러나 하나님의 은혜로 죽음을 맛보지 아니하고 양으로 대신 제물이 되었다.
예수그리스도 또한 우리를 위해 희생으로 십자가에 못 박히시고 죽으시고 부활하셨다.
여러 모양으로 볼 때 이삭을 복음의 예표이며 예수그리스도의 그림자라고 말하고 있다.

2. 이삭과 이스마엘

이삭과 이스마엘 두 자녀를 통하여 육과 영이 대립구도가 형성된다.
두 형제를 통하여 영과 육의 깊은 갈등을 하나님은 그려내고 있다.
이 문제를 가지고 육보다는 영을 이끄시는 하나님을 보시며 이 문제를 내 삶에 적용하지 아니하면 결국 하나님 말씀은 나와 관계가 없다는 것을 깨달아야 할 것이다.

> 21:8~9 아이가 자라매 젖을 떼고 이삭의 젖을 떼는 날에 아브라함이 대연을 배설하였더라, 사라가 본즉 아브라함의 아들 애굽 여인 하갈의 소생이 이삭을 희롱하는지라

명확히 묘사되는 것은 우리가 젖을 뗐을 때 드러나는 현상이다.
젖을 뗐다는 것은 율법의 말씀을 즉 기록된 말씀을 알았다는 것이다.
그 후 영적 보이지 않은 하나님의 뜻을 알아가야 할 시점에 육은 더욱 강대한 모습으로 영을 대면한다.
다시 말하자면 하나님을 알아갈 때 즉 하나님에 대하여 조금 눈을 영안이 떠지는 시기에 내 안에서 영이 자라지 못하도록 육은 끊임없이 희롱한다.
우리 마음속에 영과 육이 심히 싸울 때는 주님 앞에 조금 다가섰나 싶은 때 이러한 현상이 일어난다.
이때 하나님이 아브라함을 통하여 주시는 답이,

> 21:12 하나님이 아브라함에게 이르시되 네 아이나 내 여종을 위하여 근심치 말고 사라가 네게 이른 말을 다 들으라 이삭에게서 나는 자라야 네 씨라 칭할 것임이니라

결국 하나님은 영적 사람을 택하라고 말씀하신다.
두 마음이 내 안에서 전쟁이 일어날 때면 육을 택하지 말고 영을 택하라고 말씀하고 계신다.
그런데 우리는 흔히 "내가 사람인고로 육을 위해 어쩔 수 없었어요."라고 대답할 때가 너무 많다는 것이다.
그는 결국 이스마엘 종의 자녀밖에 될 수 없다는 것이다.
자녀가 되기 위해서는 언약을 지켜야 한다는 것을 깨닫고 주님을 온전히 영접해야 한다, 영접이란 나와 함께 동행하는 것이다.
아는 것은 동행과 관계가 없다.
수많은 사람은 하나님은 알지만 동행의 약속이 이루어지지 않은 것이 너무 많다.

제21장 이삭의 출생과 브엘세바

아는 것으로 하나님의 자녀가 되었다고 생각하지 말라는 것이다.
행동으로 옮긴 믿음이야말로 진정한 믿음이요 약속을 이행한 자만 자녀라는 사실을 반드시 알아야 할 것이다.

이 가족사에서 아브라함은 남자로서 진리를 말하고 있다.
가정에서도 남편은 진리의 역할을 감당하고 있는데 아버지가 뚜렷한 가정의 약속이 없다면 그 가정은 흔들리고 말 것이다.
진리는 좌로나 우로나 치우치지 아니한다는 것이다.
남편의 중심이 무너지면 그 가정의 질서는 파괴됨을 알아야 한다.
즉 신앙 안에서도 그리스도의 진리가 중심이 되지 않고 사람의 소리가 중심이 된다면 결국 무너지고 말 것이다.
우리는 주님 오시는 날까지 영과 육의 싸움은 끊임없이 우리 삶에 동행할 것이다.
그럴 때마다 우리는 영을 영접하고 육을 내어 쫓아야만 하나님 앞에서 살 수 있음을 알자.

하나님과 이스마엘을 보기로 하자.
이스마엘이 아브라함의 육적 자식이기에 언약은 없지만, 즉 언약이란 구원과 관계있음을 먼저 알아야 할 것이다. 육적인 삶으로 하나님을 섬겼기에 이 땅의 삶을 보장하신다고 약속하신다.
하갈과 이스마엘은 아브라함의 아내요 자식이라 그래도 교회에 시험이 들지 않고 언약의 교회 옆에서 육적 신앙으로 하나님께 부르짖고 있다.
하나님이 말씀하시는 육적 성도란 세상 사람을 말씀하시는 것이 아니라 교회 안에 하나님 나라보다 내 것에 즉 세상에 의지하여 사는 성도들을 말하고 있다.

아무리 하나님이 은혜를 베풀고 축복하신다 할지라도 이스마엘은 광야에서 활 쏘는 자로 그 본토 애굽 여인, 육적 신부, 육적 교회를 찾아 삶을 살아가는 것을 볼 수 있다.

21:20   하나님이 그 아이와 함께 계시매 그가 장성하여 광야에 거하며 활 쏘는 자가 되었더라

사람은 그 본성을 버릴 수가 없나 보다. 그토록 하나님의 은혜를 입었건만 그가 있는 곳은 항상 땅에 거하는 자라는 것이다.
광야는 세상을 의미한다. 망하는 자들은 꼭 광야에서 활을 쏜다는 것이다.
가인 또한 들 사람이었고 활 쏘는 자였다. 활이란 남을 죽이는 도구, 즉 율법으로 남을 지적질만 할 뿐이지 거듭남과는 전혀 상관이 없다는 것이다.
우리에게는 활이 아니라 검이 있어야 한다. 검은 요리를 해서 나에게 유익을 준다. 주님이 주시는 것도 우리에게 검이요 활이 아니라는 사실을 안다면 참으로 신앙생활하는데 매우 유익할 것이다.
이것이 계시록 6장에 활을 가진 흰말이 미혹의 영으로 온다는 것을 잊지 말자. 그는 자기 모습을 가장하여 나타나 성도들을 미혹시키는 자다.
그는 하나님의 유업을 얻지 못한 자가 된다. 내가 육의 사람이라면 빨리 그 본질을 뿌리 뽑는 아픔을 겪어야 할 것이다. 그렇지 아니하면 이스마엘처럼 다시 땅의 것을 거느리고 살 수밖에 없다. 하늘나라의 유업은 결코 그에게 돌아가지 않는다.
하나님이 기록된 말씀을 통하여 나에게 알리고자 하시는 것은 영의 나라를 사모하라는 것이다.
그렇다면 먼저 내 자신은 브엘세바 즉 언약의 자녀가 되었나 살펴보

아야 한다. 어느 환경이 되었든지 그 환경에 따라 하나님의 말씀의 약속이 나타나야 한다. 그리고 그 약속을 향하여 항상 달려가야 할 것이다.

또한, 우리 교회가 진정한 언약의 교회인지 하나님의 진리가 항상 있는 교회인지 점검해야 할 것이다.

그렇지 않다면 결국 브엘세바 들에서 방성대곡하다가 육으로 끝나는 인생이 되고 말 것이다.

3. 아비멜렉과 아브라함의 언약

본 장 22절에서부터 34절까지는 아비멜렉을 통한 특별한 언약이 이루어진다.

이 언약은 일곱 우물에 관한 언약이다.

결국, 이 언약이 일곱 머리를 거치는 이스라엘 하나님이 백성을 공의적 하나님의 사건 속에 주인공이 되어 이루어짐을 알 수 있다.

칠일의 주인공, 일곱 나라의 주인공, 칠천 년의 역사의 주인공 그가 하나님의 섭리이다.

내가 원하든 원치 않든 그것은 반드시 이루어지고 있다.

일곱 나라란 이스라엘이 생기면서 그와 대립 될 나라를 의미한다.

여기서 암양 일곱 새끼는 하나님이 선택한 신부의(성도들) 역사 과정이다.

사람이 만든 나라와 우물 즉 교회의 약속을 성경에 기록하고 계신다.

본 창세기를 통하여 하나님의 교회가 이 세상 일곱 나라를 걸치면서 일어날 일들 중에 교회는 세상에 거짓되이 행치 아니한다는 약속을 미리 정해 놓으셨다. 그리고 그것을 브엘세바 라고 이름하였다.

그 일곱 나라는 애굽-앗수르-바벨론-메대바사-헬라-로마-재생

로마 대략 이 과정을 통하여 하나님 나라가 완성됨을 예언하고 계시는 것이다.
성경 66권은 이것을 이루어 가는 과정을 기록하고 계시며 그 과정 속에 일어날 사건들에 대하여 미리 말씀하시기에 우리는 대처할 능력이 생긴다는 것이다. 그렇다면 본 절에 대하여 자세히 알아보기로 하자.

이 장면의 아비멜렉을 예수그리스도의 예표로 보고 아브라함을 나 자신으로 보아야 할 것이다.
왕이 자기 아버지의 뜻을 지닌 아비멜렉, 하나님을 아버지로 섬기는 예수그리스도, 같은 개념으로 보아야 하며 또한 아브라함을 나로 표현할 때는 내가 관계없는 성경은 성경이 아니라는 사실을 알고 말씀을 깨닫기를 원한다.

먼저 아브라함은 아비멜렉으로부터 인정을 받는다. "하나님이 너와 함께 계시도다." 라는 고백의 말, 우리는 이제까지 살아오면서 "당신은 참으로 예수 믿는 사람입니다." 라는 고백의 소리를 들어본 적이 있는가?
이 소리를 들어야 언약이 이루어진다.
아직 그 소리와 나와 무관하다면 지금부터 우리는 그 소리를 듣기를 사모해야 할 것이다.
브엘세바 언약의 핵심은.

> 21:23 그런즉 너와 나와 내 아들과 내 손자에게 거짓되이 행치 않기를 이제 여기서 하나님을 가르켜 내게 맹세하라 나와 너의 머무는 이 땅에 행할 것이니라

이 세상이 존재하는 동안에 이루어질 것들, 그것은 하나님에게 진실된 삶을 살아야 한다는 것이다.
아비멜렉과 아브라함의 대화 속에 우물 사건이 나온다.
저들이 아브라함의 우물을 늑탈했다는 것이다. 그런데 그는 모른다고 이야기하신다. 우리의 교회를 늑탈하는 교회, 그러한 사건은 하나님께 아뢰어야 한다고 이야기하고 있다. 그리고 그것을 고하면서 아브라함은 양과 소를 취하여 준다. 그것은 우리 교회가 늑탈당하면 아름다운 성도를 길러내서 하나님 앞에 증거를 드러내고 지켜달라고 고백하라는 것이다.
이 모든 것에 약속은 바로 브엘세바, 즉 일곱 우물이 약속이라는 것이다.
훗날 요한 계시록에서 일곱 교회가 나온다.
심판받은 모습이 그려져 있다. 그 교회 심판으로 일곱 우물 사건은 마감을 이땅에서 이루어질 것이다.
우물을 잘 지키는 지혜를 받아 지도자들은 항상 경계해야 할 것이다.

제22장

삼일길과 이삭번제

사람은 일평생 살아가면서 피할 수 없는 것이 시험이다.
드디어 하나님께서 선악과 중 탐스러움에 시험이 이루어지신다.
본 장은 시험을 아브라함에게 치르시기 위해 부르셨다는 것이다.
먹음직, 보암직, 탐스럽기까지 한 세 가지 시험, 이 시험을 치르기 위해 끊임없이 우리 인생은 살아가고 있지 않은가?
시험을 치르기 위해서는 시험을 내는 분의 지시할 땅을 보아야 할 것이다.
아무 곳에서나 시험을 치르는 것이 아니라 탐스러운 열매는 반드시 시험의 대상인 이삭을 데리고 모리아 산으로 가라고 명하시고 있다.

탐스러운 시험은 모리아 산과 관계가 있다.
모리아란 높다는 뜻이며 높은 차원의 곳에서 나를 태워 번제로 드리라고 하신다, 높은 차원이란 영적 차원을 말씀하고 계신 것이다.
다시 말하자면 탐스러운 열매는 내 몸으로부터 나온다.
그것을 주님 앞에 드린다는 것은 높은 차원의 믿음이 아니면 할 수 없다는 것이다.
주님께 헌금 관계도 기쁨으로 드리되 헌금만큼은 믿음이 있어야 한다는 것이다.
이 차원이 하나님과 내가 가까이할 수 있는 유일한 길이요 그것은 아직 오지 아니하신 예수그리스도의 구원의 차원에서 예배드려야 한다는 것이다.
갈 때는 반드시 두 사환과 쪼갠 나무를 가지고 가야 한다.
사환이란 종들을 의미한다, 말씀으로 본다면 신, 구약 기록된 말씀이 두 사환이 되어 그리스도 앞에 우리를 인도하시는 것이다.
신, 구약 기록된 말씀이 우리의 육체와 관계있음을 알고 그 속에 담긴 뜻이 그리스도라는 사실을 깨달아야 할 것이다.
그것을 이루시기 위해 나무 십자가에 매달리신 예수님, 아브라함은 제 삼일에 이것을 준비하고 멀리 바라본지라.

여기서 또한 비밀스러운 것이 하나 있다.
예수님이 십자가에 달리실 때도 양옆 십자가에 매달린 두 강도를 볼 수 있다.
우편 강도는 구원을 받고 좌편 강도는 구원을 받지 못하는 결과를 가져왔다.
이 상황 때문에 성경을 오해하는 사람들이 많다.
성경에 강도는 누구를 말하고 있는지 자세히 볼 필요가 있다.
예루살렘 성전이 더러워질 때 강도의 굴혈이라고 주님이 말씀하고 계신다.
그 굴혈에는 어느 강도가 있단 말인가?
바로 대제사장, 서기관 바리새인들이다.
그들이 강도다. 이것을 깨닫지 못하면 강도짓을 해도 구원받는다는 착각 속에 빠져든다. 그렇게 구원이 쉬우면 왜 예수님은 십자가에 못 박히시고 제자들은 왜 다 순교하였는가.
그러나 주님은 마지막까지 우리에게 기회를 주심을 감사해야 할 것이다.
마지막 우편 강도는 자기의 잘못을 용서를 빌며 주님과 함께하기를 원했다.
그렇기에 하나님은 당신의 자녀가 회개함에 용서를 그에게 허락하시고 낙원을 선물로 주심을 지금 나의 환경 속에서 나는 주님의 종으로 그 사역을 잘 감당했는지, 또한 잘 감당한다고 하면서 그것을 행동으로 옮기지 못한 것이 있다면 우리는 지금 십자가 앞에서 회개해야 할 것이다.
그렇지 않다면 우리 또한 좌편 강도가 될 수 있다는 사실을 알아야 하지 않는가.
좌편과 우편은 주님만이 구분하심을 깨달아야 할 것이다.
우리는 신앙생활을 하면서 주님과 상관없이 내가 판단해서 다 예수님 우편에 있다고 착각하고 살아가고 있다.
기회 주심이 은혜라는 것에 우리 모두 감사하자.

그리고 왜 우리 보고 인내하며 견디라고 믿음을 지키고 순종하라고 신약을 통하여 그리도 많이 말씀하고 계신가.
정말 이 문제에 대해서는 많은 목회자, 지도자들, 성도들 모두 회개해야 할 것이다.

가장 먼저는 나 자신임을 먼저 고백합니다.
"아! 나는 어떤 자였던가,
주님, 수없이 많은 주의 것을 나는 평생 살아가면서 얼마나 많은 도적질을 했습니까? 정말 가슴을 치며 주께 회개하며 그래도 날 버리지 아니하심이 감사드립니다.
오! 주님 이 세상에 다시 한 번 긍휼을 베풀어 주시옵소서.
회개의 영을 우리 모두에게 허락하사 겸손한 마음으로 주님의 뜻을 바라보는 성도 되게 하옵소서. 아 - 멘

가슴이 떨려 잠시 어떻게 써야 할지를 몰랐다.
우리 모두 다시 오실 주님을 생각하며 자기의 나뭇짐을 지고 삼일 길을 가는 이삭과 같은 하나님 아버지의 자녀 되기를 원한다.

1. 어린양

하나님의 말씀 속에 매우 중요한 사건은 이삭이 번제로 드려야 할 제물이라는 것이다. 이 번제로 드려야 할 이삭 대신 어린 양이 준비됨을 우리에게 상기시키시는 이유는 무엇일까?
어린 양과 이삭과의 관계는 무엇일까?
그리고 이것이 왜 탐스러움의 선악과에 해당되는지를 알아보기로 하자.

먼저 신약에서 예수님을 무엇이라고 율법은 말하였는가를 보기로 하자.

  요1:35~36
      또 이튿날 요한이 자기 제자 중 두 사람과 함께 섰다가, 예수님이 다니심을 보고 말하되 보라 하나님의 어린 양이로다

세례요한은 예수님을 보고 어린 양이라고 말하고 있음을 예수님의 제자 요한이 기록하고 있다.
그렇다면 하나님은 세례요한을 등장시킨 이유는 예수가 하나님의 아들임을 증거자로 세웠음을 알고 있지 않은가.

그런데 세례요한 보고 율법의 마침이라고도 기록하고 있다.
즉 율법의 본질은 예수 그분은 하나님의 아들임을 드러냄에 있어 여러 모양과 부분으로 증거하고 있지 않은가.
세례요한이 증거하는 예수는 육체를 지니고 오신 예수를 의미한다.
요한이 마지막까지 보고 간 것도 육체로 오신 예수님이었다는 사실을 알고 그가 예수 십자가는 보지 못하였다. 그렇기에 율법, 즉 육체만 증거할 수 밖에 없는 세례요한이다.

죽기 위해 하나님이 준비하신 어린양-람브
하나님은 아들을 죽이기 작정하시고 그 예표로 준비된 양이 있다는 사실을 우리에게 암시하고 있다.
이삭을 대신하여 죽을 양, 나를 대신하여 죽은 양,
그 양이 신약의 세례 요한은 예수님이라고 말씀하고 있다.
예수님은 이 세상을 누리려고 오신 분이 아니라는 것이다.
그분은 우리를 위해 죽으러 오셨다, 우리는 누리기 위해 신앙생활을 하고 있는가 아니면 나를 세상에 내어놓고 죽어가는 자들을 위해 신앙생활을 하고 있는가 생각하여 보기로 하자.

마16:21-23
이때부터 예수그리스도께서 자기가 예루살렘에 올라가 장로들과 대제사장들과 서기관들에게 많은 고난을 받고 죽임을 당하고 제 삼일에 살아나야 할 것을 제자들에게 비로소 가르치시니 베드로가 예수를 붙잡고 간하여 가로되 주여 그리 마옵소서 이 일이 결코 주에게 미치지 아니하리이다

마태복음을 통하여 주님은 우리에게 누가 예수님을 죽일 것인지 알고 미리 말씀하신다. 그들이 바로 장로들, 대제사장, 서기관들, 이

얼마나 기막힌 일인가? 주님을 아프게 한 것이 다 지도자들이라는 것이다.
그들이라고 미리 말씀하셨건만 아무도 관심을 두지 않는가.
그것은 나와 상관이 없다고들 말하고 있다.
오늘날 지도자들 또한 예수님의 십자가가 나와 상관없이 나는 예수를 죽이지 않는다고 말하면서 교회를 전쟁터로 만들고 있다.
그들의 탐욕은 장로는 죽이고 성도들을 성폭행하고 이 어찌 된 일인가.
사람을 죽이고 살리고 배반하는 것은 가장 측근의 사람이 이 일을 하고 있다는 사실을 우리에게 말씀하고 계시지 않는가.
내 집안에 원수가 있다고 단정적으로 말씀하신 예수님, 원수가 누구인가.
하나님과 가장 가까이 있다고 하는 종교 지도자들이 결국 가장 큰 원수로 변하고 있다는 것이다.

지금 종교 지도자들은 무엇을 하고 있나.
특히 한국을 비롯해 전 세계 예수그리스도를 알고 하나님을 아는 지도자들은 얼마나 주님의 음성을 듣고 실천하는가, 주님이 우리에게 주신 양들을 향하여 얼마나 양심적인 온전한 하나님의 뜻을 드러내는가.
여기서 나는 잠시 생각해 본다, 만약 우리가 잘하고 있다면 대한민국 기독교는 결코 이 모양으로 드러내지 않았을 것이다.
결국, 이 나라 기독교를 이렇게 만든 장본인은 남이 아니라, 성도가 아니라 교회 안의 지도자라는 사실을 인정해야 할 것이다.

이때 베드로는 말한다. 결코 주께 미치지 않겠다고, 우리는 교회 안

에서 주님 저는 결코 주님을 배신하지 않습니다, 그리고 참으로 주님을 사랑합니다,
그런데 돈이 목적이 되어 교회가 분열되고 있다는 것이 얼마나 슬픈 일인가,
돈은 하나님의 사역을 위해 필요한 도구일 뿐이다,
예수님도 도구로만 사용하였다,
돈에 종노릇하고 있어, 교회 안에 얼마나 시끄러운 소리가 들리고 있던가,
나 또한 하나님의 일속에서 돈이 개입 되어 얼마나 큰 아픔을 겪었는지 모른다. 우리 교회는 설립된 이래 헌금 바구니를 돌려 본 적이 없다. 주보에 기록해 본 적도 없다. 기관에서 참기름 한 번 팔아본 적도 없다. 작정 헌금 자신 스스로가 아니면 시켜본 적도 없다. 교회를 이전하고 여러 힘든 상황에서도 해본 적이 없음에도 돈은 교회를 매우 힘들게 하는 것도 사실이다,
너무 많아서 힘들고 너무 없어서 힘들고, 많으면 돈의 유혹이 오지만 없어도 낙망할 때도 너무 많다, 그러나 낙망하면서 기도할 때는 없을 때일 것이다,

사람이나 교회나 많으면 어디에 쓸까 고민에 빠진다.
그 돈이 예수님을 죽이는 값으로 우리에게 다가옴을 알 수 있다.
이 얼마나 무서운 일인가?
돈을 사랑함은 일만 악의 뿌리라고 이야기하신다.
우리는 얼마나 나를 위해 죽으시고 부활하신 그 주님을 판값으로 살아갈 것인가?
오! 주님 우리 교회 안에 얼마나 주님을 팔기 위한 모습들이 들어오고 있단 말입니까? 교회 올 시간은 없고 돈 벌어서 교회 지킨다고 세

상에 빠져있는 성도들이여 주님이 울고 계십니다.
주님은 돈이 필요하신 분이 아닙니다. 그 돈은 필요할 때 우리에게 주시는 도구일 뿐입니다.
성도들에게 수요예배는 안 와도 된다고 돈 벌어 오라는 하는 지도자들이여.
이제 그만 주님 가슴 찌르는 일 정지합시다.
제발 우리 그만합시다. 주님이 울고 계십니다.
주님! 저 또한 이 죄악에서 건져주시옵소서.
오! 주님 우리의 죄를 용서하여 주시옵소서.

이삭이 나 자신이라고 기억하시고 내가 죽어야 할 자리에 나를 위해 죽으러 오신 양, 예수그리스도를 나의 구세주로 인정하시면 이 말씀이 평생에 나의 머릿속에 나의 모든 삶 속에 진리로 구축되어야 할 것이다.
그 진리로 인하여 온전한 구원이 이루어질 것입니다.

> 창22:12 사자가 가라사대 그 아이에게 네 손을 대지 말라 아무 일도 그에게 하지 말라 네가 네 아들 네 독자라도 내게 아끼지 아니하였으니 내가 이제야 네가 하나님을 경외하는 줄을 아노라

탐스러운 열매를 포기할 때 그리고 하나님의 음성에 귀를 기울일 때 우리를 인정하시는 하나님을 볼 수 있다.
하나님은 이제 비로소 네가 나를 경외하는 줄 안다고 말씀하고 계신다.
우리는 내 몸의 핏값의 열매를 주님께 드렸는지, 아니면 드리려고 하는지 드렸다면 주님께 영광의 칭찬을 들을 것이다.

아브라함은 축복을 받고 그것으로 끝내는 것이 아니라 브엘세바에 거하는 것을 볼 수 있다.
축복을 받았다면 그것을 가지고 언약을 세우라고 하나님은 우리에게 가르쳐 주시고 계신다.
그것을 약속으로 이끌지 아니하면 그 응답은 여러분의 믿음대로 생각하시길 바란다.

여기서 잠깐 간증을 하나 하려고 한다.
나 또한 목회 길을 오는데 이 시험을 어찌 치르지 않았겠는가.
하나님의 아들 예수그리스도 또한 마귀에 의해 사역 길을 시작하실 때 삼대 시험을 통과하게 된다.

10년 전 개척하면서 교회가 너무 어려웠다.
큰딸이 대학을 중도에 포기하고 교회를 위하여 돈을 벌어 나갔다.
그 돈은 교회 보증금 빌리고 매달 갚는 조건으로 일했기 때문에 운영비가 조금도 없었다.
남편은 내가 목회하면서 절대 세상 돈을 벌지 못하게 하였다.
내 마음속에 목회 시작하면서 남편이 돈을 벌어다 주면 내가 나태하여질 것이며 하나님을 의지하는 것이 아니고 남편의 손을 볼 것 같았다.
또한, 남편이 믿음이 연약한 고로 세상에 남겨둔다면 그에게 온전한 믿음이 올 것이라고 생각이 들지 않았다. 목사의 남편이 세상 것에 물들어 있다면 우리 가정부터 바꾸어야 하지 않는가?
또한, 아무것도 없을 때 하나님이 하심을 보고 싶었다.
아무것도 없는 지하바닥에서 하나님이 나를 이끄신다면 진짜는 내가 목사임을 확신할 것이요. 우리 교회 오는 가난에 찢긴 성도들이 교회를 보고 이 교회를 역사하시는 하나님이라면 나도 가능성이 있다는 확신을 주고 싶고, 또한 아이들에게 그냥 부모가 믿는 예수님이 아니고 그들의 삶 가운데 하나님이 역사하시는 우리 가정, 교회, 부모를 보여주고 싶었다.
그래서 형제들에게도 손 한번 부모에게도 손 한번 벌리지 않고 개척을 하였다. 문 닫은 교회 가서 강대상을 가지고 오고 방석을 가지고 오고 내린 간판을 주어다가 앞에 이름만 바꾸면서 시작했다.
그리고 기도했다.
주여! 나같이 힘든 성도들 보내주세요. 함께 기도하며 역사하시는 하나님을 만나기를 원합니다.
오는 성도들에게 사람이 아니라 하나님을 드러내고 싶었다.
나 자신의 부요함 보다는 나부터 연약하고 가난하고 부족한 모습으로 시작하기를 원했다.
그리고 아무것도 없는 나이기에 똑같이 성도들의 위로의 대상이 되기 위해 정말로 간절한 마음으로 그렇게 시작했다.
지금 생각해도 너무 감사하다.
할 수 있는 용기를 주셔서 너무 감사합니다.

또 한 가지는 남편의 믿음이 너무 연약하였기에 나는 남편과 어떠한 결정을 해야 할 때가 온 것으로 생각했다.
여기서 개척이 힘들어서 남편이 세상에서 돈을 벌어와야 하는 환경을 이해하실 거야 하는 생각을 가졌다면 오늘의 남편을 만들지 못하였을 것이다.
나는 전 씨 가문에 맏며느리로 시집을 와서 시어머니 시아버지 시누이 시동생, 시외할머니, 시외삼촌 우리 두 아이, 대가족 속에서 가정을 거의 내가 이끌고 가게 되었다.
남편은 삼성 반도체에 근무하고 꽤 능력 있는 사람이었다.
그런데 나와 결혼하면서 직장 일에 느슨해지기 시작하였다.
20년 전 세상을 정리하면서 초등학교 오 학년 때 하나님과 약속 때문에 목회를 준비하기 시작했다.
온 식구를 데리고 기도원을 내 집처럼 드나들었다.
그러다 보니 가장 약한 곳이 남편이었다.

믿음이 없는 집안에서 태어나서 하나님의 근본조차도 모르는 사람이다.
세상이 좋은 사람이요, 세상을 놓을 수 없는 사람이었다.
그러므로 나는 여기서 남편과 하나님의 사역 둘 중 하나를 선택할 수밖에 없는 상황이었다.
그래서 남편에게 이십 년 동안 당신의 가정을 위해 살았으니 이제부터 아내의 목회 길을 허락하고 함께 그 길을 갈 것이냐.
아니면 이제까지도 당신 하고 싶은 대로 살았으니 앞으로도 나와 상관없이 그렇게 살 것이냐, 나와 살려면 세상일을 포기하라,
그리고 친구도 포기하고 환경도 포기하고 요구했다.
그에게는 엄청난 일이었을 것이다.
하늘이 무너지는 일이었을 것이다.
그러나 나는 이제 결정을 짓지 아니하면 내 인생은 지옥 구렁텅이에 빠지는 삶이 될 것이라는 생각 때문에 견딜 수가 없었다.
삶이 지옥 구덩이라는 것이 아니라 내가 하나님과 초등학교 때 언약이 깨진다면 나는 삶의 의미가 없을 것이라는 생각과 소망이 없다는 확신이 생기고 말았다.
이제까지의 모습이 아니라 죽을 마음으로 내려야 하는 결정이므로 그렇게 했다.
남편은 죽을 고생으로 몸부림치다가 결국 그렇게 하겠다는 다짐을 받고 개척을 시작했다.
몇 년은 세상 반, 하나님 반 이렇게 살면서 교회를 지키기 시작했다.
그 후 교회 청소 한번을 나에게 시킨 적이 없다, 교회에서 지금은 방송 일을 담당하며 나와 함께 심방을 한다.
이제는 세상을 나가라고 해도 세상이 싫다고 한다.
세상 바보가 된 남편을 보면서 남들은 어떠한 생각을 할지 모르지만 나는 너무 감사했다.
목사 남편이기에 주님의 사랑과 하나님의 두려움을 같이 가지고 가는 그 사람 지금은 목회 10년의 생활 속에 가장 많은 성경공부를 했을 것

제22장 삼일길과 이삭번제 239

이다.
주위에서 많은 사람이 왜 목사 안수 안 받느냐고 묻는다. 그럴 때마다 그 사람은 이렇게 대답한다.
처가 가문은 예수 집안으로 뼈대가 있는데 내가 공부했다고 목사 안수 받으면 남자라는 이유로 아내 목사를 방해할까 싶고 또한 한 집안에 두 목사는 없습니다. 그저 아내를 섬길 뿐이고, "우리 아내 목사가 세상에서 제일 멋있는 목사입니다." 라고 푼수처럼 말하는 사람으로 변했다.

아이들은 꽤 예쁜 모습으로 신앙생활을 하는 것을 볼 수 있었다.
딸이 대학을 포기하고 중도에 세상에 들어온 것이 10년째이다. 나의 동역자 역할을 해온 딸이다. 지금도 여전히 나의 동역자이다.
시집갈 나이 삼십인데도 나에게 투정 한 번 안 부린다.
결혼해야 될 텐데 라고 이야기하면 "엄마 나 시집 안가, 엄마랑 살지 뭐" 갈 돈이 없음에 십 년을 일했어도 아무것도 가진 것이 없음에도 늘 그렇게 이야기한다.

탐스러움에 아들을 이야기하려는데 엉뚱한 이야기가 나갔다.
우리 아들은 지금 26세다.
아들을 생각할 때마다 가슴이 절절히 아프다.
아들이 유치원 때부터 고난 속에 살아온 아이다.
다 가는 학원 한 군데도 가지 못한 아들이다.
이때부터 나는 훈련 가운데 남편과 함께 들어갔다.
남편이 무엇인가 하려고 해도 늘 그것을 막는 주님을 보면서 나는 남편을 목회로 인도하기로 작정하였다.
그런데 하나님은 결코 그리하지 아니하셨다.
그래서 내가 목사 안수가 더욱 늦어진 것이다.

그럼에도 아들은 그 아이 이름이 전세계이다. 그 어린 손을 모으고 가정예배를 드릴 때면 두 손을 모으고 눈물을 흘리면서 기도하는 모습을 보면 대견하기도 하고 감사하기도 하다.
초등학교, 중학교는 꽤 선생님들이 인정하였다.
중학교 때 반회장임에도 불구하고 나는 학교에 가지 못했다.
그저 예수님에게만 미쳐서 시간만 나면 늘 금식하고 살았다.
그런 엄마를 보고 회장 되었다는 말도 안 하고 그냥 학교를 다니니 담임선생님이 세계어머니가 보냈다고 햄버거를 준비해서 반 아이들에게 먹였다. 그것도 후에 알았다. 참으로 훌륭한 선생님을 만났던 것 같다.
그렇게 중학교를 보내고 고등학교를 숭실 미션스쿨로 입학했다.
선생님은 이 아이를 경영학과를 보내라고 미래가 있다고 말씀하셨지만 나는 관심을 쓸 수가 없었다.
왜냐면 목회 길을 준비하는 과정이 너무 힘들었기에 날마다 밤이면 울고 살았다.
개척해놓고 아들이 고등학생이라는 사실도 깊은 관심 없이 교회에 매달리다 보니 어느 날 담임선생님이 전화가 왔다.
"전세계 어머니 내일 학교에 좀 오세요"
다음날 나는 학교에 갔다.
선생님은 나에게 어머니 세계 퇴학을 시켜야 할 것 같습니다.
나는 대뜸 왜요 라고 질문을 했다.
부모님이 한 번도 등록금을 보내지 아니하시니 학교 규칙에 따라 할 수 밖에 없습니다. 부모님 직업이 무엇입니까?
저희는 목회를 합니다. 이제 개척하였습니다.
아버님은요, 예 저하고 같이 목회 일을 합니다.
그럼 어떻게 합니까, 선생님이 얼마나 난감하면 어찌할 바를 모르셨다.
나는 거기서 아브라함이 생각났다.
아, 하나님이 나를 시험하시는구나.
그렇다면 나도 대답을 아브라함처럼 아들에 대하여 하나님께 보여 드려야 하는데 라는 생각에 "선생님, 저는 이제 개척하였습니다. 이것을 멈출 수가 없습니다. 아버지의 일이기에 저는 이 일을 해야 하기에 우리 아들은 나중에 언젠가 공부할 날이 오겠죠, 하나님의 일이 먼저인 것

같네요."라고 대답을 했더니 선생님은 이 어머니가 미쳤나, 제정신이 아니네 라는 눈빛으로 나를 보고 계셨다.
그리고 나는 확고하게 말했다.
"학교 규칙대로 우리 아들 퇴학시키세요"
그리고 나는 교회로 돌아왔다.
지하 보증금 1000만원에 월세 50만원이다.
커텐으로 성전과 방을 나누었다.
불이 안 들어 오는 바닥에서 2년을 견뎠다.
그런 상황에 교회세도 감당하기 매우 힘든 상황이기에 어떠한 여유가 없었다.

오면서 얼마나 울었는지 모른다. 육신의 어머니로 그 아들에게 그렇게 밖에 할 수 없는 나 자신에게 자식에 대한 미안함으로 가득 찼다.
교회 와서 울면서 기도했다.
하나님 아버지 그래도 내 아들을 희생양으로 삼을 수 있는 마음을 주셔서 감사합니다. 아브라함의 하나님이여 그 하나님이 오늘 나의 하나님이신 줄 믿습니다. 주님 사랑합니다. 그리고 죽도록 충성하겠습니다.
그 기도 소리만 반복하여 계속 미친 듯이 외치며 울었다.
죽을 것 같은 심정으로 울면서 기도했다.
부모는 자식 일은 어쩔 수 없는 것 같다.
다 내려놓아도 이렇게 아프지 않았는데 자식 일은 너무 아팠다.

저녁때가 되어 어둑어둑 해가 지기 시작할 무렵 전화벨이 울렸다.
"여보세요, 교회입니다"
"여기 숭실고등학교입니다, 세계 어머니시죠?"
"네,"
"내일 아침 학교로 좀 오세요."
드디어 올 것이 왔구나, 가슴이 두근두근 뛰기 시작했다.
대답은 담대하게 한 것 같은데 아들이 오면 어떻게 이야기하지,

정말 머리가 하얗게 아무것도 그려지지 않았다.
이 아이가 어떻게 받아들일까, 걱정이 많았다.
다음날 도살장에 끌려가는 마음으로 학교에 갔다.
선생님의 얼굴을 볼 수가 없었다. 그래도 하나님의 종의 자존심은 내려놓지 말자, 굳게 마음을 먹었다.
선생님은 내 얼굴을 한참 쳐다보시더니 어머니 너무 슬퍼하지 마세요.
어제 어머니가 가시고 삼성그룹에서 전교 학생회장에게 주는 장학금이 나왔습니다, 그래서 제가 교장 선생님께 이야기했습니다.
세계 어머니가 세계를 포기할 것 같다고, 이 장학금을 전세계 학생에게 주자고 담임선생님이 교장 선생님에게 간청하였다는 것이다.
모든 이야기를 듣고 교장 선생님이 한 학년 끝날 때까지 지원하라고 결정을 내렸다고 말씀하시면서 나보다도 더욱 기뻐하셨다.
이 얼마나 기막힌 일인가,
삼성을 통하여 대신 등록금을 준비하신 하나님,
이삭 대신 어린양을 준비하신 하나님,
그날 나는 교회에 와서 또 울기 시작했다.
아브라함의 하나님이 나의 하나님이 되어 주심에 너무 감사했다.
어떻게 나에게 이런 축복을 주실까,
우리가 나가서 돈을 준비한 것에 수천 배 수만 배 기뻤다.
왜냐면 하나님이 하심을 내 눈으로 또 아들의 눈으로 남편을 눈으로 보았기에 너무 감사하고 기뻤다.
그런데 더욱 놀라운 것은 아들이 졸업할 때까지 3년을 다 책임져 주셨다.
후에 알게 된 일이지만 그 당시 우리 아들은 자살준비까지 했다는 사실이다.
엄마에게 말도 못하고 혼자서 얼마나 울었을까?
또 일이 생겼다. 고등학교 2학년이 되고 보니 수능 때문에 너무 힘들어하는 것이다. 다른 아이들은 다 학원에 가서 있는데 이 아이는 학원은커녕 참고서 한권 제대로 사준 적이 없다.

그러니 아들이 낙심하여 갈 바를 모른 채 너무 힘들어 하는 것을 보았다.
죽을 준비까지 했던 아들이기에 모르는 척할 수가 없었다.
아들을 불러서 수능을 보지 말라고 했다.
너는 예수님이 다른 나라로 공부를 보낼 거야, 그러니 스트레스 받지마.
대신 엄마하고 수요예배, 금요예배 철저히 지키자 그리고 하나님이 어떻게 하시는지 기다려 보자.
네가 학교에서 할 수 있는 공부만큼만 하라고 이야기했다.
그리고 이제 엄마 부탁인데 졸업할 때까지 그렇게 해서 하나님의 역사가 없으면 그 다음은 신앙생활을 네가 하기 싫으면 안 해도 돼. 엄마의 하나님이 죽은 하나님이라면 아무 일도 안 일어날 것이요 산자의 하나님이시라면 너에게 특별한 은총을 더하여 주실 것이다.

엄마도 하나님의 역사가 없으면 목회를 할 수 없어.
나는 사실 아들과 함께 주님께 승부를 걸 수밖에 없었다.
사실 주님이 하실 것을 믿기에 그러한 결심을 하게 되었다.
그렇게 아들은 고삼을 지내게 되었다.
졸업 때가 되었는데 아들을 외국으로 보낼 기미가 보이지 않았다.
졸업을 하고 나서 아들은 기도하면서 군대를 자원하여 가게 되었다.
나이가 어려서 다른 아이들보다 1월생이라 일찍 학교에 간터인지라 군대도 빨리 나오지 않았다.
때가 되니 아들은 병무청에 지원을 신청했다.
면접 때가 되어 면접관 앞에서 면접을 보는데 그 생각하면 지금도 대견하다.
지금 나를 이 나라에서 뽑아주지 않으면 후회할 것입니다.
나는 외국에 있는 대학에 들어가야 하기에 이 기회에 저를 빨리 뽑아주십시오. 그렇지 아니하면 저는 외국에서 들어오지 않을 것입니다.
어린 갓 졸업한 학생이 당돌찬 모습으로 면접을 치르니 주변의 모든 사람이 난리가 났다는 소리까지 듣게 되었고 결국 아들은 연대 인사과로 군대에 가게 되었다.
군을 마치고 나니 갑자기 중국 장춘에 옛날 모셨던 시외삼촌이 있다는 것이다 그렇다고 세계를 보내라는 것이다.
얼마나 감사한지, 한국에서는 등록금이 너무 비싸 보낼 수도 없었다.
아들은 할아버지 댁으로 가게 되었는데 학원을 다녀야만 본과를 들어갈 수 있지 않은가.
돈을 보내지 못하니 아들이 길거리 음식, 아침은 겨우 할아버지집에서 먹고 나와서 길거리 다니면서 원주민도 안 먹는 음식을 먹으면서 언어를 익히게 되었다. 그 후 6개월도 안 되어서 본과에 들어가게 되었다.
올해 졸업을 하는데 4학년 동안 성적은 매우 좋았다.
졸업할 때도 졸업생 대표로 최우수 논문상까지 받게 되었다.
그 모든 환란과 역경을 견디면서 드디어 대학을 졸업하는 아들을 보면서 하나님 아버지께 너무 감사드린다.
지켜주셨고, 인도하시고, 앞으로의 그의 인생을 주님이 책임지시리라 믿는다.
그 아들을 받으신 하나님께 진심으로 감사드린다.
지금도 아들은 나에게 늘 말한다.
엄마, 학교 다니면서 보니 우리 가정이 가장 행복한 것 같아요.
다른 아이들은 식구들과 대화가 거의 없는 것 같아요.
우리 집은 참 행복해요 라는 고백의 소리를 들을 때마다 나는 저 아들에게 해준 것이 아무것도 없는데 그저 행복하고 감사하다고 하니 이 모든 일을 계획하고 인도하신 성령님의 섭리를 감히 놀라지 않을 수가 없다.

이 시험을 치르고 나니 치를 때는 너무 아프고 힘들었지만 지금은 이기게 하신 성령님께 감사할 따름이다.

제23장

기독교 장례

창세기 23장은 매우 독특한 장면이 기록된 책이다.
다름이 아니라 사라라는 한 여자와 죽음에 대한 땅 분별법이 되어있다.
사람에게는 육체가 있는 한 보편적으로 다 묘가 있다.
이 묘에 대하여 매우 중요하기에 하나님께서 말씀하고 계시지 않나 생각해본다.

1. 사라에 관하여

사라는 하나님께 축복의 사람이었다.
여자로서 가는 곳마다 결국에 축복을 받아내는 놀라운 능력의 사람이라는 것이다.
또한, 사라는 미모가 뛰어난 사람이다. 가는 곳마다 남자들이 탐을 낼 정도로 대단한 미모의 여인이다.
한 나라의 왕들이 사라에게 관심을 보이므로 말미암아 남편에게는 늘 염려의 대상이었다.
육으로도 그러하며 영적으로는 더없이 아름다운 여인이라는 사실, 왜냐면 그는 남편에게 순복하기를 얼마나 잘하는지 모른다.
외적인 아름다움보다 내적인 아름다움이 그가 가는 곳마다 승리하게 된다.
베드로전서에서 보면 남편에게 순복함으로 자기를 단장하였나니라고 기록하고 있다. 신부의 아름다움은 남편에게 순복함이 아름다움으로 장식한다는 사실이다.
본 장을 통하여 사라의 죽음과 장사에 관하여 영적 육적 두 안경으로 보려 한다.

2. 묘지설정

사라가 죽어 장사지낼 묘지는 헷족속이 거느리는 땅이다.

> 창23:7~9
> 아브라함이 일어나 그 땅 거민 헷족속을 향하여 몸을 굽히고 그들에게 말하여 가로되 나로 나의 죽은 자를 내어 장사하게 하는 일이 당신들의 뜻 일진데 내 말을 듣고 나를 위하여 소할의 아들 에브론에게 구하여 그를 그 밭머리에 있는 막벨라 굴을 내게 주게하되 준가를 받고 그 굴을 내게 주어서 당신들 중에 내 소유 매장지가 되게 하기를 원하노라

아브라함이 묘지를 구하는 방법을 성경에 기록하고 계신다.
이 말씀 속에 하나님의 거룩한 뜻이 있거늘 그것을 찾아 아버지의 말씀을 깨달아 실천하는 삶이 되기를 원한다.
먼저 묘지란 죽은 곳을 의미한다, 또한 죽음의 장소를 나타내기도 한다.

그렇다면 하나님은 우리에게 아무 곳에서나 장례를 치르지 말라고 하시는 것이 아닌가?
하나님이 가르쳐 주신 율례는 무엇인가?
헤브론 기럇아르바에서 죽었다. 그곳은 이 땅에서 율법과 복음이 연합하는 곳 즉, 율법 속에 예수그리스도의 복음이 있는 곳에서 죽었다는 것이다.
우리가 교회에 오면 설교 중에 많은 말씀을 듣지만 그중 여러분이 죽어야 살 수 있다는 말을 들을 때가 많다.
그 말씀의 맥락과 같다. 교회 와서 육이 죽되 아무 교회에서 그렇게 하라는 것이 아니라 율법과 복음이 공존하는, 연합하는, 친교하는 그런 곳에서 죽으라는 것이다.
원래 그 땅의 소유자는 헷이란 세상을 의미한다. 그 세상은 우리에게 두려움의 존재였다. 그렇기에 우리는 늘 주님과 동행하지 아니하면 세상을 이길 힘이 없다는 것이다.
그렇게 두려움의 강대한 것이 세상이다. 즉 헷족속이라는 것이다.
그런 땅을 향하여 아브라함은 몸을 굽혀 땅을 구한다.
인격을 말하고 있다. 그리스도인들이 세상 사람들과 무엇을 논할 때 겸손의 인격을 갖추고 대화를 해야 하는데 인격 없이 함부로 행하다 보면 저 예수쟁이들 하면서 욕을 한다. 그런 일을 만들어서는 안 될 것이다.
땅 소유주는 소할의 아들 에브론이다.
소할이란 희다, 깨끗하다, 눈부시다란 뜻이며 에브론은 유력한 자 즉 송아지에서 유래가 되었다.
누구의 땅을 사느냐는 결국 죄가 없으시고 깨끗하시면 우리의 머리이신 예수그리스도가 주인인 땅을 매장지로 삼아야 한다는 것이다.

또한, 막벨라 굴을 돈을 주고 사라고 기록하고 계신다.
막벨라란 좋은 의미로 살찌다, 뚱뚱하다라는 의미에서 성령충만을 예표하기도 한다. 막벨라는 두겹의 땅, 중복의 땅을 의미하고 굴을 벗다라는 의미를 지니고 있다.
결국, 율법과 복음이 있되 성령 충만하여 육을 벗을 수 있는 곳에서 장사를 즉, 육체의 매장지로 삼으라고 말씀하고 계시며 그 땅은 반드시 준가를 치르라고 즉 땅값을 치르라고 하신다.
주님께서 우리를 구하실 때도 핏값을 치르고 우리를 사셨다.
우리 입장에서는 믿음으로 값없이 주님의 구원의 방주 속에 들어왔지만 주님측에서는 핏값이라는 것이다.

우리가 교회에서 구원의 삶 속에서 주님과 함께 하는 삶을 살아가지만 우리는 늘 세상에서 땅값을 치르는 삶을 살아가고 있지 않는가.
내 영의 값은 주님의 핏값으로 치렀지만 우리의 육체에 관하여는 육체의 대가를 치르지 않고는 아무것도 얻을 수가 없음을 알아야 한다. 에브론이 제시한 땅값 또한 사백 세겔 이라고 말한다. "사" 라는 숫자는 동서남북 땅의 숫자이다. 세상에 통용되는 대로 세상의 법대로 대가를 치르라고 가르치시고 있다.

창세기 23장의 말씀을 요약한다면 우리의 육체의 매장지 즉 회개의 장소, 다시 그 장소에서 우리는 영적 부활이 일어날 장소이다.
그런 곳이기에 아무 곳이나 할 수 없다는 결론적 말씀을 하나님은 우리에게 전하시는 것이다.

이제부터 기독교 장례문화를 성경에 어떻게 기록하고 있는지 알아보기로 하자.

장례란 무엇인가

*히-카바르-묻다, 매장하다라는 뜻이다

1. 장례의 의의

기독교 장례는 교회의 친교적, 선교적, 복음적 봉사적 의미가 있다. 장례예식이 진행될 때는 비크리스챤이라 할지라도 함께 예식을 치르며 그날의 엄숙한 하나님의 복음을 경청하게 된다.
또 임종에서 장사까지 함께 지내며 죽음에 관하여 이야기를 나눌 수 있는 가장 좋은 기회가 되기도 한다.
이때 예수그리스도의 십자가의 죽음과 부활 승천에 관하여 우리의 인생에 관하여 또한 이야기를 나눌 수 있는 좋은 기회가 되기도 한다.
자연스럽게 슬픔을 통한 친교를 갖게 된다.

2. 장례식의 목적

1) 슬픔을 당한 유족을 위로하는 일이다

사별을 당한 유족들은 말로 할 수 없는 충격과 혼란을 겪게 된다.
그러므로 목회자는 신자들에게 안정과 신앙적 평안을 얻는 데 도움을 줄 수 있어야 한다.
먼저 내적 고통을 나누는 일로서 유족들의 슬픔을 이해해야 한다.
어떤 이는 슬픔에 또는 죄책감에, 분노, 추억, 불평들을 가지고 있기에 그들에게 어떠한 말로 위로해야 할지를 주님의 사랑으로 이해 위로하며 많은 배려가 필요하다.

2) 복음으로 부활의 메시지를 증거하는 예배

하나님은 인생의 탄생은 적은 가족에서 시작되지만, 인생의 마지막은 많은 증인 앞에서 다같이 목도함에 정확한 인생의 때에 마지막과 육체가 반드시 가야 할 곳을 제시하며 육체의 무상함을 교훈 삼아 모든 이에게 하나님의 사람에 대한 의미를 알게 한다.
그렇기에 목회자는 장례예배에 관하여 보다 강한 죽음과 부활에 대한 메시지를 전해야 할 것이다.

예수를 믿는 신앙인들은 세례를 받고 예수를 그리스도라 고백할 때 육에 사람이 아니라 영에 속한 사람이요 이미 하나님 아버지가 계신 영원한 세계로 가는 것을 받아들이는 것이 신앙인이다.
그래서 우리의 육체만이 아니요 영원까지 지키시고 인도하시는 하나님께 우리 모두는 영혼마저 주님께 부탁드린다는 사실을 말해야 할 것이다.

예수님은 십자가에 못 박히시고 십자가 상에서 "아버지여 내 영혼을 아버지 손에 부탁하나이다"(눅23:46)라고 고백하시며 하나님의 아들이심에도 불구하고 하나님 아버지께 의탁하는 것을 볼 수 있다.
이렇게 주님은 죽을 영혼을 아버지께 부탁하는 것은 신앙의 표현이다.

그렇다면 성경 속 장례법을 알아보기로 하자.

3. 성경적 장례법

> 창15:15 너는 장수하다가 평안히 조상에게로 돌아가 장사될 것이요

하나님의 축복은 세상에서만 아니라 마지막 조상에게로 돌아가는 것이 장사라 곧 그것이 복이라고 성경은 말하고 있다.
조상에게 돌아가는 것이 무엇인지 또한 우리는 알아야 하는데 육신이 돌아가 장사지내는 곳은 이 땅이라는 사실이다.
그러므로 우리는 육체의 근본이 땅의 조상으로 돌아가는 것이 마땅하고 그 땅은 우리의 것이 아니라 마귀, 곧 사단의 것이기에 우리는 거저가 아니라 돈을 주고 땅을 즉 매장지를 사야 한다.

> 창23:2 사라가 가나안땅 헤브론 곧 기럇아르바에서 죽으매 아브라함이 들어가서 사라를 위하여 슬퍼하며 애통하다가

> 창23:16-18
> 아브라함이 에브론의 말을 좇아 에브론이 헷 족속의 듣는 데서 말한 대로 상고의 통용하는 은 사백 세겔을 달아 에브론에게 주었더니 마므레 앞 막벨라에 있는 에브론의 밭을 바꾸어 그 속의 굴과 그 사방에 둘린 수목을 다 성문에 들어온 헷 족속 앞에서 아브라함의 소유로 정한지라

요8:44 너희는 너희 아비 마귀에게서 났으니 너희 아비의 욕심을 너희도 행하고자 하느니라 저는 처음부터 살인한자요 진리가 그 속에 없으므로 진리가 서지 못하고 거짓을 말할 때마다 제것으로 말하나니 이는 저가 거짓말쟁이요 거짓 아비가 되었음이라

이렇게 성경은 예수그리스도의 생명이 없을 때 우리의 모습 조상은 마귀라는 것이다.
원래 창세기 1장에 땅의 주인의 마귀이기에 빛이 오기 전 혼돈과 흑암 속에 이 땅의 주인이 자리를 잡고 있었음을 우리는 알 수 있다.
그렇기에 주님도 세상에 성전세를 내는 모습을 우리는 볼 수 있다.

창25:8-9 그가(아브라함이) 수가 높고 나이 많아 기운이 진하여 죽어 자기열조에게로 돌아가매 그 아들 이삭과 이스마엘이 그를 마므레 앞 헷 족속 소할의 아들 에브론의 밭에 잇는 막벨라 굴에 장사하였으니

결국 아브라함도 그의 아내에게로 돌아가서 아내의 매장지에 매장되었음을 성경은 말하고 있다.

이삭에 관하여는

창35:27, 29 야곱이 기럇아르바의 마므레로 가서 그 아비 이삭에게 이르렀으니 기럇아르바는 곧 아브라함과 이삭의 우거하던 헤브론이더라. 이삭이 나이 많고 늙어 기운이 진하매 죽어 자기 열조에게로 돌아가니 그아들 에서와 야곱이 그를 장사하였더라

야곱에 관하여는
> 창49:29 그가 그들에게 명하여 가로되 내가 내 열조에게로 돌아가리니 나를 헷 사람 에브론의 밭에 있는 굴에 우리 부여조와 함께 장사하라... 기운이 진하여 그 열조에게로 돌아갔더라

요셉에 관하여
> 창50:25 요셉이 또 이스라엘 자손에게 맹세시켜 이르기를 하나님이 정녕 너희를 권고하시리니 너희는 여기서 내 해골을 메고 올라가겠다 하라 하였더라
> 요셉이 일백십 세에 죽으매 그들이 그의 몸에 향 재료를 넣고 애굽에서 입관하였더라

이렇듯 구약을 통한 장사법이 나타나고 있다.
성경은 죽은자의 장사를 한 조상의 묘인 막벨라 굴에 장사할 것을 말하고 있다. 어느 곳 하나도 화장시키라고 말한 적이 없다.
이렇듯 성경은 장례법을 우리에게 말하고 있는데 우리나라는 불교문화인 화장법을 기독교인이든 비기독교인이든 상관없이 이 일을 행하고 있다.
우리가 저주의 개념 즉 심판의 개념에서는 불을 나타내고 있다.
지식으로는 성경을 이해하지만 삶에서는 그와 반대된 삶을 살고 있다는 것이다.
신약의 예수님의 예표를 보기로 하자.

> 눅23:53 이를 내려 세마포로 싸고 아직 사람을 장사한 일이 없는 바위에 판 무덤에 넣어두니
> 요19:40 이에 예수의 시체를 가져다가 유대인의 장례법대로 그 향품과 함께 세마포로 쌌더라

예수님도 이렇듯 세상의 장례법대로 행하였는데 그것이 바로 조상들

의 모습으로 장례를 치렀다.

유대인들은 매장지를 많이 삼지 않고 두세 평 정도의 땅과 작은 돌관이 필요하다.
죽은자의 시체는 땅에 묻고 즉 성경대로 육은 흙에서 왔으니 흙으로 돌아가라는 말씀처럼 육이 흙으로 돌아간 후 매장지에서 뼈만 추려 돌관에 넣어두는 것이 유대관습이다.
이것은 결국 육체는 사라지고 진리(뼈)만 남는다는 하나님의 뜻이 아닌가?
이렇듯 유대인의 장례법을 치르면 많은 매장지가 필요한 것이 아니라 하나님의 섭리대로 매장하고 조상 대대로 세상에는 족보가 남아 있지만 실체는 뼈의 족보가 돌관안에 있는 것이 아닌가 그렇다면 수천대가 장사지내도 매장지는 한곳 즉 2-3평에 지나지 않을 것이다.
화장법도 장소가 필요하다. 수많은 유골함을 어디다 둘 것인가.
그래서 수목장을 지낸다는 것도 하나님의 섭리에 어긋난다.
사람 옆에 있는 나무가 잘 자라는 것이 아니라 사람 손을 안타는 나무가 잘 자란다고 말하는 것을 들은 적이 있다.
실제로 밀림 지역이 나무가 더욱 왕성하게 자라고 있지 아니한가.

왜 하나님의 매장법을 우리는 무시하고 살아가고 있는가.
다시 한 번 생각해 보아야 한다.
다른 사람이 불에 타서 죽으면 안 된다고 하면서 어찌 내 부모 내 형제가 그 불 속에 있는 것은 아파하지 않는가.
기독교의 불은 심판이며 저주의 개념이 아닌가.
우리 깊이 생각하자.

이 좋은 장사법이 있는데도 불구하고 우리는 하나님의 말씀을 찾으려 하지 않은 것이 문제가 된다.

지금 하나님은 순리를 어그러트리는 우리를 볼때 얼마나 가슴이 아프겠는가.

주님을 섬기는 것은 주님의 말씀대로 살고 그 말씀에 순종하는 것이다. 그래서 주님은 순종이 제사보다 낫다고 말씀하고 계신다.

다시 한 번 기독교 장례법을 생각하고 어떤 것이 순리이고 어떤 것이 부모에게, 형제에게 대하는 장례법인지 생각하여 불순종의 길을 가지 말아야 할 것이다.

제24장

신부선택

인생에서 결혼이란 인륜지대사라고 한다.
그 결혼에서 신부선택이 있다.
옛사람들은 그 집안이 잘되려면 신부가 잘 들어와야 한다고 말하고 있다.
그래서 모든 가정은 현모양처를 선택하기 위하여 매우 많은 노력을 한다.
또한, 신부 측은 현모양처의 모습을 만들어 좋은 가문 좋은 집안에 시집보내는 것이 신부 측 부모의 가장 중요한 일이라 생각하고 그것을 행하고 있다.
그 모습을 하나님은 아브라함을 통하여 우리에게 하나님이 원하시는 신붓감을 자세히 명확히 우리에게 말씀하고 계신다.

그렇다면 본문을 통하여 신부 선택을 두 가지로 볼 수 있다.
첫째는 사람과 사람의 신부선택이요
둘째는 예수그리스도께서 이 세상에 재림하여 오실 때 신부를 맞이

하러 오시고 우리를 만나시면 우리와 함께 결혼 대관식을 열 것이다.
이 두 가지 사건을 본문을 통하여 알아가려 할 때 우리의 결혼관이 이제는 바뀌어야 할 것이다.
그리고 주님이 원하시는 대로 우리는 신부 단장하여 주님을 기다려야 할 것이다.
내가 원하는 신부 단장이 아니라 예수그리스도께서 원하시는 신부의 모습으로 신랑을 기다려야 한다.
아무리 팔등신을 갖은 여인이라 할지라도 상대방 남자가 원하는 스타일이 아니면 그 여자는 신부로 선택될 수 없다.
그런 의미에서 신랑이신 예수님이 원하시는 신부 수업을 우리는 성경을 통하여 준비해야 하지 않는가?

1. 사람과 사람의 신부선택

먼저 우리 그리스도인들은 성경을 통하여 신부 선택은 이렇게 하라고 말씀하심을 자세히 알아야 할 것이다.
하나님이 율법적으로 인도하신 결혼관을 첫째는 내 족속하고 결혼하라는 것이다. 나라로 말하자면 한국인은 한국인과 결혼하라는 것이요.
다시 말하자면 그리스도인은 그리스도인과 결혼하라고 말씀하시는 것이다.
요즈음은 국제결혼 시대인 것을 생각하면 사랑의 하나님이 무엇인가 맞지 않는 부분이 있다.
하나님은 사랑의 하나님이라고 말씀하시면서 세계는 하나요 모든 백성은 하나님이 지으신 피조물인데 무엇을 나눈다는 것인가.
그럼에도 불구하고 하나님은 나라와 나라, 족보와 족보를 매우 중요시하신다. 즉, 모든 백성은 하나님이 만드셨지만, 하나님의 영이 함께 하지 않은 사람은 하나님 나라의 백성과 관계없음을 우리에게 말씀하고 계신다.

믿는 사람끼리, 그리스도인끼리 결혼하라 하신다.
혼탁한 영을 허락하지 아니하심도 맞지만 중요한 것은 검은 물이 깨끗한 물이 되기 쉽지 않다, 그러나 깨끗한 물이 더러워지기는 매우 쉽다.
악을 선으로 돌리기는 매우 어렵지만, 선을 악으로 가기에는 매우 빠르다.
그것을 염두에 두지 않으셨나 생각해본다.
또한, 신부를 선택하러 갈 때 아들이 직접 가지 않은 사실은 매우 흥미롭다.
대개 보면 선을 보매 당사자가 만나러 가는 것이 맞지 않나.
그것은 세상 방법이고 하나님은 그렇게 하지 아니하신다는 것이다.
그래서 우리나라에도 중매쟁이가 있다.
중매 잘 서면 술이 석잔이요 잘못 서면 뺨이 석대라고 말하기도 한다.
대신 사람을 세워 혼사를 치르는 한국의 풍습을 보면 성경과 매우 흡사한 부분이 많음에 필자는 다시 한 번 우리 뿌리를 더욱 연구하게 하신다.

신부는 반드시 우물을 길러 나온 사람의 딸도 취하라고 하신다.
우물은 교회를 의미한다. 교회에 나오는 즉 교회에서 신앙생활 잘하는 딸로 하라는 것이다. 그리고 그 딸은 반드시 물대접을 해야 한다. 예로부터 우리나라는 손님에게 냉수 한 그릇이라도 대접하는 것이 도리라고 생각한다.

섬김이 없는 자는 복이 없다고 말하는 우리 민족 정신을 보면 이스라엘과 너무 흡사하다.
아브라함도 지나가는 사람을 대접하여 엄청난 축복을 누리게 되고 또한 나라의 운명을 알게 되는 놀라운 사실을 발견한다.
사르밧 과부도 엘리사에게 물 한 대접을 달라 할 때 그 대접이 훗날 자식을 살리는 결과를 나타내기도 한다.

이렇게 미리 아브라함은 종에게 어떻게 하라고 말씀하신다.
그 대상이 나타나면 며느리로 삼겠다는 것이다.
그 대상이 바로 리브가이다.

그런데 그 과정에서 아브라함이 종에게 어떠한 과정을 통하여 만나라고 가르쳐주고 있지만, 그 명령은 받은 종의 모습을 보아야 할 것이다.

12절   그가 가로되 우리 주인 아브라함의 하나님 여호와여 원컨대 오늘날 나로 순적히 만나게 하사 나의 주인 아브라함에게 은혜를 베푸시옵소서

이 기도의 내용은 우리가 꼭 알아야 할 것임을 명심해야 할 것이다.
내가 하나님께로부터 어떠한 일을 응답받았다 할지라도 아멘 하고 그냥 가는 것이 아니라 중요한 것은 그것을 이루는 과정에 있다.
이 과정에서 마귀는 끊임없이 우리의 일들을 방해하고 복잡하게 만드는 것이 마귀이다. 그렇기에 모든 일이 순적하게 되어야 우리가 기쁨으로 일을 행할 수 있다.
그래서 우리는 늘 기도할 때 형통한 복을 달라고 기도하고 있지 않는가?

여기서 리브가의 모습을 보자.

아브라함의 종이 물을 달라 하였는데 그는 서슴지 않고 물을 준다.

그리고 그 종의 약대들까지 챙기는 배려가 여기서 엿볼 수 있다.

짐승에게까지 배불리게 먹이고자 하는 리브가 그는 과연 이삭의 아내가 될 자격이 갖추어진 것이다.

교회 즉 신부는 말씀 준비가 풍성해야 할 것이다.

리브가는 짐승까지 배불리게 하는 능력을 갖췄다.

교회는 하나님의 영이 들어가지 않은 짐승 과에 속한 사람들에게조차 하나님의 말씀을 풍성히 줄 수 있는 신부 즉 성도가 되어야 신랑이신 예수그리스도를 만나 결혼식을 올릴 수 있다.

물대접을 받은 후에야 그의 족보를 물어보는 종, 리브가는 브두엘의 딸이라고 명확히 이야기한다.

그 후 리브가의 집에 도착한 종의 행실을 보기로 하자.

그는 라반, 즉 리브가의 오라비가 차려놓은 식물을 매우 배가 고팠음에도 불구하고 자기의 사명을 먼저 감당하는 것을 볼 수 있다.

세상이든 교회든 우리가 알아야 할 것은 종의 개념이다.

종은 즉 심부름꾼은 그 무엇보다 자기의 사명을 명확히 알아야 한다.

그 사명을 그 무엇보다 귀하게 생각하고 그것을 이루기 위해 모든 것을 걸어야 할 것이다.

내 소임을 망각한다면 누가 그에게 또 일을 맡기겠는가?

주님이 나에게 주신 소임 그것을 다시 한 번 생각해 보는 시간이 되었으면 한다.

또한, 여기에 종은 아브라함이 하나님께로부터 축복을 받은 자라는 사실을 드러내고 있다.

내가 섬기는 주인이 복이 있는 사람이라고 말을 해도 신부를 줄지 안 줄지도 모르는 상황인데 그 주인을 함부로 한다면 그에게 신부의 심부름은 결코 이루지 못했을 것이다.
이렇듯 중매쟁이는 신랑의 환경을 정확하게 신부에게 드러내야 할 것이다.
이 땅에 지도자들은 하나님의 자녀들에게 즉 신부 되는 성도들에게 신랑이신 예수그리스도에 관하여 충분한 설명이 있어야만 성도를 예수 앞에 중매설 수 있음을 알아야 한다.
우리가 우리의 주인이신 하나님 아버지를 자랑하지 아니하고는 신랑을 만날 수 없다는 것을 말씀을 통하여 우리에게 드러내고 계시다.
그리고 그는 반복적으로 하나님이 아브라함에게 명하신 말씀을 드러내고 있다, 다시 말해서 하나님의 말씀이라는 사실을 강조하고 있는 점이다.
그리고 그 주인이 아브라함을 대접하려거든 그 답을 달라고 말한다. 즉 가부간의 결정을 해달라고 말하고 있다.
자기의 맡은 일을 마무리 짓기 위해 간구하는 아브라함의 종의 모습 그 모습에 라반과 브두엘이 대답하는 모습을 볼 수 있다.

50   라반과 브두엘이 대답하여 가로되 이 일이 여호와께로 말미암 았으니 우리는 가부를 말할 수 없느니라

이 얼마나 아름다운 대답인가.
과연 우리는 이러한 믿음을 가질 수 있단 말인가?
아브라함이 직접 찾아온 것도 아니요 종이 와서 신부를 달라 하며 하나님의 뜻이라고 할 때 과연 몇 명이나 그 말에 답을 줄 수 있단 말인가.
기막힌 노릇이다. 확인할 수 없는데도 불구하고 딸이며 여동생인 리브가를 먼 길을 보낸다는 것이다.
그러면서 하나님의 명령은 인간인 우리가 거역할 수 없다는 것이다.

모든 옳고 그름이 다 하나님께 속하였다고 바로 순종하는 것을 볼 때 우리는 어떠한 믿음을 가지고 있는가.
말씀을 거울로 삼아 나를 비추어 보는 시간이 되기를 바랄 뿐이다.

52~53 아브라함의 종이 그들의 말을 듣고 땅에 엎드리어 여호와께 절하고 은, 금패물과 의복을 꺼내어 리브가에게 주고 그 오라비와 어미에게도 보물을 주니라

이 대목은 그리스도인들에게 아주 중요한 사건이다.
이것은 현대인들의 결혼과 예단의 문제이다.
하나님은 그 예단에 대하여 속 시원히 해답을 주셨다.
우리나라 그리스도인이 천만인이 넘는다 하면서 이 예법을 지키는 성도가 과연 몇 퍼센트나 되는가 하는 것이다.
남자가 신부를 얻을 때에는 모든 예단은 남자 쪽에서 행하는 것이다.
수십 년 동안 키워온 자녀를 데리고 가면서 또 다른 무엇을 달라고 하면 이것은 합당하지 않은 모습이라 생각한다.
다시 깊이 생각해 보자.
필자는 이 말씀을 보면서 이것이 그리스도인들이 행하였다면 한국의 결혼 예단의 문제는 심각하지 않았을 것이다.
예수 믿으라고 말하지 않아도 교회 성도들의 모습을 보면 힘든 가정일수록 교회를 더욱 섬기고 예수를 믿지 않겠나 한다
남자가 준비해야 할 부분을 여자가 몸도 와- 하고 예단도 와야 하기에 여자의 권리가 커지는 것이다.
권리가 커지면 목소리가 커지게 되어있다.
모든 예단의 모습을 성경대로 할 수 있는 능력만큼 남자 신랑의 자리에서 한다면 그 신부는 시댁에 최선을 다할 것이다.

내가 공부해서 친정에서 예단까지 모든 형편을 친정 것을 받아오기를 원한다면 누가 시댁에 감사하고 섬기겠는가? 스스로 결혼의 자리에서 여자 쪽이 높아지지 않겠는가? 지금 이 시대는 이 문제를 깊이 생각해야 할 것이다.
아무리 자유분방한 가정일지라도 여자는 시집을 오면 예로부터 지금까지 여자가 죽으면 그 집안에 묘를 쓴다.
그런데 요즈음은 여자의 가정이 먼저인지 남자의 가정이 먼저인지 구분이 되질 않는다. 모든 가정은 남자를 중심으로 이루어짐을 성경은 말하고 있다.
아무리 세상이 달라졌다 해도 이 철칙은 변해서는 안 되는 것이다.
이 글을 쓰는 나 또한 한 가정의 주부이다.
한 남자를 선택하고 시집와서 그 가정을 30여 년 동안 지켜왔다.
어려서부터 성경을 읽어온 나이기에 내가 시집오면 무엇을 어떻게 해야 할지 알게 되었다.
그래서 맏며느리로 시집와서 명절이든 어떠한 행사이든 친정보다 시댁 중심으로 살아왔다.
한 번도 시부모보다 친정을 챙겨본 일이 없다. 그래야 우리 친정도 올케들이 그것을 지킬 것으로 생각했다.
특히 명절이면 결혼한지 30여 년 동안은 명절 당일에 친정을 가본 적이 없다.
시댁의 모든 친척을 챙기고 꼭 친정에 간다면 다음 날 갔다.
그것을 자녀들에게 보여주고 싶었다.
그래야 그 자녀들 또한 그 모습을 보고 그렇게 할 것으로 생각했다.
나는 명절에 친정 안 간다고 속상해하면서 며느리가 친정 간다면 화가 난다는 시어머니의 모습이 싫었다. 부모는 명절에 며느리와 시부모가 함께 있기를 원하실 것이다. 나 또한 우리 아들이 장성하여 결혼한다면 명절날 친정 가는 며느리보다 함께 명절 지키는 며느리가 더욱 예쁘지 않겠는가?
그렇다면 나부터 해야 한다는 것을 생각했다.
지금은 부모님 다 소천하시고 우리 세대만 남아있다.
우리 딸에게도 그렇게 가르치고 있다.
절대 명절에 친정 오지 마라, 항상 시댁 중심의 결혼생활을 해야 한다고 가르치고 있다.
만약 성경에 기록하지 않았다면 나 또한 법을 정하지 않고 마음대로 행하였을지도 모른다.
나부터 성경의 율례를 지켜나간다면 언젠가는 질서가 잡히지 않을까 싶다.
특히 우리나라는 유교사상이 강하여 예로부터 여자는 출가외인이라고 명하기도 하였다.
그런 나라에서 지금은 너무나 혼잡한 명절을 지내고 있고 또한 남자 가문의 것들이 너무 많이 무너진 시대에 우리는 살고 있다.
이럴 때 성경에 기록하신 대로 가정의 질서를 지켜간다면 많은 타교도인들이 기독교로 개종하지 않을까 싶다.
이것이 전도가 아닌가, 진정한 삶의 전도를 하는 이 나라가 되기를 바라며 이것이 전 세계에 드러나는 풍습으로 이루어지길 바란다.
결국, 예단 때문에 파혼이니 시부모와의 갈등이니 그것이 없어지지 않을까 싶다.
이삭은 그러한 리브가를 자기 집으로 들여 신부로 맞이하고 어머니의 장막에 들였다는 것이다.
어머니를 사랑하는 마음으로 아내를 사랑하는 이삭
과연 이 가정이 판단할 수 있을까 싶다. 결코, 그럴 수는 없을 것이다.

어떠한 자식도 어머니의 사랑을 가볍게 여기는 사람은 없다.
어머니처럼 더욱 사랑하겠다는 그 남편의 모습은 신부들로 하여금 매우 감동적인 인상을 줄 것이다.
결국, 사람과 사람의 결혼관에 대하여는 한마디로 인격을 갖추라는 것이다.
남의 딸 데려옴에 있어 선한 양심을 가지고 처가에 감사하는 마음으로 신부를 데려와야 할 것이다.
그리고 무엇을 요구하지 말라, 하나님의 말씀을 깊이 생각한다면 그렇게 해야 할 것이다.
그렇게 해야만 가정에 올바른 족보가 세워질 수 있다.
진정 며느리가 내 식구이길 원한다면 성경대로 실행하는 그리스도인들이 되기를 원한다. 다만 신랑집이 매우 어렵고 신부집이 부유하다면 그 신부집에서 사랑하는 마음으로 예물을 준비한다면 그것은 은혜로 생각해야 할 것이다.
반드시 기억해야 할 것은 법은 존중되어야 한다.
다만 그것에 미치지 못하는 환경이어서 상대방에서 귀한 선물이 온다면 그것은 정말로 은혜와 감사로 받아들여야 할 것이다.
법의 존속 속에서 은혜와 함께한다면 그보다 더욱 아름다운 것은 없을 것이다.

2. 예수님과 사람의 딸인 신부선택

신부인 나와 재림예수님과의 결혼관을 성경을 통하여 깊이 깨닫기를 바란다. 하나님은 본 장을 통하여 하나님이 원하시는 신부선택 방법을 즉, 예수님이 재림하여 우리를 신부로 맞이하실 때 이러한 방법으로 하겠다고 우리에게 힌트를 주시는 것이다.
그것이 하나님의 온전하신 뜻이라는 것이다.

신부 선택의 가장먼저 하실일은

첫째-이 땅의 신부를 간택할 때 직접 하지 아니하신다는 것이다.
아브라함이 그의 종을 선택하여 그 일을 시키신다.
즉 하나님은 주님의 신부를 간택함에 있어 중요한 것은 이 땅에서 하나님의 모든 소유를 감당할만한 종으로 그 일을 시키신다는 사실이다.
종은 지금의 목사들을 의미한다.
목사들이 성도 즉 신부들을 준비하면서 하나님의 소유를 맡길 정도로 신실한 목회자에게 그 권한을 준다고 약속하시며 그에게 환도뼈 언약을 맺는다. 환도뼈 언약이란 율법과 복음의 연결고리 즉 두 가지가 하나가 되어 약속하시는 것이다.
그리고 목사는 반드시 신부를 간택함에 있어 하나님이 언약을 맺은 하란에 가서 자기의 족속 곧 한 그리스도의 핏줄에 이어진 자들 중에 신부를 간택하라고 하신다.
결국, 예수님이 오셔서 신부로 맞이할 자는 하나님의 언약의 말씀을 지키는 자들에게서 신부를 선택하신다는 것이다.
그런데 그 간택하는 종은 자격이 주어진다. 그것은,

> 10절   이에 종이 그 주인의 약대 열필을 취하고 떠났는데 곧 그 주인의 모든 좋은 것을 가지고 떠나

교회는 신부를 준비하는 곳이다. 그 신부를 담당할 자는 목사이다.
하나님은 그 목사에게 하나님의 좋은 것과 약대를 주셨다고 말씀하신다.
목사는 하나님의 좋은 것과 약대는 신부를 맞이하는데 매우 필요하기에 그걸 주신다고 약속하지 않았는가 싶다.
결국, 그 좋은 것은 신부에게 주어질 선물이다. 즉 선택된 성도들에

게 갈 축복의 좋은 것이라는 것, 이것을 받아야만 신랑 앞에 나타날 수 있음을 기억하자.

둘째로 신부를 만날 장소를 하나님께서 가르쳐 주셨다. 우물가이다. 그리고 물 길러 나오는 사람의 딸이어야 한다는 것이다.

이 말씀은 예수님이 신부 간택에 있어 교회에서 신부를 취하신다는 것이다.

그리고 그 신부는 반드시 교회에 생각 없이 나오는 자가 아니고 물을 길러 와야 한다는 것이다. 즉 교회에 와서 말씀을 듣고 언약을 맺어 내 것으로 만들어 가지고 가는 성도를 의미한다.

셋째는 종이 반드시 물을 달라 했을 때 물을 준비한 자만이 예수님을 신랑으로 맞이할 수 있는 신부가 된다.

물은 곧 말씀이다, 언제 어디서나 주님이 원하실 때 내놓아야 할 말씀 즉, 성도가 하나님의 말씀이 준비가 되지 아니하면 신랑 되신 예수님을 맞이할 수 없다.

말씀은 매우 중요하기에 엘리야가 사르밧 과부에게 갔을 때에도 기근 중에 물을 달라고 하신다. 그 물을 대접할 때 그 가정에 하나님의 축복이 내려진다.

사마리아 여인을 만난 예수님은 그 여인에게도 물을 달라 하신다.

물을 달라 하신 그 분을 범상치 않음을 깨달은 사마리아 여인은 나에게는 우리 조상 야곱의 우물, 짐승과 같이 먹는 물밖에 없다고 이야기한다.

보통 여인이 아니라는 사실이다. 예수님이 어떠한 물을 달라 하시는지를 즉시 알아들은 자다. 이 사마리아 여인에게는 생수의 물이 없었다.

그렇듯이 예수님이 십자가에 못 박히고 돌아가실 때 "아, 목마르다"

라고 외치신다. 예수님이 세상으로부터 버림받는 시기에는 정말 생수가 없는 시기라는 것이다. 물은 홍수를 이루지만은 정작 먹을 물이 없는 세대라는 것이다.

그것이 노아의 600세 7일 후라는 것이다.

우리는 지금 6일을 지나 7일의 세대 속에 살고 있다.

마지막으로 향해가는 그 마지막 세대, 그렇다면 우리는 깊은 샘물을 찾아야 할 것이다. 그것이 곧 하나님의 온전하신 뜻이요.

그것이 예수께서 몸을 찢으시고 그 속에서 물과 피를 드러낸 것이다. 그 깊은 샘물은 홍수가 이루어질 때 그 속에서 깊은 샘물이 터져 나온다고 노아시대를 통하여 우리에게 말씀하고 계신다.

진정으로 나에게 깊은 샘물이 없다면 즉 생수가 없다면 예수님은 나에게 오셨지만 우리는 또 십자가를 만들 것이다. 정신차리자.

3. 하란에서 종이 해야할 일

하나님의 종은 신부 선택에 있어 반드시 가야 할 곳이 있다. 그곳은 바로 하란이다. 하란은 메소보다미아 북부의 도성으로 터키의 남쪽 지점에 위치하고 있다.

그것은 보이는 현상이요 우리에게 주시는 하란은 갈대아우르를 떠나 도착한 곳 다시 말해서 율법을 떠나 복음의 단계로 하란이라 하며 하란은 산지를 뜻한다. 거룩한 산, 거룩한 산에서 다시 가야 할 곳은 가나안 땅이다. 하나님은 우리를 단계적으로 인도하심을 알 수 있다.

그 거룩한 산, 교회를 율법에 순종하는 교회, 주님의 말씀에 복종하는 교회를 말한다. 그곳에서 믿음이 나온다. 아브라함도 갈 바를 알지 못하였지만 순종함으로 모든 것에 믿음의 조상이 된다. 리브가도 알지 못하는 한 종의 의해 그 말 한마디에 자기 인생을 건다. 지금 나에게 하나님의 말씀이 주어졌다면 목숨을 건 순종이 있어야 할 것이다.
기록한 글을 읽기는 쉽지만 우리가 직접 행함에 있어서는 매우 어려운 일이다. 그렇기에 리브가는 그 종의 말에 온전한 신뢰가 있기에 따르는 자가 된다.
근래 교회생활에서 내가 좋은 것만 취하는 신앙생활이 너무 난무하고 있다.
하나님의 섭리와 명령에는 관계없고 싫으면 안 하면 되고 좋으면 하고, 참으로 슬픈 세대가 아닌가 싶다.

명령을 받은 종은 그 모든 것을 하나님 앞에 내려놓고 기도하기를 시작한다.
그는 매사에 일을 시작하고 응답이 올 때마다 기도한다.
그렇기에 아브라함이 인륜지 대사를 그에게 맡기지 않았는가?
아브라함은 원래 이름인 창조자, 국조자이다 다시 말해서 예수그리스도의 예표라는 것이다.
주님의 신부를 우리 목사님들에게 맡겼다면 그 목사님들은 이 아브라함의 종과 같이해야 할 것이며, 또한 세상에서 불신자들에게 하나님의 말씀을 증거하는 성도들이라면 그 성도가 하나님의 종이 되는 것이다. 그리고 이렇게 아브라함의 종처럼 행하여야 할 것이다.
여기서 종이라 하니 우리는 지금 하나님의 자녀라고 말하면서 거부를 하실 분도 있을 것이다. 그렇다 우리는 예수그리스도로 말미암아 하나님의 자녀의 권세를 주셨다. 그러나 그 자녀의 권세를 겸손히 가슴에 담고 종으로 섬기기를 다한다면 주님이 얼마나 기뻐하실까?
예수님도 하나님의 아들이거늘 종으로 내려앉은 모습을 우리에게 친히 보여주셨다.

범사에 기도하자 그것만이 우리를 주님과 교통하는 놀라운 일이 될 것이다.

또한, 종은 대상을 만났다면 그가 맡은 일을 반드시 이야기해야 할 것이다.
아브라함의 종은 그렇게 주인으로부터 받은 사명을 라반과 브두엘에게 전하고 있다.
먼 길을 오느라고 매우 배가 고팠을 텐데 그는 먹을 식물을 찾지 않고 종이 온 이유를 분명히 전하고 있다.
먼저 교회에서는 하나님이 목사를 세운 이유는 하나님의 말씀을 신부들에게 전하라는 것이다. 그것은 자기 심령대로 하면 안 된다. 반드시 신랑이 주는 요건을 이야기해야 한다.
모든 성도는 신부라는 것 그래서 신부는 신랑이 원하는 모습으로 준비해야 하는 것을 그들에게 가르쳐야 하는데 그것은 그 무엇보다 우선되어야 한다는 것이다. 종은 주인의 심부름 목적을 잊어서는 안 된다.

35~36절 참조
여호와께서 나의 주인에게 크게 복을 주어 창성케 하시되 우양과 은금과 노비와 약대와 나귀를 그에게 주셨고 나의 주인의 부인 사라가 노년에 나의 주인에게 아들을 낳으매 주인이 그 모든 소유를 그 아들에게 주었나이다

종은 내가 섬기는 주인에 대하여 명확히 전달하여야 할 것이다.
내 주인을 비방해서도 안 되고 가장 축복된 일들을 전하여야 할 것이다.
아브라함의 종은 하나님과 아브라함과의 관계를 이야기하고 하나님

이 주신 축복을 드러내며 가장 큰 축복은 노년에 아들을 주셨는데 그가 이삭이요 그 이삭은 아브라함의 소유를 다 받았다는 것이다.
그렇게 그 가문과 신랑의 대상을 이야기하고 있다.

4. 신랑과 신부 만남-성도와 예수그리스도의 만남

63~64절   이삭이 저물 때에 들에 나가 묵상하다가 눈을 들어 보매
약대들이 오더라, 리브가가 눈을 들어 이삭을 바라보고

리브가와 이삭의 만난 때를 하나님은 기록하고 계신다.
그때는 저물 때 해가 질 때라는 것이다.
예수님이 이 땅에 신랑으로 우리에게 오실 때에는 세상 끝날 때라는 것이다.
이때 신부는 늘 예수님이 오시는 곳을 향하여 바라보아야 할 것이다.
그래서 신부는 안목이 있어야 한다.
예수님의 표상인 이삭이 신부를 맞이하기 전에 있던 장소는 "브엘 라해로이"다. 뜻은 나를 감찰하시는 생존자의 우물이라는 뜻이다.
즉, 살아계신 하나님을 믿는 장소에 계신다고 말씀하신다.
그래서 마지막 때 교회의 모습은 살아계신 하나님의 말씀이 살아 움직이는 교회가 되어야 한다.

그리고 이삭은 신부 리브가를 모친의 장막에 들였다고 말하고 있다.
이 말씀은 신약 교회는 반드시 구약교회와 함께 하여야 한다는 것, 율법의 교회와 복음의 교회가 하나가 되어 신랑이신 주님을 섬길 때 주님에게 신부는 기쁨이 될 것이다.

성경속 신부에 관하여

아가서는 신랑과 신부의 사랑 장이다.
즉 예수님과 성도의 사랑 장이라는 것이다.
아가서 4장를 통하여 그리스도의 신부상을 들여다보기로 하자.

1. 신부의 모습-비둘기 같다

*비둘기는 먼저 성령의 표상이라는 것을 잊지 말아야 한다
*비둘기는 눈물이 많다-회개의 눈물을 흘려야 한다
*비둘기는 눈이 붉다-눈물을 흘리는 눈은 항상 붉다.
 늘 회개하는 성도를 의미하며 주님은 그 사람을 매우 사랑하신다

이에 보내어 그를 데려오매 그의 빛이 붉고 눈이 빼어나고 얼굴이 아름답더라-삼상16:12-다윗에 관한 글이다.
다윗은 안목이 있는 자요, 그 눈은 항상 하나님 앞에 회개하는 자라는 것이다. 그의 모습은 하나님 법대로 살아가니 얼굴이 아름다울

수밖에 없다. 비둘기는 또한 매우 순전하다(마6:22). 하나님은 순전한 사람을 사랑하신다. 비둘기의 눈은 멀리 본다는 것이다. 성령이 우리 안에 오시면 우리의 안목이 달라진다. 부활의 안목, 소망의 안목, 재림의 안목, 그러므로 신부는 눈이 좋아야 신랑에게 사랑받는다.

＊신부는 머리털이 좋아야 한다.
머리털이란 믿음의 신앙을 말하고 있다.

＊신부는 입이 예뻐야 한다.
시편 기자는 입술로 주를 찬양하며 은혜의 입술로 머금고, 입술의 열매를 맺는 여호와라고 기록하고 있다. 잠언 기자는 입술의 열매로 복록을 누린다고 말한다. 그러나 미련한 자의 입술은 다툼을 일으키고, 매를 자청한다. 너울 속에 네 뺨은 석류 한쪽 같다고 말하고 있다. 즉 세상에 감추어져 주님에게 보이는 그 뺨이 너무 아름답다고 말하고 있다. 그 얼굴은 신랑만 보여주기 위해 너울 속에 감추어 두었다.

＊목이 아름다워야 한다
좋은 목은 생명을 의미하고 나쁜 목은 교만함을 이야기하며 목이 부러져 죽는 자도 있다.
아름다운 목은 주님의 복음을 위해 목 베임을 당하는 목이다. 그들이 제단 아래 순교한 자들이다.

＊네 두 유방은 백합화 같다고 한다
여기서 유방은 말씀을 나타내고 있다. 두 유방이란 신약과 구약, 율법과 복음을 의미한다. 두 유방이 함께할 때 아름답다.
함께한 것만 완성을 이룬다는 것이다.

제25장

소유와 재물, 아브라함의 죽음

믿음의 조상이라 인칭받았던 아브라함도 육체의 존재이기에 육체를 세상에 정리하는 시간을 갖게 된다.
믿음이란, 이 세상에 육체가 존재할 때 필요한 것이다.
이 세상을 마칠 때는 아무 상관이 없다, 죽은 자에게는 믿음이란 증거의 기회가 없다는 것이다. 믿음이란 살아있을 때 드러낼 수 있다는 것이다.
또한, 육체에게 필요한 것은 어느 대상에 믿음을 갖느냐가 그의 생을 좌우하기도 한다.

본 장에서 갑자기 후처의 족보가 나온다.
분명 하나님이 우리에게 암시하고자 하는 것이 있을 것이다.
필자가 발견하게 된 것은 미디안이 후처로부터 낳았다는 것을 발견하게 되었다.
그것이 무엇이냐 라고 묻는다면 하나님에게 즉 예수님에게 이스라엘이 먼저 선택된 아내였다면 후에 선택된 이방인이 그두라 라는 것이다.

늘 장사꾼으로 주님의 마음을 아프게 한 미디안 사람들, 결국 그들은 요셉마저 애굽에 팔아넘기는 악한 행위를 서슴지 않고 행하다.
교회를 장사 터로 만든 것이 누구인가 생각해보자.
은혜, 은혜하면서 교회에 사랑을 가장해서 복음을 가장해서 장사 터로 만드는 자가 있다면 그가 바로 후처의 자식일 것이다. 이것이 자가 진단법이다.
성경에 보면 미디안은 항상 하나님께 근심 덩어리일 수밖에 없다.

그리고 바로 아브라함이 이삭을 등장시키신다.
그리고 소유와 재물에 관하여 어떻게 구별하여 나누는지 우리에게 말씀하고 계신다. 약속의 자식 이삭에게는 소유를 주시고 서자들에게는 재물을 주신다고 약속하신다.
그런데 여기에 서자들에게는 조건이 수반된다.
조건이란 그들이 동방, 동국으로 떠나야 한다. 언약을 맺어 복으로 낳은 자식은 소유로 주고 그대로 있게 하였지만, 서자들에게는 동방, 동국으로 보낸 이유 또한 있지 아니한가?

동국이란?

히브리어로 "케뎀"이다. 즉 앞면, 동쪽, 동방, 상고, 옛날, 만세전, 등이며 앞서오다, 먼저오다, 일찍 등에서 유래가 되었다.
그렇다면 언약이 이루어지지 않은 서자들에게 반드시 가야 할 곳은 먼저 시작한 율법으로 돌아가라는 것이다. 처음 시작한 에덴동산의 선악과 그것을 선악과로만 본다면 우리는 늘 다시 율법으로 돌아가서 그 속에 복음을 찾아내야 할 것이다. 그 복음은 오시겠다는 예수 그리스도를 발견해야 한다.
구약에서 예수를 발견하지 못하고 나를 발견하지 못한다면 결국 서

자에 속한 자가 될 것이다.
구약의 동방으로 가라는 하나님의 명령이 신약의 사도바울이 이 과정을 거치는 모습을 볼 수 있다.

사도바울이 다메섹에서 회심하고 예수가 그리스도라는 사실을 발견하여 그것을 많은 사람에게 증거해야 하는데 그가 예수님의 제자들을 만나기 위하여 예루살렘에 가는 것을 멈추고 아라비아로 가는 고백이 나온다.
이것은 사도바울에게 아주 중요한 내용이며 우리에게도 꼭 기억해야 할 일들이다.

> 갈1:11~18
> 형제들아 내가 너희에게 알게 하노니 내가 전한 복음이 사람의 뜻을 따라 된 것이 아니라
> 이는 내가 사람에게서 받은 것도 아니요 배운것도 아니요 오직 예수그리스도의 계시로 말이암은 것이라
> 내가 이전에 유대교에 있을 때에 행한 일을 너희가 들었거니와 하나님의 교회를 심히 핍박하여 잔해하고
> 내가 내 동족 중 여러 연갑자보다 유대교를 지나치게 믿어 내 조상의 유전에 대하여 더욱 열심이 있었으나
> 그러나 내 어머니의 태로부터 나를 택정하시고 은혜로 나를 부르신 이가
> 그 아들을 이방에 전하기 위하여 그를 내 속에 나타내시기를 기뻐하실 때에 내가 곧 혈육과 의논하지 아니하고
> 또 나보다 먼저 사도 된 자들을 만나려고 예루살렘으로 가지 아니하고 오직 아라비아로 갔다가 다시 다메섹으로 돌아갔노라
> 그후 삼 년 만에 내가 게바를 심방하려고 예루살렘에 올라가서 저와 함께 십오 일을 유할쌔

유대교에 열정이었던 사울이 바울 될 수 있었던 유일한 이유가 바로 여기 있다.

과거에는 기록된 모세오경과 선지서의 율법 속에서 깨닫지 못하고 그냥 열심히 한 것이 결국 그 열심히 사람을 죽이는 사건까지 오게 된다.

스데반의 옷이 사울에게 던져졌을 때 그 장소에서도 깨닫지 못한 바울이다.

그러나 이제 큰 빛을 만나고 보니 그 눈을 가렸던 비늘, 곧 기록된 율법의 말씀이 감추어진 큰 빛을 방해한다는 것에 깨달음을 얻고 그는 다시 율법이 있는 아라비아 시내산으로 돌아간다. 그곳에서 과거의 율법이 아니라 율법 속에 복음을 발견하고 삼 년 만에 돌아와 비로소 사도들이 있는 예루살렘으로 가는 사건이 난다.

바로 이 사건이 서자들이 율법의 말씀 속에 복음을 깨닫지 못하면 결국 주님을 만날 수 없기에 동방으로 돌아가서 다시 시작하라고 아브라함은 당신의 인생의 마지막을 정리하면서 자녀들에게 유산으로 진리의 길을 가르치고 있다. 그것이 믿음이 마지막으로 줄 수 있는 기회라는 것이다.

이제부터 언약의 자식에게 준 소유와 서자에게 준 재물에 관하여 자세히 알아보고자 한다.

1. 재물에 관하여

본문의 서자들에게 준 재물은 성경 전체에서 한번 나온다.
우리가 생각하는 그런 세상 재물이 아니다.

재물이란?

히브리어로 "맛타나" 이며 뜻은 선물, 예물, 헌물, 성물, 특별한 뜻으로 뇌물이라는 뜻이 담겨 있는 단어이다.
창세기 14장, 15장의 아브라함의 재물은 히브리어로 "레쿠쉬" 재산, 부, 소유물, 물산 등의 뜻을 나타내고 있다.
서자들이 받은 선물의 개념, 예물에 개념이 성경에 어디에 있는지 한번 찾아보도록 하자.

가) 선물

약1:16~18
> 내 사랑하는 형제들아 속지 말라
> 각양 좋은 은사와 온전한 선물이 다 위로부터 빛들의 아버지께로서 내려오나니 그는 변함도 없으시고 회전하는 그림자도 없으시니라
> 그가 그 조물 중에 우리로 한 첫 열매가 되게 하시려고 자기의 뜻을 좇아 진리의 말씀으로 우리를 낳으셨느니라

선물은 너무 사람을 행복하게 한다.
그런데 그 선물이 하나님 아버지께로부터 준비되어 우리에게 주신다는 것이다. 그 선물을 받지 않고서는 우리를 낳으셨다고 할 수 없다는 것이다. 그 선물이 곧 예수그리스도시오 그분이 첫 열매이시다.

민18:6~7
> 보라 내가 이스라엘 자손 중에서 너희 형제 레위인을 취하여 내게 돌리고 너희에게 선물로 주어 회막의 일을 하게 하였나니 너와 네 아들들은 단과 장안의 모든 일에 대하여 제사장의 직분을 지켜 섬기라 내가 제사장의 직분을 너희에게 선물로 주었은즉 거기 가까이하는 외인은 죽이울찌니라

여기서도 선물을 주시는데 그 선물은 제사장 직분이다.
왜냐면 제사장은 제사 속에서 예수그리스도를 들어내 전파할 사람이다.
그것은 하나님이 하시는 일을 인간에게 처음 허락하신 것이다.
이것이 선물이라는 것이다. 선물은 주님을 알게 하시고 깨닫게 하시는 것이 선물이다. 그 선물이 나에게 오지 아니하시면 나는 구원과 관계없음을 알아야 할 것이다.
서자 즉, 이방인에게는 이삭처럼 약속된 자녀가 아니기에 선물이신 예수그리스도를 만나야 구원이 이루어짐을 알 수 있다.
이보다 더 큰 선물이 어디 있단 말인가?
여기서 이삭은 복음의 예수그리스도를 예표한다.
예수님은 하나님께로부터 약속을 가지고 이 땅에 오셨다.
주님이 우리를 죄에서 구하실 수 있는 유일한 길은 당신의 보혈의 피를 우리에게 주셔야 한다는 것이다. 그래야만 진실로 우리가 그 피를 받아 하나님의 자녀의 혈통으로 들어갈 수 있다.
그래서 예수님만이 진정한 하나님의 선물임을 기억하자.

2. 소유란

소유란 히브리 언어에서 여러 뜻이 들어있다.
땅이나 들이나 거기에 속한 모든 것을, 현존하는 것, 존재하는 모든 것을 나에게 속함을 드러낼 때 소유라고 한다.
즉, 나에게서 소유란 내가 가지고 있는 모든 재물과 능력과 지혜와 명철과 환경, 이것을 전부 소유라고 한다.

> 창13:6 그 땅이 그들의 동거함을 용납지 못하였으니 곧 그들의 소유가 많아서 동거할 수 없었음이라

위 말씀처럼 아브라함과 조카 롯이 각각의 소유가 많았다.
이 소유에는 짐승도 속하고 곡식도 속하고 사람도 속한다.
아브라함에게 속한 사람들은 그들의 속한 모든 것조차 아브라함의 소유이다.
재물은 한가지 물건, 즉 재산에 관하여 말하고 있지만, 소유는 재산과 사람 이 모든 것을 소유라고 한다.

> 출20:17 네 이웃의 집을 탐하지 말찌니라 네 이웃의 아내나 그의 남종이나 그의 여종이나 그의 소나 그의 나귀나 무릇 네 이웃의 소유를 탐내지 말지니라

위 기록의 말씀도 이웃의 모든 속한 것 곧 소유를 탐내지 말라고 기록하고 있다.
이렇듯 소유와 재물의 관계는 확연히 다르다.
언약의 자식에게는 즉 약속의 자식에게는 그 소유를 즉 하나님의 모든 것을 주시겠다고 우리에게 성경을 통하여 약속하시는 것이다.

> 고전15:50
> 형제들아 내가 이것을 말하노니 혈과 육은 하나님 나라를 유업으로 받을 수 없고 또한 썩은 것은 썩지 아니한 것을 유업으로 받지 못하느니라

이렇듯 우리는 아버지께 속한 하늘나라의 모든 소유를 유업으로 받아야 한다. 또한, 아버지가 그것을 주시겠다고 약속하셨다.

그러나 언약이 없는 백성에게는 재물을 주시겠다고 약속하시는데 그 재물은 바로 선물이다. 선물의 핵심은 구원, 즉 예수님을 그리스도

로 우리에게 주시는 것이 선물이요 재물이라고 성경은 말하고 있다.
이 선물을 받고 그리스도라는 선물이 결국 우리를 하나님의 나라를 유업으로 받게 한다는 사실을 알게 되었다.

> 시2:7~8 내가 영을 전하노라 여호와게서 내게 이르시되 너는 내 아들이라 오늘날 내가 너를 낳았도다, 내게 구하라 내가 열방을 유업으로 주리니 네 소유가 땅끝까지 이르리로다

하나님의 의도는 우리에게 이 세상을 주는 일이다.
이 세상을 유업으로 받기 위해서는 하나님께로부터 낳은 자녀가 되어야 한다.
즉, 말씀에 다시 태어나야만 이 세상을 정복할 능력이 있다는 것을 기록된 말씀에 의해 명심하길 바란다.

3. 이삭의 아들 에서와 야곱

복음의 예표인 이삭을 통하여 두 아들을 낳는다.
두 아들은 두 민족을 예표하며 한민족은 육의 민족이요 다른 한민족은 영의 민족이다.
이 두 가지 사건이 먹음 직에서 갈라지고 있다.
무엇을 먹느냐가 그들의 인생을 바꾸고 있다는 것을 알아야 할 것이다.
육의 음식을 먹은 에서는 육적 자식으로 기록이 남고, 영적 명분을 얻은 야곱은 영적 자식으로 또 하나의 나라 이스라엘을 탄생시킨 장본인이 된다.

이삭이 낳은 두 자녀의 특징이 있다. 그들은 먼저 태속에서부터 싸운다는 것이다. 이것은 하나님의 복음이 우리 안에 들어오면 이 현상이 드러난다. 내 마음 안에는 어느덧, 영과 육이 싸우고 있다.

육을 좇아가자니 영이 허락을 하지 않고 영을 좇아가자니 육이 따라 가지 않는다.

> 갈5:16~17
> 내가 이르노니 너희는 성령을 좇아 행하라 그리하면 육체의 욕심을 이루지 아니하리라
> 육체의 소욕은 성령을 거스리고 성령의 소욕은 육체를 거스리나니 이 둘이 서로 대적함으로 너희의 원하는 것을 하지 못하게 하려 함이니라

이미 우리 안에 하나님의 영 즉, 성령이 임하시면 우리는 그때부터 영적 싸움이 시작된다. 하나님은 당신의 거룩한 영이 우리에게 임하시면 두 영싸움이 이루어지는데 영적 영을 가진 야곱이 승리한다고 미리 말씀하고 계신다.
우리가 승리하기 위해서는 야곱의 영을 좇아가야 할 것이다.
아들을 낳을 때는 이삭의 나이 육십 세라.
즉 복음의 끝자락이라는 것이다.

에서는 붉고 전신이 갑옷 같다고 이야기한다.
갑옷이란, 외투, 겉옷, 조복이라는 뜻으로 육의 옷을 의미한다.
고로 육적 사람으로 태어났다고 기록하며 그는 익숙한 사냥꾼인고로 들 사람이 되었다고 한다.
들 사람이란 세상 육적인 사람을 말하는데 육적 사람의 특징은 사냥꾼이라는 것이다.
아담의 첫 아들 가인도 들 사람, 곧 육적 사람이라는 것이다.
에서는 육적사람인고로 육이 배고픔을 참지 못한다.
대부분의 성도는 육적 배고픔을 참지 못하여 하나님의 자녀의 명분

을 세상 돈에 팔 때가 심히 많음을 알 수 있다.
목회를 하다 보니 그런 성도들을 매우 많이 보게 된다.
열심히 하는가 하면 가정의 형편 때문에 예배시간을 버리고 세상으로 떠나며 주일날만 와도 될 것이라고 스스로 위로하며 살아간다.
그렇다고 하나님 나라를 버리는 것은 아니다.
에서처럼 이삭의 자녀로 충실히 살아가지만, 영을 취할 능력은 되지 않는다는 것이다.
교회는 다니지만, 장자의 능력을 지닌 영적 성도에 대하여 굳이 깊이 생각지 아니하는 성도이다. 요즘 시대 얼마나 많은 사람이 성도의 신분에 대하여 하찮게 생각하고 사는가, 성경을 보면서 우리는 아니라고 가장하며 에서의 잘못만 이야기한다.
결국, 대부분의 성도들이 에서처럼 살아가는 현 세대임을 구별하지 못한 채 그러니 내가 에서의 자리에 있음을 기억하지 못하니 회개를 어찌 할 수 있단 말인가.

장자의 명분을 판 에서의 선택을 보기로 하자.
장자란 외적으로 아버지의 뒤를 승계하여 가문의 대소사를 주관하게 하며 부모의 유산의 두 몫을 유산으로 받게 된다.
영적으로는 하나님과 사람 앞에 모든 일에 대표자가 되며 영적 축복권의 언약자가 된다. 아브라함의 가문에서 3가지 축복권을 보자면 첫째는 가나안땅의 상속권이요, 둘째는 아버지의 축복을 받을 권리요, 셋째는 아들을 축복할 권리가 있다.
이렇게 하나님은 복음의 장자가 되라고 말씀하시지만 육적 성도는 그 약속이 마음에 와 닿지 않는 것이기에 귀담아듣지 않는다.

또한, 장자라는 것은 하나님이 주시는 또 하나의 직분인데 그 직분을 소홀히 하는 자는 어떠한 심판이 있다는 것을 알아야 할 것이다.

> 눅16:3 청지기가 속으로 이르되 주인이 내 직분을 빼앗으니 내가 무엇을 할꼬 땅을 파자니 힘이 없고 빌어먹자니 부끄럽구나 직분을 빼앗겼을 때 한탄하는 소리를 들어보자니 한심스럽기 이루 말할 수가 없다. 주님이 거두어 가시면 그 후에 후회해도 소용이 없다

> 유1:6 또 자기 직위를 지키지 아니하고 자기 처소를 떠난 천사들을 큰 날의 심판까지 영원한 결박으로 흑암에 가두셨으며

> 행1:17 이 사람이 본래 우리 수 가운데 참예하여 이 직무의 한 부분을 맡았던지라 이 사람이 불의의 삯으로 밭을 사고 후에 몸이 곤두박질하여 배가 터져 창자가 다 흘러 나오니라

위의 말씀은 모두다 자기 직분을 경홀히 여긴 자에게 나타나는 증상이다.
더욱 심각한 이삭의 복음의 시대가 끝나는 그 시점부터 세상은 이렇게 많은 사람이 배도한다고 기록하고 계신다.
특히 성경은 천사의 직분 소홀에 심판하실 것을 말씀하시지만, 그것은 표면상 현상이다.
이것이 모든 성도의 직분과 관계있음을 알아야 한다.
하나님께로부터 보면 내가 바로 천사요, 내가 바로 하나님의 일을 맡은 자라는 사실을 기억해야 할 것이다.
내 직분을 팔았던 팥죽은 사람을 죽이는 시체의 역할을 감당하며 그 속에는 모든 것이 시들게 하며 모든 것을 약하게 한다는 것을 하나님은 드러내시는 것이다.
육의 것은 죽어 없어질 것이요, 영의 것은 영원히 남아있을 것이다.

썩어질 것을 거두려고 영을 버린다면 이 얼마나 어리석은 일인가,
잘 생각해보자.
야곱은 종용한 사람이라고 말하고 있다.
종용한 사람은 온전하며 옳은 것을 행하며 도덕적인 사람이라는 뜻
이다.

> 합2:20 오직 여호와는 그 성전에 계시니 온 천하는 그 앞에서 잠잠할
> 찌니라
> 살전4:11 또 너희에게 명한 것은 종용하여 자기일을 하고 너희 손으로
> 일하기를 힘쓰라

위 말씀은 성전에서 말로 나타낼 것은 말씀밖에 없다.
온 천하는 잠잠하라고 하시는데 어느 때까지 천하 세상 것을 강대상
에서 떠들 것인가, 자기에게 맡겨진 사명을 자기 손으로 묵묵히 하
기를 원하시는 하나님, 나를 드러내기 위한 시끄러운 소리는 나타내
지 말아야 할 것이다.
여기 종용에 대하여 아주 중요한 말씀이 있다.

> 딤전2:12 여자의 가르치는 것과 남자를 주관하는 것을 허락지 아
> 니하노니 오직 종용 할찌라 이는 아담이 먼저 지음을 받
> 고 이와가 그후며 아담이 꾀임을 보지 아니하고 여자가
> 꾀임을 보아 죄에 빠졌음이라

이 말씀의 여자는 성도이다.
성도가 목사를 가르치며 주관하는 것을 허락지 않았다고 말씀하신
다. 그런데 요즈음 많은 교회에서 장로가 목사 가르치고, 권사가 목
사 가르치는 일에 얼마나 열심인가?
아담이 먼저 지음 받았다는 것은 아담은 예수그리스도의 표상이라고

했다.
즉, 예수그리스도의 말씀의 대언자는 목사다. 교회를 세움에 있어 목사가 세움을 얻고 그다음에 교회를 개척한다. 그것이 순서이다.
목사는 하나님의 주권 아래 있기에 하나님을 부끄럽게 하거나 다른 말을 가지고 강대상에 서면 안 된다. 오직 갈씀만 선포해야 할 것이다.

이런 모든 것에 순종하며 붉은 것을 준비한 야곱, 그에게는 붉은 것은 예수그리스도의 구원의 보혈일 것이요, 망하는 에서에게는 먹을 음식, 먹으면 썩어지고 죽는 시체의 음식이다. 그것을 사모하고 바라는 에서였기에 그는 하나님께로부터 장자의 명분을 빼앗기고 망한 자로 즉, 세상 사람, 육의 사람으로 남는다.
명실상부 이삭의 자녀이건만, 복음의 자녀가 이렇게 육 때문에 모든 것을 포기하고 망한 자로 남는다.
우리는 무엇을 선택할 것인가?
아직도 먹고사는 삶 때문에 영적 장자의 자녀 자리를 포기할 것인가? 주님 앞에 가서 후회하지 말자, 선택이 여러분의 인생을 바꾸게 될 것이다.

세상이나 교회나 지도자가 되려면 지도자의 명분을 잊지 말아야 할 것이다.
지도자는 일반 공동체의 일원과 똑같이 행하지 않는다.
그에게는 책임이 있다. 그에게는 직분의 무게가 있다.
직분을 위해 어떤 이는 생명을 걸기도 한다.
직분을 귀히 여긴 야곱만이 선택자가 될 것이다
아랫사람은 위 직분을 뛰어넘어 자기가 주가 되어서는 안 된다.

그 윗 사람이 주가 될 때는 이유가 있는 것이다.
권리만 찾지 말고 의무 먼저 행하는 자가 진정한 지도자임을 깨닫자.